普通高校"十三五"规划教材·公共基础课系列

创业基础
理论与实务

高静 黄俊 ◎ 编著

清華大学出版社
北京

图书在版编目（CIP）数据

创业基础：理论与实务 / 高静，黄俊编著. —北京：清华大学出版社，2019 (2022.8 重印)
（普通高校“十三五”规划教材·公共基础课系列）
ISBN 978-7-302-52983-5

Ⅰ.①创… Ⅱ.①高… ②黄… Ⅲ.①大学生－创业－高等学校－教材 Ⅳ.①G647.38

中国版本图书馆 CIP 数据核字（2019）第 093997 号

责任编辑：吴 雷
封面设计：李伯骥
版式设计：方加青
责任校对：宋玉莲
责任印制：丛怀宇

出版发行：清华大学出版社
网 址：http://www.tup.com.cn，http://www.wqbook.com
地 址：北京清华大学学研大厦 A 座 邮 编：100084
社 总 机：010-83470000 邮 购：010-62786544
投稿与读者服务：010-62776969，c-service@tup.tsinghua.edu.cn
质 量 反 馈：010-62772015，zhiliang@tup.tsinghua.edu.cn
印 装 者：北京国马印刷厂
经 销：全国新华书店
开 本：185mm×260mm 印 张：14.75 字 数：324 千字
版 次：2019 年 6 月第 1 版 印 次：2022 年 8 月第 4 次印刷
定 价：45.00 元

产品编号：083912-01

前　言

建设创新型国家，关键在于创新创业型人才的聚集，而人才培养的基础在于教育。

大学生是国家宝贵的人才，是社会最富有活力的群体，开展创业教育，培育大学生的创业精神和创新意识，引导有抱负的学生开展创业活动，是高等教育的重要使命，更是教育者的应有之责。

2010 年，教育部下发了《关于大力推进高等学校创新创业教育和大学生自主创业工作的意见》，对高等教育提出了具体要求。2012 年，教育部又印发了《普通本科学校创业教育教学基本要求（试行）》，并附《“创业教育”教学大纲》，这对深化高等教育改革、提高人才培养质量、促进学生全面发展意义重大。2014 年，国家提出“大众创业、万众创新”的政策，引发了双创教育的大潮，高等院校纷纷开展创新创业教育教材的编撰工作。在互联网浪潮、国家经济社会快速转型的强大推进下，创业业态、商业模式、创业类型都发生了重大变化，但创业失败引起的负面现象也引起了社会的广泛关注。如何有效总结创业失败的教训，鼓励创业者科学创业，值得教育者深思。为了紧跟当前社会动态的变化，西南大学在工商管理学科建设的基础上结合专业教师团队的研究成果，展开了教材编写工作。本书旨在从创业现实中发现问题，从创业理论中获取知识，并在创业实践中不断检验知识的正确性，力争使创业理论与创业实践相互印证。

本书组织架构和具体内容如图 0-1 所示。

本书主要特点如下：

（1）体例结构规范。严格遵守教育部《“创业基础”教学大纲》，根据大纲所要求的知识体系，总课时可设置为 36 ～ 48 学时。本书每章的开篇，都根据理论和教学目标，设有引导案例，并进行了简短的评论，以引发学生的创业学习思考。每章都设有知识结构图，学生能够针对性地进行预习和资料查阅，在理论讲解的同时，书中穿插有“创业聚焦”特色案例，并配有启发式问题，以便课堂互动教学讨论使用。在每章的结尾，还设有综合案例，让学生通过实训环节，更好地掌握理论精髓，这种“问题导入—理论讲解—实训强化”的编排逻辑，既能让课堂变得生动有趣，又能让大学生认识到创业能力培养的重要性，进一步提高了大学生的创业意愿。

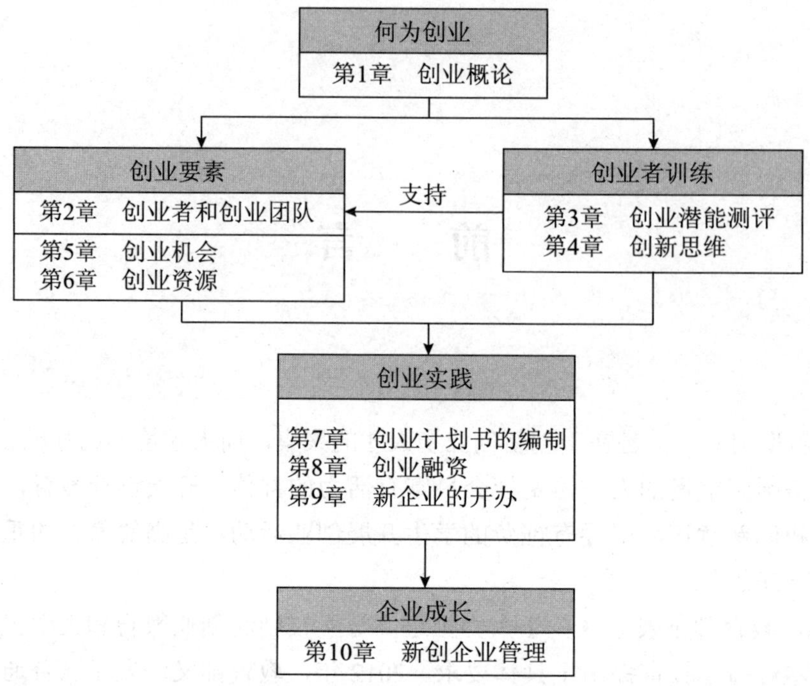

图 0-1　本书组织架构和具体内容

（2）贴近创业实践。人们看到创业成功的同时，却忽略了创业失败背后的深刻教训。创业的风险性决定了创业失败的高概率。但是在硅谷，创业失败却会被当作创业者诚实的徽章。中国双创政策驱动和人们对美好生活的追求，促使我国的创业实践发生了重大变化。创业的高参与率与高失败率并存，但社会中尚未形成包容失败的良好氛围，创业失败的价值未能充分挖掘。鉴于这一实际，本书在第 10 章中，特意增加了创业失败管理，这在当前国内同类教材中尚属首创，以鼓励创业者吸取经验教训，连续创业走向成功。

（3）强化创新思维和创业能力。从“创业者—创业过程—创业认知”理论演变脉络中，可以看出创业者的重要性，尤其是在“情景—思维—行为”的创业认识理论框架中，特别关注创业思维， 因此，第 3 章“创业潜能测评”、第 4 章“创新思维”，旨在强化这一内容，通过对创业者的专业训练来提升其获取创业要素的能力。

（4）配套资源丰富。为了丰富课堂内容、提升学生的学习兴趣，本书配备了种类繁多的特色案例，其中包括了黄俊教授入选“中国管理案例共享中心案例库”的优质案例，能够帮助学生理解复杂的创业情景，提升学生的创业技能。同时，本书还配备了对应课件，便于教师教学工作的开展。

本书的顺利出版得到了社会各界人士的大力支持，他们是四川外国语大学的谭亮副教授、重庆工商大学的黄钟仪教授、重庆大学的李华副教授、厦门大学的吴隆增教授、暨南大学的朱峰教授、贵州大学的李烨教授、YBC 全国创业导师黄海先生、重庆科技学院的罗军博士、海南大学的邱钊教授、西南财经大学的陈扬教授、重庆木兰创投的执行董事黄潇莹女士。同时，也得到了武汉大学贾煜博士、西南大学宋建敏博士的支持，陈薇伊、丁甜甜、蒋光艺、王闪闪、于建平、胡月、张建菲等硕士、博士研究生在资料搜集和案例分析等方面也付出了辛勤的劳动。在此一并表示感谢。

由于作者水平所限，书中肯定存在疏漏谬误之处，殷切期待专家和读者批评和指正。

高静　黄俊

2019 年 3 月 3 日

目　录

第1章 创业概论

引导案例 **成功创业就是一场九死一生的坚持！**

Elon Musk 的传奇不仅在于他先后成功创立和运营了几家大名鼎鼎的公司：Paypal、SpaceX、Tesla（特斯拉），更重要的是这几家公司革新了三个领域：金融、新能源、航天。每个创业成功的企业都有其独特的秘方。

全球首家纯电动汽车生产商 Tesla 2013 年表现优异，2013 年第一季度的销量位居美国电动汽车行业之首，其用户满意度也达到了 99%，这使创始人兼 CEO 兼产品架构师的 Elon Musk 再度成为媒体的焦点。

年轻的实践者（Execution）

Elon Musk 于 1971 年出生在南非一个普通人家，父亲是工程师，母亲是模特。Elon 从小酷爱读书，在 10 岁的时候拥有了自己的第一台计算机，然后开始自学编程；12 岁的时候把自己做的一个太空小游戏软件卖掉了。Elon 从小便很独立，怀揣着一个"美国梦"，努力地寻找机会逃离南非。因为母亲是加拿大籍，他在高中毕业后带着一点钱独自去加拿大闯荡，四处打工，进入皇后大学读书，最后如愿以偿地转学到美国的宾夕法尼亚大学。在拿到大学的经济和工程学双学士学位后，Elon 获得奖学金前往斯坦福读博士，学习材料科学和应用物理。

不安分的创业者（Entrepreneurship）

1995 年正值美国互联网浪潮蓬勃的开始，雅虎（Yahoo）和网景（Netscape）公司均于前一年创立。就在此时，Elon 看到了传统媒体进入互联网时代的机会，于是在进入斯坦福学习的第二天，便决意退学创业。他召唤来自己的弟弟，投入了几乎仅够房租的 2 000 美元。没有朋友帮忙，兄弟俩夜以继日地开发了 6 个月的程序。Musk 创立的"Zip2"网站是美国第一家在线城市列表网站。4 年后，这家公司以 3.07 亿美元的现金加上 3 400 万美元的股票期权被康柏电脑公司（Compaq）收购。1999 年，Elon 在他 28 岁的时候收获了人生的第一桶金——2 100 万美元。他没有花钱去买下一座小岛，只是奖励了自己一辆当时世界上最贵的跑车，因为他酷爱赛车。

敏锐的行业洞察力（Vision）

Elon 对 Zip2 的成功并不感到满足，在他看来，这对人类的影响太小了。于是，Elon

马不停蹄地开始了第二次创业：Paypal。为什么是 Paypal？ Elon 发现当时的金融业在互联网领域缺乏创新，用户之间的支付极不方便。于是他结合自己的互联网经验，创立了 X，后更名为 Paypal。3 年后，Paypal 被 eBay 以 15 亿美元的价格收购，收购前 Elon 持有公司 11% 的股份。这一次，2002 年，他赚了 2 亿美元。但他仍然没有挥霍自己的时间和金钱，思考着下一件大事（What is the Next Big Thing？）。

理想主义的梦想家（Think Big & Impossible）

卖掉 Paypal 以后，Elon 开始思考太空领域的探索和能源领域的创新：可再生能源的生产和消费。于是，他先后于 2002 年、2003 年创立了全球首家私人航天公司 SpaceX 和全球首家纯电动汽车 Tesla，并投资成立了太阳能全服务供应商 SolarCity。SpaceX 和 Tesla 这两家公司所涉足的领域和将要开发的产品皆是"敢为天下先"。硅谷的风险投资人倾向于投资"轻资产"，能快速实现产品商业化的公司。虽然 Elon 在互联网领域已有两次成功经验，但是没人会相信他的 SpaceX 能完成美国航天局（NASA）的使命，没人会相信他的 Tesla 能实现美国通用汽车公司（GM）无法突破的创新。

SpaceX 要做世界上最先进的火箭和宇宙飞船，誓将人类的足迹从地球拓展到其他星球，让人类去趟火星的成本降到 50 万美元；Tesla 要靠着电力驱动，跑得比法拉利（Ferrari）还快；Solar City 要实现每家每户装太阳能板像装戴尔电脑一样容易。这是科幻小说里的故事还是魔术师的魔术？

然而 Elon 一意孤行，给 SpaceX 首笔投了 1 亿美元，成为 Tesla 主要的投资人，又投资他的表兄弟创立了 Solar City。

一个优秀的 CEO = 一个优秀的产品经理（Excellent CEO=Excellent Product Manager）

SpaceX 和 Tesla 这两家公司 Elon 都亲自上阵担任 CEO。Elon 甚至超越了一个 CEO 的角色。凭借电子工程的背景，他深入地参与 SpaceX 火箭的架构设计和建造。也许你会好奇 Elon 怎会知道火箭的设计，但他会神定自若地告诉你，因为他读了很多相关的书籍。同时，Elon 也担任 Tesla 的产品架构师，负责汽车的设计。作为产品经理，Elon 并不专横，除了运用物理学的框架进行推理认证，他还认真听取周围人的意见，特别是对产品负面的反馈。Elon 誓将 Tesla S 型家庭轿车打造成"艺术 + 技术"的完美化身，高薪聘请了为宝马和阿斯顿马丁设计过多款经典车型的汽车设计大师 Henrik Fisker。然而 Elon 并不满意其设计并推倒重来，双方甚至就"Henrik Fisker 把真正给 Tesla 的设计用在了他后来成立的 Fisker 电动汽车公司的汽车设计上"而对簿公堂。

孤注一掷的冒险家（Risk Taker）

Elon 雄心勃勃，然而 SpaceX 和 Tesla 的创业过程并非一帆风顺，几经折戟沉沙。Tesla 电动汽车最大的障碍是电池技术：电池续航能力的局限和电池制造成本的高昂。这也是 Tesla 一开始推出高端跑车的主要原因。到了 2007 年，Tesla 的钱烧光了，商业模式还未建立。这时，没人愿意再投钱，Elon 只能把从 Zip2 赚的钱都放进公司，然后进行人员调整。随后，Elon 飞到德国找戴姆勒奔驰集团（Daimler’s Mercedes-Benz）谈合作，推销 Tesla 的电池系统，结果他的 PPT Demo 失败。后几经周折，总算拿到了 7 000 万美元的奔驰电动汽车 Smart 的电池系统订单。

2008 年，无疑是 Elon 人生中最黑暗的一段时间。Elon 对于工作的疯狂投入，让他和结发 10 年的妻子的婚姻亮起了红灯。在经历离婚变故之后，接踵而至的是 SpaceX 首次火箭发射失败，Tesla 被迫裁掉三分之一的员工并关掉 Tesla 在底特律的分支机构，Solar City 也出现了问题。与此同时，美国爆发了历史性的金融危机，让步履维艰的公司雪上加霜，濒临倒闭。2008 年的圣诞节前夕，面对妻离子散的凄凉和自己的三家公司不约而同陷入困境的状况，Elon 回忆说，“我经常在午夜醒来，发现眼泪淌在枕头上”。

成功创业就是一场九死一生的坚持（Perseverance）

Elon 在和他的命运搏斗，他的信念战胜了恐惧。Elon 再度投资 4 000 万美元给 Tesla，他对 Tesla 的累积投入已高达 7 500 万美元。这 4 000 万美元是他从 Zip2 和 Paypal 中赚的所有财富中剩下的最后一笔。

Elon 孤注一掷地把他所有的钱投入到他深信不疑的事业。终于，所有的付出换来了 SpaceX 第三次火箭发射成功，别的公司要花二三十年做的事情，SpaceX 花了 6 年，同时也换来了美国航天局（NASA）16 亿美元的订单。

2009 年 3 月 Tesla 的家庭用车 Models 原型实现，同年 6 月获得了美国能源部 4.65 亿美元的贷款用于量产，并于 2010 年 7 月在纳斯达克成功上市。

Solar City 也在快速成长，成了全美最大的太阳能服务提供商，为美国东西部数以万计的家庭提供着服务。

痛并快乐的创业旅程（A Journey with Pains and Gains）

创业就是一种生活状态，Elon 享受着其中的痛苦和快乐。Elon 用独特的硅谷创业模式一步一步地实现着在别人看来遥不可及的梦想。

资料来源：http//www.ceconlinebbs.com/FORUM_POST_900001_900005_1065394_0.htm.

案例启示

创业是什么？我可以创业吗？

这是多数大学生或初创者会提到的问题。显然，Elon Musk 是一个典型的创业者，有积累、有梦想、有毅力、敢冒险。想到创业者，出现在我们脑海中的往往是马云、乔布斯、扎克伯格等，但创业者也有家庭农场主，淘宝上的店家，承包学校快递的小哥，也有为实现人生价值的创新者，还有为改善家庭生活水平的普通人，在繁杂的创业丛林中，他们都传递着创业带来的企业家精神以及创业成功的示范效应。

“其实，创业是件好玩的事情”，这是柳传志先生与女儿柳青的家庭对话。

那么，从今天起，来一起探索创业的乐趣吧。

本章知识结构图

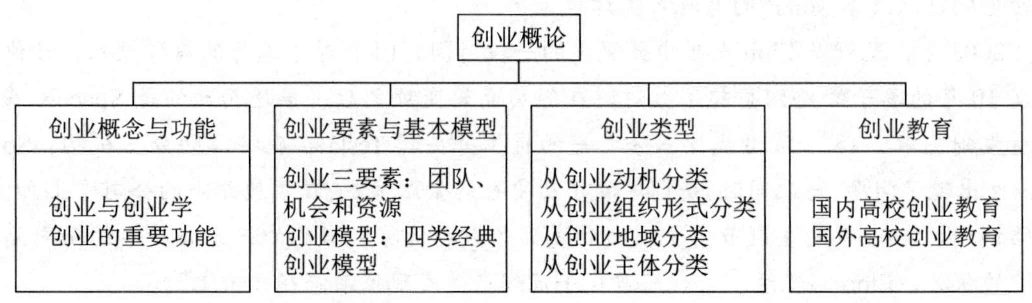

1.1 创业概念与功能

哈佛大学拉克教授讲过这样一段话："创业对大多数人而言是一件极具诱惑的事情，同时也是一件极具挑战的事。不是人人都能成功，也并非想象中那么困难。但任何一个梦想成功的人，倘若他知道创业需要策划、技术及创意的观念，那么成功已离他不远了。"

1.1.1 创业与创业学

1. 创业

创业，是一种广泛而久远存在的社会活动，熊彼特曾说创业是创造价值。从学科的角度而言，创业显然属于工商管理的范畴。

在中国，"创业"一词源远流长。创业，古为开创基业之意。张衡《西京赋》中"高祖创业，继体承基"，所创之业为帝王之业、霸主之业。孟轲《孟子·梁惠王下》中"君子创业垂统为可继也"指的则是君子之业、立本之业。诸葛亮在《出师表》中痛心疾首地写下："先帝创业未半而中道崩殂"。在中国传统文化中，"创业"一词多指的是广义的创业，即开创未来的事业，无论是盈利性的或非盈利性的，只要是对社会发展有一定积极影响的开创性活动，均可称之为创业。

国外对创业的关注多是从商业视角出发。有"创业教育之父"之称的杰弗里·A. 蒂蒙斯（Timmons）认为："创业是一种思考、推理和行为方式，这种行为方式是机会驱动、注重方法和与领导相平衡。"哈佛大学霍华德·史蒂文森（Stevenson H.）教授定义创业："创业是不拘泥于当前资源条件限制下对机会的追寻，组合不同的资源以利用和开发机会并创造价值的过程。"谢恩和文卡塔拉曼（Shane & Venkataraman）则将这一概念细化，指出创业就是"机会的识别、开发和利用的过程"。

近年来国内创业研究氛围浓厚，国内学者也给出了创业的定义，如表 1-1 所示。

表 1-1　中国学者对创业概念界定的主要观点

观 点 名 称	作　者	主 要 内 容
机会价值说	郁义鸿	捕捉机会、实现潜在价值
财富目的说	葛建新	以创造价值为目的的经济活动
组织创新说	张玉利	创建新企业、强调团队、组织能力、组织创新
核心要素说	陈德志	创业者、技术、资本、市场
风险管理说	林强	高风险的创新活动、风险防范

资料来源：刘沁玲 . 中国创业学术研究发展综述 [J]. 科学学与科学技术管理，2008，29（7）：195-200.

由创业活动产生的创业研究形成了创业学，这是当前商学院开设的重要课程，也成为工商管理学科的重要组成部分。创业学是对创业的整个流程进行系统研究的学问。对创业学的研究可以追溯到 18 世纪。18 世纪中叶，法国古典经济学家康梯龙（Cantilon）就把“Entrepreneur”一词引入经济学，他将创业者视为商品购销过程中的市场风险承担者。而对创业进行比较系统的研究缘起于 20 世纪 80 年代的美国。20 多年来，可以说创业学研究在多个领域内取得了丰硕的成果和长足的进步。但是，作为一个新兴学科，与经济学或管理学等其他一些学科相比，创业学的研究才刚刚开始。从表面上看，当前创业研究显得纷繁复杂，但从目前查阅的国内外有关创业研究的资料来看，创业学研究尚处于初级阶段。20 世纪 80 年代以来，创业学在西方发达国家产生并不断发展，目前已经成为一个相对独立的管理学分支，也是 MBA 的必修课程之一，在一些著名大学内也已建立了创业学专业甚至创业学系。美国一直是经济强国，科技创新水平领先世界。美国非常重视对国民的创业能力、创业意识的培养，所以其创业学发展较早。美国教育把“取得成就”看作人生目标，培养美国人每人拥有一个“美国梦”，在这样一种文化导向下，每个美国人在开始学习文化知识时便有了服务社会、奉献自我的意识，而创业便是一种很好的实现途径。此学科以创业过程为主线，全面系统、深入浅出地阐述了创业实践中面临的主要问题与解决方案。

1.1.2　创业的重要功能

在建设创新型国家战略的推动下，创业具有实现国家经济转型、增加就业、促进创新、实现人生价值的重要功能，同时也是解决社会问题的重要路径。

1. 挖掘新要素，实现经济转型

当前中国的经济由中高速增长迈向中高端水平，经济增长水平总体放缓，创新创业成为了新的经济增长点。习近平总书记在十九大会议上提出：“激发和保护企业家精神，鼓励更多社会主体投身创新创业。”创业不仅是创业者个人价值实现的重要途径，也是助力中国在经济转型过程中飞速发展的一个杠杆。

我国创新创业蓬勃发展，大众创新、草根创新、蓝领创新、创客创意、众创空间等创新创业新形式层出不穷。在激烈的创业热潮中，创业者各自发挥企业家才能，利用社会网络、新技术、新的商业模式等，在市场中获取竞争优势，推动企业发展。随着创业者的各种生产要素的投入，创新创业政策体系的不断优化，创新创业投资引导机制的不断完善，整个社会对于创新创业给予了极大支持，推动了市场经济多元化发展，有助于我国顺利实现经济转型。

2. 创造财富，实现人生价值

打工富裕一家，创业富裕一方。创业带来的财富效应极为显著。2019 年数据显示：社交网站巨擘——脸书创始人扎克伯格此次以 655 亿美元的身价，称霸全球白手致富年轻富豪榜。中国电商拼多多创办人黄峥（39 岁）从 2018 年的第三位升至第二位，财富为 137 亿美元。2018 年，腾讯创始人马化腾身价 2 910 亿元，成为中国首富。普通创业者在城市和乡村通过不断地尝试，也收获了创业带来的财富。

当然，对于创业者而言，创业的最初目的并不是单纯为了追求经济财富，更多的是为了实现人生价值。马斯洛的需求层次理论显示，实现自我价值是人的最高追求。而当前越来越多的创业者，将通过个人努力对社会甚至全球产生影响作为创业动机，他们通常拥有较高的知识文化水平，有些甚至有比较稳定、能够较好维持家庭生活需要的工作，渴望通过创业使生活更加丰富多彩或者完成自己心中一直以来的梦想，这类创业者也被称为“自我实现型创业者”。阿特金森明确地将成就动机分为两种：一种是追求成功的意向，表现出趋向目标的行动；一种是害怕失败的意向，表现出远离目标的行动。每个人的成就行为都会受到这两种动机相互制衡的影响。通过比较创业者和其他职业者在成就需求方面的差异，学者们发现成就需求较高的人具有针对某个特定目标的倾向，而创业行为即属于这一类目标。

创业是一个人对自然、社会、生命的挑战，最能体现一个人的人生价值。具有强烈自我价值实现欲望的人应该选择这条路，并且勇敢坚定地走下去。在创业过程中可能有开心、困难、迷茫、失望，但是在这个过程中创业者可以更好地了解自己，完善自我，无论企业最后能否盈利，这些都是非常宝贵的经历，而这种经历的价值大于一切。

3. 带动就业，提升社会福利

就业是民生之本，创业是就业之源。创业、就业问题始终是政府关注的头等民生大事。在近年的两会政府工作报告中，创业、就业依然被列为政府重点要抓好的民生工程之一。2016 年《中国青年创业现状报告》显示，在安徽、江西、山东、四川等 7 省的 20 个城市中，青年人中主动型创业的人占多数，政府支持效应初显，平均 1 人创业就能带动 8.4 人就业。

对于大多数创业者而言，创业初期都是从小微企业做起的。小微企业在市场经济中的位置相当于毛细血管，虽然细小且力量薄弱，但数量庞大、覆盖面积广。在中国，小微企业为全国贡献了80%的就业岗位，70%左右的专利发明权，60%以上的GDP以及50%以上的税收，是中国经济发展的重要力量。鼓励创业不仅能缓解大学毕业生的就业压力，同时能够为社会提供更多的就业岗位，带动整个社会的就业，提升社会福利。

4. 培育创业精神，提升创业者素质

创业精神是一种奋发向上、积极努力、追求进步的精神状态，具体表现为创新精神、拼搏精神、进取精神、合作精神等。创业精神是企业发展、社会进步、经济腾飞的重要精神力量，是中华民族复兴的伟大动力，也是一个成功的创业者必须具备的精神。

对于创业者来说，创业是一个知识、技能、心智、社会关系等全面提升的过程，但并不是所有的创业者在一开始就具备良好的领导力、商机意识、冒险精神、应变力、决策力等创业素质，他们大部分都是“从0到1”，逐渐成长起来的。创业对于创业者来说是一种十分宝贵的经历，不仅会影响创业者的职业生涯，甚至会影响创业者一生的价值追求。

中国有句古话叫作“学以致用”，一般强调先学后用，但在现实生活中，特别是创业过程中，机会不等人，更多的是边用边学，甚至是先用后学。因此，创业对于创业者来说，不仅是创业者主动去学习商业、技术、管理知识，提升自己的领导力、决策力、应变力等素质，更多的是创业进入某一阶段，需要某些知识和能力，那些具备创新精神、进取精神的创业者会选择不断提升自己的知识、技能和素质。总之，创业对于培育创业者创业精神、提升创业者素质有着重要作用。

1.2　创业要素与基本模型

1.2.1　创业要素

创业要素是指创业活动需要的前提、条件与资源。“创业教育之父”杰弗里·蒂蒙斯在长期研究的基础上，指出创业的关键要素在于：机会、团队和资源。

1. 创业团队

创业是一种高风险的活动，且所需资源较多，创业环境的不确定因素也较多，独立的创业者越来越难以获得成功，而创业团队可以做到风险共担、资源互补、知识与信息共享等，更能适应不确定的创业环境和激烈的市场竞争，创业成功率更高。创业团队是指在创业初期，包括企业成立前和成立早期，由两个及以上才能互补、责任共担、愿为共同的创业目标而奋斗的人所组成的特殊群体。在知识经济时代，创业所需要的素质、技能涵盖的范围越来越广，单打独斗已经难以适应市场，团队逐渐成为创业过程的主导者。

2. 创业机会

创业因为机会而存在，机会是创业的起点，整个创业过程都是围绕创业机会的识别、开发和利用进行的。创业机会指的是创业者可以利用的商业机会，是一种未来可能盈利的机会，它需要创业者以实际行动进行支持，并通过具体的经营手段以实现预期的盈利。创业机会具有很强的时效性，一不注意就可能溜走或者被别人识别，但同时机会又是不断产生的，有需求就有机会，旧的需求被满足，新的机会又不断产生，需要创业者自身识别和评价。

3. 创业资源

创业离不开资源，创业是通过整合资源将创业机会转变为价值的过程。创业资源是指新创企业在向社会提供产品或服务的过程中，所拥有或者所支配的能够实现公司战略目标的各种要素以及要素组合，包括有形资源和无形资源，有形资源如人力资源、资金资源、物质资源等，无形资源包括技术资源、知识资源、社会资源等。

1.2.2 创业模型

根据国内外的已有研究，经典的创业模型主要有四类。

1. 蒂蒙斯（Timmons）创业过程模型

蒂蒙斯于 1999 年在他所著的《新企业创立：21 世纪的创业学》（*New Venture Creation: Entrepreneurship for the 21st Century*）一书中提出了一个系统性的创业过程模型。该模型采用机会、创业团队和资源三要素的动态平衡过程来描述创业过程，高度揭示了创业过程的复杂性和动态性，奠定了规范创业管理理论的基础，如图 1-1 所示。

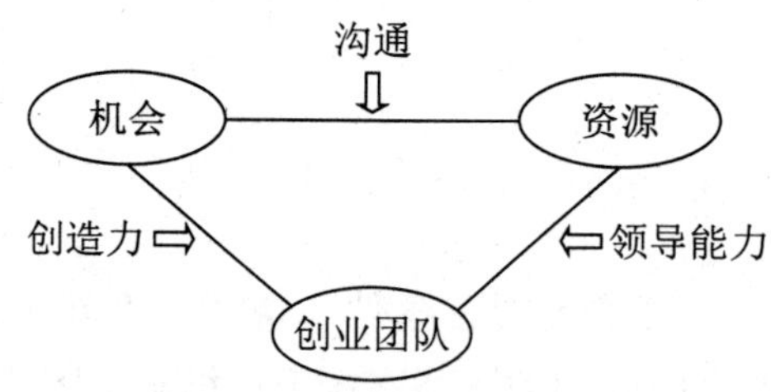

图 1-1　蒂蒙斯创业过程模型

蒂蒙斯创业过程模型认为创业是一个高度动态的过程，其中机会、资源、创业团队是创业过程中最重要的驱动因素：商业机会是创业过程的核心要素，创业的核心是发现和开发机会，并利用机会实施创业，因此，识别与评估市场机会是创业过程的起点，也是创业过程中一个具有关键意义的阶段。资源是创业过程的必要支持，为了合理利用和控制资源，创业者往往要竭力设计创意精巧、投资谨慎的战略，这种战略往往对新创企业极为重要。创业团队也是新创企业的关键组织要素。蒂蒙斯认为，创业领导人和创业团队必备的基本素质有：较强的学习能力，能够自如地对付逆境，有正直、可行、诚实的品质，富有决心、恒心和创造力、领导能力、沟通能力，但最为重要的是团队要具有柔性，能够适应市场环境的变化。

蒂蒙斯模型的特点：该模型是由三个主要核心要素构成的一个倒立三角形，创业初始阶段，企业可利用的资源较少，但可识别的商业机会较多，因此倒立三角形将向左倾斜；随着新创企业的日渐成熟，企业拥有的可利用资源增多，但此时创业可识别的机会会变得稀缺，这将导致倒立三角形的又一种动态不均衡。机会、资源、团队三者的不断调整，最终实现了动态均衡，这就是新创企业发展的实际过程。

2. 威科姆（Wickham）创业过程模型

威科姆（Wickham）在其论文《战略型创业》中提出了基于学习过程的创业模型。该模型有三个特点：① 创业活动需要创业者、机会、组织和资源四种要素，这四种要素互相关联；② 本质上，创业者的任务就是有效处理机会、资源与组织之间的关系，实现要素间的动态协调和匹配；③ 创业过程是一个不断学习的过程，而创业型组织就是学习型组织，通过学习不断改变要素间的关系，可实现要素间的动态平衡，并最终成功地完成创业。

此创业模型告诉我们，创业者处于创业活动的中心。创业者在创业中的职能体现在与其他三个要素的关系中，即识别和确认创业机会、管理创业资源、领导创业组织。该模型还揭示了资源、机会、组织三要素之间的相互关系。另外，该模型还揭示了组织是一个学习型的组织。也就是说，组织不仅必须对机会和挑战做出反应，而且还要根据这种反应的结果来调整和修改未来的行为，即组织的资产、结构、程序、文化等要随着组织的发展而不断改进，组织在不断的成功与失败中得到了学习与锻炼，从而得以发展，如图 1-2 所示。

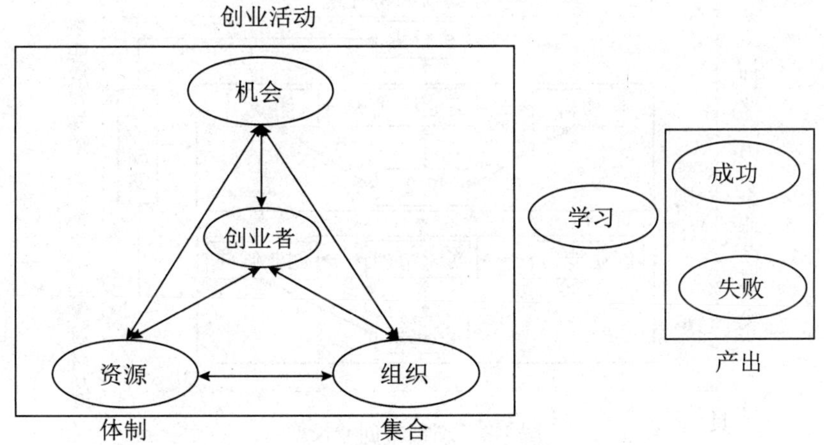

图 1-2　威科姆（Wickham）创业模型

3. 加特纳（Gartner）创业过程模型

加特纳于 1985 年在《描述新创企业创立现象的理论框架》（*A Conceptual Framework for Describing the Phenomenon of New Venture Creation*）中提出了创业过程模型，如图 1-3 所示。

加特纳认为描述新创企业主要包括四个维度：①个人，即创立新企业的个人；②环境，围绕并影响组织的形势；③组织，即新创企业；④过程，个人建立新创企业的行动过程。任何新创企业的建立都离不开这四个要素的相互作用和影响。

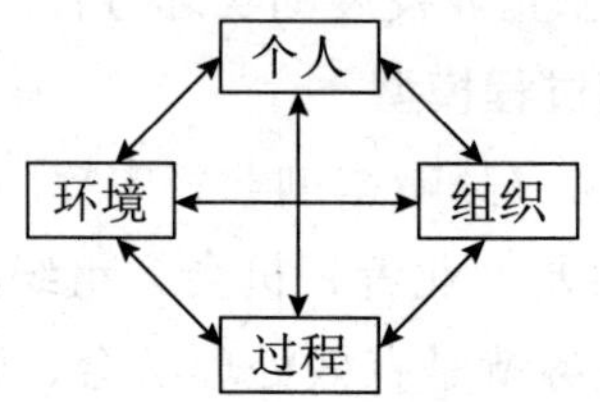

图 1-3　加特纳创业过程模型

加特纳创业模型，突破了识别创业者特殊人格特质研究的局限，率先从创业过程的复杂性出发解释创业过程，比较全面地概括了创业过程的构成要素，为后续的创业过程理论模型构建了雏形。然而，该模型侧重于创业过程的复杂性，未能清晰地阐释各要素之间的相互作用和关系。

4. 刘常勇创业过程模型

刘常勇在专著《创业管理的 12 课堂》中提出该模型（见图 1-4）。这个模型表明新企业的形成是创业家、创业能力、创业精神和创业倾向相互作用的结果。这个相互作用的过程会推动机会、资源、团队和商业模式之间的互动，从而产生创业执行力。

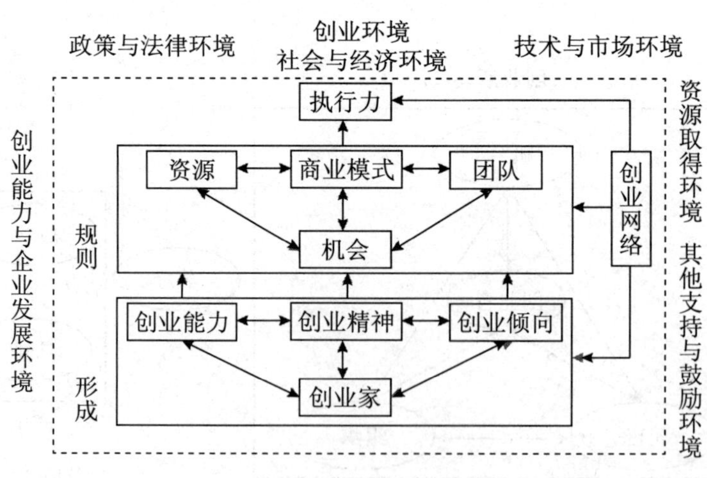

图 1-4　刘常勇创业模型

这个模型的基本思想是：从人（即创业者）的角度出发，首先基于一定的创业倾向和能力发现机会，然后基于一定的商业模式整合团队和资源，形成创业执行力，实施创业行为，整个过程不仅受到网络这一小环境的影响，而且还会受到大环境的影响。因此，这一模型既有全面性又有动态性。需要特别注意的是，该模型强调了创业网络、创业环境与创业内部资源和能力的互动，这也说明了当前创业环境的复杂性、动态性。

对四种经典创业模型进行比较，可以清楚地了解它们各自的特点和区别，如表 1-2 所示。

表 1-2 基于资源、机会和环境三维度的经典创业模型比较

维度 创业模型	资 源	机 会	环 境	综合比较
蒂蒙斯创业过程模型	资源的整合源于团队的形成和团队对商机的识别，经由团队实现机会与资源之间的互动	创业源于对机会的识别，机会是创业过程中的关键因素	强调环境的不确定性，这是实现模型动态变化的前提，关注资本市场环境对领导力的影响	蒂蒙斯创业过程模型强调弹性域动态平衡，它认为创业活动随着时空变迁，机会、团队和资源三要素会发生不均衡的情况，实现三要素的动态均衡是该模型的核心
威科姆创业过程模型	资源是核心三角中的一角，源于对机会的识别和把握，创业者通过管理资源、领导组织来实现创业	该模型强调机会的关键作用。机会既能集中资源，又能够协调组织，也是创业的直接诱因	通过对外部环境的适应，组织不断学习。该模型强调组织具备不断学习能力的重要性	以创业者为核心来带领团队发现机会、组织资源同时适应外部环境而不断学习。动态学习过程成为创业能否成功的关键
加特纳创业过程模型	该模型的资源主要是人力资源。创业者在创业过程中整合了内外部资源	机会识别的过程就是创业过程	主要是指商务环境，并非环境特性	创业者要协调模型中的四个要素，各个要素之间相互影响，构成网络结构，阐释了企业创建的基本过程
刘常勇创业过程模型	资源从外部环境中获得，资源与创业能力的互动形成了创业执行力	机会是创业者基于创业倾向和创业精神的集中作用	创业环境是获取资源、提升发展能力的重要来源	以创业者驱动机会识别，最后通过执行力开创新企业，强调了创业网络和创业环境的重要作用

1.3 创 业 类 型

1.3.1 从创业动机分类

全球创业观察项目根据创业动机的差异，可将创业分为生存型创业和机会型创业。

1. 生存型创业

生存型创业正如其名字一样，主要是指创业者迫于生存的压力，为了谋生而自觉或者不得已而进行的创业行为。生存型创业主要有三个特点：

（1）创业者属于被动创业，创业的目的是为了谋生；

（2）生存型创业主要是解决创业者的个人就业问题，一般不会雇用过多劳动力，对于就业的贡献不高；

（3）创业门槛低，主要分布在零售、汽车、租赁、个人服务等行业，创业起点相对比较低，大部分人可进入，但同时也因为进入门槛低，缺乏科技含量，所以市场竞争激烈，增长潜力弱。

2. 机会型创业

机会型创业主要是指创业者为了把握住市场机遇，以实现个人价值为目的而选择自主创业的行为。机会型创业有三个特点：

（1）创业者主动创业，创业的目的是为了追求某一商业机会，实现个人价值；

（2）机会型创业不仅能够解决创业者自身的就业问题，而且能够给更多的人带来就业机会，有助于缓解就业压力；

（3）机会型创业着眼于新的市场机会，拥有更高的技术含量，有可能获取更高的经济价值。

1.3.2　从创业组织形式分类

1. 独立创业

独立创业，主要是指由创业者独立创办的企业。其独立创业产权归创业者个人所有，经营决策也由创业者个人自由掌控，但与此同时，创业风险也由创业者独自承担。

2. 合伙创业

合伙创业是指由几个创业者组成创业团队，合伙人之间通过订立合伙协议共同创办企业。合伙创业的特点是：共同出资、合伙经营、共享收益、共担风险，并对合伙企业的债务承担无限连带责任。与独立创业相反，合伙创业的优势是风险由合伙人均摊，但创业产权和经营决策也由合伙人共同拥有和掌控。

3. 公司创业

公司创业，也称公司二次创业，是指一个已经存在的公司，通过变革创新、合资或者收购等形式，从而变成新公司的过程。公司创业是一个公司创新的重要表现，是企业战略调整的重要形式。随着经济环境的改变，许多企业面临市场的变动，需要改变自身来适应市场的发展。例如，美国的百年老店福特公司，在现代信息技术发展的时代，不得不通过公司再造、公司重建来适应知识经济的发展需要。

4. 公司内部创业

公司内部创业，主要指由企业内部具有创业意愿的员工发起，在企业组织的支持下，由员工与企业共同承担风险、共同享受创业成果的一种创业形式。公司内部创业的主要目的是培养公司内部的企业家精神，鼓励员工在企业内部像企业家一样工作，旨在培养公司内部企业家。这种方式不仅给予了员工更大的发展空间，同时也有助于公司留住优秀员工，有助于企业的创新与可持续发展。

1.3.3　从创业地域分类

1. 农村创业

农村创业，具有典型的农村地域属性以及创业群体的特殊性，通常是指在主要从事农业劳动的居民生产和生活的地域进行的创业活动，主要涉及养殖、种植、加工、物流、餐饮及服务等活动。农村创业主要有以下特点：

（1）农村创业一般以家庭为单元，表现为“规模小、个体化、分散化”的小农经济特征。

（2）相较于城市创业，农村创业受村落地缘、宗亲血缘等人情关系的影响更为明显，同时由于农村人力资源缺乏，农村创业者会在创业过程中更加注重“朋亲关系”的作用。典型的农村创业模式有合作社带动型、创业平台助推型、美丽乡村引领型、龙头企业带动型和乡贤返乡兴业型等模式。

2. 城市创业

与农村创业相对应，城市创业主要是指在城市范围内进行创业活动，其群体既包括城市居民，也包括农村向城市的转移人口，如农民工、农村户籍大学生等。城市创业主要有以下特点：

（1）城市创业既有以家庭为单位的个体工商户，也有以团队、组织为单位的公司，相对来说表现为“规模大、组织化、集中化”的特征。

（2）城市创业主要从利益出发，对于地缘、血缘等人情关系依赖更弱。城市创业相对来说，技术水平更高，对国家经济的贡献也更大，是我国经济发展的核心力量。

1.3.4　从创业主体分类

1. 大学生创业

大学生创业，主要是指大学生中的创业者识别创业机会，通过整合资源，最终实现创业目的的一系列创业活动。其中，大学生主要是指在校（或在籍）大学生与毕业大学生（一般指毕业两年以内），大学生的范围主要包括专科生、本科生与研究生。近年来，一方面，高校招生规模扩张，大学毕业生数量逐年增长，而同时宏观经济下行，就业岗位供不应求，大学毕业生的就业压力不断增加；另一方面，当代大学生更加追求创造力、自我价值的实现，且大多为独生子女，能够获得父母资金支持，他们有创业动机且创业资源相对丰富。因此，近年来大学生创业的比率不断增加。但与此同时，大学生由于对市场需求的把握不够等原因，真正创业成功的却十分稀少，创业成功率还不到 3%。

2. 农民创业

农民创业，指农民依托家庭组织或者创建新的组织，在农业及相关涉农行业中，利用自身的资源要素，投入一定生产资本，通过扩大现有的生产规模，或者从事新的生产经营活动，以实现财富增长并谋求进一步发展的过程。农民创业有以下特点：

（1）在组织上，农民创业者更多地依赖家庭组织。

（2）农村是农民创业的重要场所。

（3）农民创业并不一定是要创建新的组织，仅仅扩大生产规模也是创业的一种。当前，农民创业的主要形式有家庭农场、合作社、公司等，涉及领域包括种植、养殖、加工、旅游服务等。近年来在国家政策的大力支持下，新型职业农民、返乡农民工成为农民创业的主力军。

1.4 创业教育

世界上最早提出创业教育概念的是柯林·博尔（Kolin Boll），他在1989年向经济合作和发展组织教育研究与革新中心提交的一份报告中提出，未来的人都应该掌握三本“教育护照”：第一本是学术性“教育护照”，反映其学术能力；第二本是职业性“教育护照”，反映其职业能力；第三本是创业性“教育护照”，证明其事业心和开拓技能。第三本教育护照被写进了1989年11月由联合国教科文组织在北京召开的“面向21世纪教育国际研讨会”的报告中，并将其称为“创业教育”。

创业教育体现为以人的综合素质培养与创新能力为核心的广义的创业教育和以创业基本素质与具体创业技能为主要目标的狭义的创业教育的相结合（李时椿，2004）。在高等教育领域内，创业教育是在大学生素质教育的基础上更加注重创业素质的基本要求，其宗旨在于提高大学生的创业精神和创业能力、增强大学生自我创业的意识、形成创业初步能力、掌握创业基本技能。

创业教育是创新教育的延展和深化。创业教育的着眼点是开发人的创新能力和创造力，是开发一种人才增值的智力资本。同时，创业教育也是把创新教育付诸于实践的一种具体方式。创业教育不仅是当代教育的一个具体领域、一个独立分支，而且是一种全新的教育理念和实践，是高校创新教育的延展和深化。

创业教育是素质教育的载体与体现。创业需要综合素质，特别需要高素质的人才。因此，创业教育是建立在素质教育基础之上的新型人才培养模式。同时，创业又是一种创新，需要有智慧、视野开阔、知识面广泛，既懂专业知识，又了解市场需求，还需要有组织管理能力和良好的人际关系与合作精神。因此，创业教育是素质教育的深化和体现。

1.4.1 国内高校创业教育

创业是国家经济发展的重要动力，是创造就业岗位、增加就业机会的主要来源，对于国家经济发展、社会稳定、创新动力起着重要作用。大学生拥有良好的知识素养、勇于探索的精神和高昂的创业热情。近年来，越来越多的大学生走上了自主创业的道路，据人社部统计，2018 年在工商部门新登记的大学生创业者达到 47.8 万，比上年增加 11.9 万。大学生自主创业主要有两个原因。一是就业压力的增加。一方面，随着宏观经济逐步下行，市场能够提供的就业岗位在减少；另一方面，随着高校大规模的扩招，高校毕业生的人数也在不断增加。中商产业研究院数据显示：2010—2017 年高校毕业生人数以同比 2% ～ 5% 的比例逐年增长，7 年累计达 5 706 万人，2018 年毕业生 820 万人，预计 2019 年达 834 万人。就业的供需不均衡导致了高校毕业生的就业压力不断增加。二是新时代大学生更在乎实现自我价值的需要、追求自由生活方式。此外，新时代的大学生大多是独生子女，家庭经济相对富裕，父母能够为其提供创业资金。正是宏观就业压力的增加，以及大学生自我价值实现需求的意愿，越来越多的大学生选择了自主创业。然而，当前中国大学生参与自主创业的人数虽然在不断上升，但成功率不高。

当前，大学生创业已引起了社会广泛关注，高校和政府不断推出了多项创业优惠政策，鼓励和支持大学生创业。政府方面，提出了包括降低创业门槛、加强创业培训、给予资金支持、减免税费、取消落户限制以及提供创业服务等多项政策。地方政府为鼓励大学生创业，创办了大学生创业园、创业教育培训中心等。再者，国务院办公厅印发《关于深化高等学校创新创业教育改革的实施意见》，从国家层面对深化高校创新创业教育改革做出了全面部署。

高校方面，创新创业教育体系日渐完善，创建“创业型大学”成为提高办学质量、增加科研成果的又一方向，是衡量大学综合实力的指标之一。《中国高校创新创业教育蓝皮书（2016）》发布的数据显示：

（1）近八成高校出台了创新创业教育激励政策与文件，70% 以上的高校进行了创新创业教育相关改革；

（2）国内高校创新创业教育基础设施发展迅速，85.5% 的高校拥有创客中心，70% 的高校拥有创业孵化器与实验室，41.1% 的高校建有创新创业教育研究中心，93.8% 的高校其学生参与过各级别的创新创业比赛；

（3）68.6% 的高校创新创业教育资金年投入超过百万元，70% 以上高校开设创新创业课程，50% 以上开设必修课与网络课，40% 以上院校获得创新创业教育相关奖项；

（4）与此同时，仅 57.7% 的高校开发了创新创业教育课程配套教材，且 83.1% 的高校都没有开展中外合作的创业项目。从上述数据中可看出，我国高校对于创新创业教育的重视，已经取得了一定成果，然而也存在一些问题。创新创业教育不仅仅是学校、教师与学生的事情，也需要校内各个部门、校外企业、家庭、社会、政府等方面的支持，应重点培养学生的创业思维、能力与理念，帮助大学生更好地开展创业活动。

1.4.2　国外高校创业教育

1. 美国高校创业教育

世界管理大师彼得·德鲁克（Peter F. Drucker）说过，“创业型就业是美国经济发展的主要动力之一，是美国就业政策成功的核心”。根据 GEM2014 年数据，美国大学生自主创业比例高达 20% ～ 30%，创业理念已经深深根植于美国文化之中。在美国学生中，创业是一件非常普通的事情。美国的创业教育从娃娃抓起，美国的小学生通过接受创新创业类的作业与训练，对于产品开发与创业流程就已经有所了解。在美国大学课堂上，大量创业企业 CEO、投资人、学生创业团队的加入，拉近了美国大学生与实体创业的距离，使其具备浓厚的创业精神，超过 90% 的美国大学生认为创业是一件非常令人尊敬的事情。

此外，美国对于创业失败态度的教育也比较理性。美国的创业失败者并不认为失败是一件可耻的事情，他们往往认为从失败中可以获取知识和经验，是一件非常光荣的事情。在美国，甚至有创业失败经验的创业者相较于初次创业者，能够更为容易地获得创业投资机构的青睐。美国在高校创新创业方面已经有了较好的成就，也形成了相对成熟的高校创新创业模式，其优秀经验对于我国的大学生创业有着重要的借鉴意义。

2. 英国高校创业教育

英国的创业教育起源早，至今，英国高校已开展创业教育 50 多年，早在 1987 年，英国政府就提出了“高等教育创业”计划，旨在培养大学生的可迁移创业能力。2018 年全球创业发展研究院（GEDI）发布了全球创业指数（GEI），英国排名第四，分别次于美国、瑞士与加拿大。英国创新创业教育取得良好的成果，关键在于政府支持与社会参与的共同作用。目前，英国已将创新创业教育作为一门独立学科纳入高等教育学科的分类中，并设计了一个能够收集毕业生创业就业数据的新模型，对于非就业学生毕业后的情况有了更好的分类。英国社会也形成了各类组织合力支持创新创业教育，如英国创新创业教育者协会（EEUK）、区域发展局（RDA）等，多种创新创业协会、中心、科技园、企业孵化中心参与其中，对促进政府、高校与企业之间的协调发展，推动大学生自主创业起着重要作用。

2012 年，英国出台《国家创新创业教育》规定，创新创业教育不限于任何特定年龄段，应存在于各种各样的创新创业活动中。最好的创新创业教育应当是以学生为中心，以活动为基础，鼓励青年人关注个人的学习与思考技能。英国的创新创业教育也是从小学开始的，根据不同的资源与需求，开展了各种活动与课程，帮助小学生建立课堂学习与校外职业的关联，帮助学生更好地认识自我与社会，培养学生的创新能力与团队合作能力。此外，英国高校的创新创业教育也从主要由商学院开展向跨学科、跨领域发展。英国创新创业教育的重要特色在于重视培养学生的实践操作能力。

美国与英国是两个大学生创业的大国，对于创新创业的教育都实行从小抓起，并且美国对于创业失败的宽容，英国对于创业教育实践操作的培养，都值得我们学习与借鉴。

1.5 实训案例

硅谷另类商学院：培养创业素质

创业素质可以培养

的确，创业者乔布斯、盖茨、扎克伯格、伊隆·马斯克都没有接受过专门的创业培训，却造就了伟大的科技企业。如果从这个角度来看，创业成功的确不是课堂可以造就的。

但是，伟大的创业者都具有相近的品质——远大梦想、果敢坚毅、绝不放弃，追求完美。伟大的创业者也都有过相似的经历——不断的失败打击、不断的全力以赴，最终才冲破阻碍，成就伟大的事业。伟大的创业者也面临过相同的问题——融资、推广、管理、上市。

蒂姆·德普（Tim Draper）相信，这些品质是可以通过培训养成的，这些经历是可以传授心得的，这些问题是可以获得经验的，这就是他创办德普大学（Draper University）的核心理念——为硅谷乃至世界培养一批具备创业素质的年轻人，并通过各种资源帮助他们走向成功。

此外，虽然创业课程并不等于亲身创业，但通过专业的创业课程培训，有创业意向的年轻人可以学习成功者的心得，吸取失败者的教训，在自己未来的创业过程中避免一些常见的错误。

早在1985年，年仅27岁的德普就创办了自己的风险投资公司。过去三十年间，他的风投公司DFJ一直活跃在硅谷创业领域，成功投资了Skype、百度、Tesla、Hotmail、Twitter、Tumblr、Yammer、Box等诸多科技创业明星公司，这就积累了他投资办大学的资本。2012年，他斥资千万美元买下了硅谷核心城市圣马特奥（San Mateo）市区一座酒店及配套设施，并将其改造成一所以自己名字命名的寄宿学校“德普大学”。

随处涂写的墙壁

虽然号称大学，但德普大学并没有学位认证，也不打算朝着普通大学的方向发展。实际上，这里更像是一个专注于创业的短期培训班。德普大学CEO汤忠一（Andrew Tang）告诉新浪科技，这里每期培训班的课程是两个多月。从2012年到现在，总计完成了8期培训班，走出近300名毕业生。

德普大学有着明确的招生年龄范围，只接受18～28岁的年轻人。汤忠一解释说，“这是德普定下的招生范围，倒不是对年纪有什么歧视，而是希望给年轻人更多机会。他们没有什么大公司的工作经验，或许此前也没有创业经验”。

这里的学费也不便宜，两个多月的资费是 9 500 美元。“如果你看看北美知名商学院的课程，每年也要几万美元，算下来我们的资费并不贵，而且德普大学是提供免费住宿的，在硅谷这也是一笔不小的开支，德普大学并不是以盈利为目的的”，汤忠一表示。

德普大学学生宿舍的墙壁都刷上了可以随意涂写的白板漆，学生可以随意在学校的墙上涂写。我在宿舍墙壁上看到学生写的各种内容，其中包括各种想法、口号、头脑风暴的总结，还有他们的人生梦想。每个学生入学时，我们都会请他们写下自己的目标，既包括了人生大目标，也有各种小计划。每个楼层都有活动室、健身房、露天的游泳池。

走进德普大学的宿舍，每个房间都摆放着简单的上下铺。“我们尽量为学生创造更多的交流机会，所以会让不同背景和地区的学生住在一起。学生会分成若干个小组完成我们布置的项目，而同一个小组的同学也不会住在一起。”这里每期招生 40 多人，近年来的录取比例大致在 10:1 左右，竞争还是相当激烈。而国际学生的比例大致在 30%，三年时间共有来自 38 个国家的年轻人在这里接受了创业素质训练，其中包括了东亚地区的中国、日本和韩国。

“我们并没有刻意重视或偏向某个地区，但考虑到实际因素，海外学生来到硅谷的成本要更高一点。不过，我们倒是想多招一些女生，但女性申请人数的确也不太多，或许在科技领域女性比重的提高还需要时间”。

谈到对中国学生的印象，汤忠一表示，“大中华地区的学生约占德普大学的一成左右。相对而言，中国学生似乎更敢想，具有更大的远景和梦想，这应该也和中国经济当前的地位相符。如果说有什么不足的话，或许中国学生更加抱团，平时喜欢和同胞相处，而其他学生则更能融入大集体”。

创业就像是吃玻璃

德普大学并不是一个创业孵化器，这里的学生并不一定带着自己的创业项目上学；这里也不是商学院，大多数课程更倾向于实际的创业素质训练。从某种意义上说，德普大学是一个专注于创业的短期商学院培训班。

作为创业培训班，德普大学的课程也非常具有针对性，而这也是在德普本人的设想下制定的。七周时间各有不同的主题，包括了梦想、融资、推广、户外、展示等诸多方面的内容。

梦想是德普大学的第一周课程。汤忠一对新浪科技表示，“很多学生在创业时的问题是梦想不够大。但无论你是怀着大梦想，还是小梦想，失败的风险其实都是一样，所以不妨让自己的视野开阔一些，梦想更大一些。中国学生在这方面的问题要更加突出”。

户外也是德普大学的一项重要科目，包括了攀岩、射击、登山等各项户外运动。这些艰苦的运动意在磨炼学生们的意志力。为了强化这个目的，培训者还会设置一些意外：

如先告诉学生今天的项目是10英里爬山，等到他们爬到终点后突然宣布，真正的项目是现在才开始的赛跑。

“我们希望通过这种方式让他们明白，创业的过程中有着太多意外，你必须有强大的毅力去面对各种想象不到的因素。正如我们当初在国内投资易宝支付的时候，都以为执照马上就会下来，但结果却整整等了5年才拿到执照。要创业就必须随时做好准备”。汤忠一如此解释。

为了提高学生的销售推广能力，德普大学还会向学生布置一些较为艰难的任务。上街兜售成人玩具就让很多学生感到害羞，但为了完成项目获得优胜，这些年轻的学生们不得不克服害羞心理。

当然，来到硅谷接受创业培训，最重要的资源就是这里为数众多的成功创业者。他们的言传身教才是最无价的课程。德普凭借自己在硅谷三十年的人脉积累，为德普大学拉来了诸多创业导师：PayPal与Tesla创始人马斯克、谷歌X实验室主管、苹果零售店前主管、售鞋网站Zappos CEO谢家华等。

马斯克在这里说过一句著名的话，“创业就像是在吃玻璃，无比艰难却又令人上瘾。并不是每个人都适合创业”。德普大学正在将精彩的创业讲座搬上网络，免费提供给全球希望感受硅谷创业氛围的年轻人。不过，在德普大学讲课的除了成功的创业者，还有正在创业的创业者甚至还有失败的创业者。年轻人在这里听到的除了耳熟能详的成功故事，还有创业各个阶段的实际建议，以及失败者的经验教训。

除了极具实战性的创业讲课，德普大学与其他商学院最大的差别或许就是硅谷的创业氛围与人脉网络。San Mateo处在硅谷核心地带，除了学校的讲师与嘉宾，这里还有大量的创业者和创投界人士。德普大学的学生可以在这里积累到创业所需的人脉资源。当然，学校也会提供各种资源的帮助。

据汤忠一介绍，在德普大学的三百多名毕业生中，有一半以上后来都选择了创业。其中有一家韩国创业公司被收购，诸多创业公司的融资总额达到了2 000万美元。“虽然这个数据并不夸张，但我们更希望给年轻人更多的机会，让他们体验到创业的精神，他们也可以回大公司再做几年，然后根据自己的情况选择是否创业。”汤忠一表示。

实际上，德普大学的对面就是德普的另一个创业孵化项目“英雄城市”。很多学生毕业之后就带着自己的项目直接进入了“英雄城市”，正式开始了自己的创业生涯。

一位毕业生这样回忆道：“当他们其中的很多人（讲课的创业者）那么诚恳、坚定，甚至谦逊地说出这些离你十分遥远又十分贴近的故事和想法的时候，我常常忍不住去想：‘是他们疯了吗？还是我活得太狭隘？’这一切都燃起了我对这个世界，对生活真实的、前所未有的热爱。”

资料来源：http：//www.cyzone.cn/a/20070322/57290.html.

讨论题

1. 观察身边的创业者们，分析他们具备哪些创业素质？

2. 结合德普大学和国内高校的创业教育，谈谈其中有什么区别？国内的创业教育在哪些地方可以改进？

3. 德普大学只接受 18 ～ 28 岁的年轻人，你认为这个设置是否合理？

【在线测试题】扫码书背面的二维码，获取答题权限。

第 2 章　创业者和创业团队

引导案例　**腾讯“五虎将”**

“一个好汉三个帮，一个篱笆三个桩。”无论做什么事情，人力和团队都是最为关键的要素，创业更是如此。腾讯公司的创业团队可以堪称创业团队建设的行业标杆。

1998 年的秋天，马化腾和他的同学张志东“合资”注册了深圳腾讯计算机系统有限公司，之后又吸纳了三位股东：曾李青（首席运营官，COO）、许晨晔（首席信息官 CTO）、陈一丹（首席行政官，CAO）。为避免彼此争夺权力，马化腾在创立腾讯之初就和四个伙伴约定清楚：各展所长、各管一摊。直到 2005 年，这五人的创始团队还基本是保持这样的合作阵营，不离不弃。直到腾讯做到如今的帝国局面，其中四个人还在公司的一线，只有曾李青挂着终身顾问的虚职而退休。在企业迅速壮大的过程中，要保持创始人团队的稳定合作尤其不易。成功的背后，工程师出身的马化腾一开始对于团队合作的理性设计功不可没。

在股份构成上，五个人一共凑了 50 万元，其中马化腾出资 23.75 万元，占了 47.5% 的股份；张志东出了 10 万元，占 20%；曾李青出了 6.25 万元，占 12.5% 的股份；其他两人各出 5 万元，各占 10% 的股份。

另外，搭档之间的“合理组合”也很重要：马化腾非常聪明，擅长把事物简单化，但非常固执，注重用户体验；张志东脑袋非常活跃，对技术十分沉迷，擅长把事物完美化；许晨晔是一个非常随和、有主见的人，但不轻易表达，是有名的“好好先生”；陈一丹十分严谨，同时又是一个非常张扬的人，他能在不同状态下激起大家的激情；曾李青不同于其他人，是这五个创始人中最好玩、最开放、最有激情和感召力的人，但也可能正是因为这种大开大合的性格，导致他选择脱离团队，自主创业。

后来，马化腾在接受多家媒体的联合采访时承认，他最开始也考虑过和张志东、曾李青三个人均分股份的方法，但是最后还是采取了五人根据分工占据不同股份结构的策略。即便是后来有人想加钱占更大股份，马化腾也说不行。因为在马化腾看来，未来的潜力要和应有的股份匹配，不匹配就要出问题。如果拿大股的不干事，干事的股份又少，矛盾就会产生。

在中国的民营企业中，能够像马化腾这样，既包容又拉拢，选择性格不同、各有特长的人组成一个创业团队，并在成功开拓局面后还能依旧保持着长期默契的合作，是很少见的。而马化腾的成功之处，就在于其从一开始就很好地设计了创业团队的责、权、利。能力越大，责任越大，权力越大，收益也就越大。

资料来源：https：//baijiahao.baidu.com/s?id=1593253883151720001&wfr=spider&for=pc.

案例启示

腾讯"五虎将"各有特长，性格不同但互补，具有共同的价值观。而这个团队之所以能够成功，与马化腾一开始就设计了很好的创业团队的责、权、利有关，责任越大，权力越大，收益也越大。理论上，围绕"谁"是创业者的议题，形成了辉煌数十年的"创业特质论"学派。其实，创业者不是一个职业，也不是一个充满光辉的头衔，而是内在特质与外在环境互动的结果。

创业者和创业团队什么关系呢？

如果说在冷兵器时代，一个人练就一身本领，就可以成为金庸小说里行走天下的武侠，但现代社会是团队的时代，创业中团队的力量更为重要。腾讯的"五虎将"、阿里的"十八罗汉"都说明了创业者和团队之间艺术而又科学的微妙关系。其实，创业者一个非常重要的任务就是寻找合适的合伙人。在市场竞争愈发激烈的今天，个人能力始终有限，创业团队在整合资源、保障市场竞争力方面更具优势。而如何组建一个创业团队，目前并无固定标准，我们需要清楚谁是创业者、创业者与创业团队之间的关系、如何组建或打磨优秀的团队。

本章知识结构图

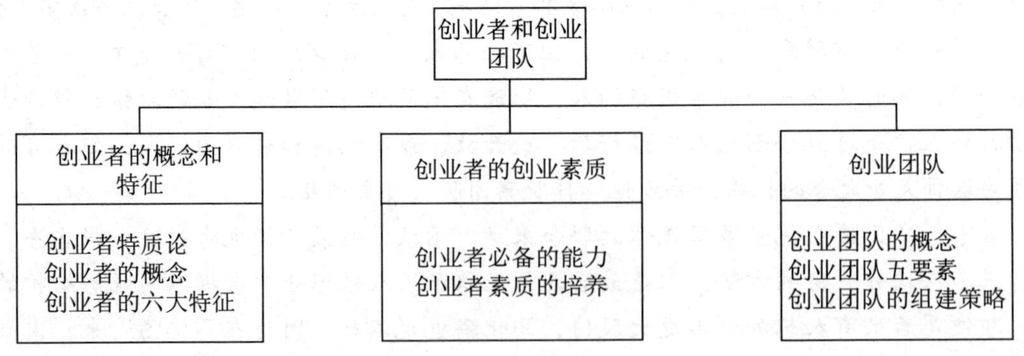

2.1 创业者特质论

12 世纪初，“创业者”在法语中作为学术术语出现，但当时欧洲的封建体制严重制约了创业活动的发展。18 世纪，欧洲的社会结构和制度发生了巨大变化，资本主义登上了历史舞台，进而促进了创业活动的复苏。1755 年，著名经济学家理查德·坎蒂隆首次对“创业者”给出了精确定义，认为创业家是通过承担风险而套利的自然人（Cantillon，1990）。坎蒂隆强调创业家具有极高的警觉性和创新性，他们能够在经济活动中察觉获利机会，通过买入、卖出的方式赚取潜在利润。熊彼特在其《经济发展理论》一书也提到，创业者是创造性的破坏者，他们依靠创业活动打破原有的均衡经济以建立新的经济均衡，进而实现经济发展（Schumpter，1939）。因此，在早期创业研究中，相关创业研究一直聚焦于创业与经济增长的关系。

然而，古典经济学家虽意识到创业者和创业活动在宏观经济增长方面扮演的重要角色，但迫于创业者以及创业活动无法通过特定的定量分析方式表达出来，从而使得创业研究陷入“一潭死水”之中（Baumol，1993）。以熊彼特和阿瑟·科尔为代表的经济学家尝试将创业者赋予一系列人格特征，如风险承担、追逐不确定性、自信、果断等，进而衍生出创业者特质理论。特质理论旨在回答创业研究中非常重要的问题“谁是创业者？”，强调创业者本身具备丰富的特质，即创业者是天生的而非后天培养的。特质论的提出打破了传统经济学数理模型的固有思维，开拓了创业研究的新天地。麦克利兰（David McClelland）、奥维斯·柯林斯（Orvis F. Collins）和戴维·摩尔（David G. Moore）将心理和人格嵌入创业者特质理论当中，认为创业者与非创业者之间在人格、心理特征、工作能力、智力条件、性格存在明显差异，尽管某些特质可以通过后天学习，但终究存在着差异。

创业者特质理论较为系统地分析和归纳了创业者所具备的条件，对全面认识、培育、选拔和考核创业者具有极为重要的现实意义。此外，特质理论借鉴了社会心理和认知领域相关理论，这有利于创业研究者更深入地解剖创业者在创业时所表现的真实感受，有助于更加科学地认识创业者特质对创业活动的影响。但是，创业者特质理论也存在缺陷：

（1）忽视情境因素对创业者和创业活动的影响；

（2）并非所有的创业者都具备相应的特质，相反许多员工并非是创业者但也具备上述特质，因此特质对创业活动的影响解释力有待进一步论证；

（3）创业者特质会随着时间的变化而变化，该理论忽略了时间因素对创业者的影响。

2.2 创业者的概念

创业者，最初是在1755年，由法国经济学家康梯龙引入经济学中。1880年，法国经济学家萨伊首次对创业者进行了定义：创业者是可预见特定产品需求以及生产方式，能够发现顾客，克服困难，整合一切生产要素的经济行为者。著名的管理大师彼得·德鲁克认为，创业者是赋予资源以生产财富的人。创业者对应的英文单词是“entrepreneur”，这个词有两种含义：一是指企业家，即在一个成熟的企业中负责经营和决策的领导人；二是指企业创始人，即将创办新企业或者刚刚创办新企业的领导者。

狭义上，创业者指的是企业的创办者，即组织、管理一个公司或企业并承担风险的人。有两点需要注意：一是创业者不等同于企业家，大多数创业者在创业初期并不具备企业家的眼界、格局和特质，而伴随着企业的成长，创业者所扮演的角色也会逐渐发生转变，从创业者逐渐成长为企业家；二是创业者指的是参与创业活动的核心人员，而不仅限于企业的法人代表或领导者、组织者。当前的创业活动，特别是高新技术领域，许多企业是以团队的形式存在，各个团队人员各有所长，创办合伙制企业，每一个团队成员都应该被视为创业者。所以，狭义上的创业者的基本条件为：愿意承担创业过程中的所有不确定性和风险，并有激情和勇气克服创业中的各种困难，持之以恒地为实现自己的创业目标努力奋斗的人。

广义上的创业者，有两种界定方法：一是参与创业活动的全部人员，包括创业活动的发起者、领导者与创业活动的跟随者；二是将创业者定义为主动寻求变化，对变化做出反应，并将变化视为机会的人，包括企业创办者、企业内创业者、个体劳动者、自由职业者、项目合作者等从事具有创新性活动的人。

2.3 创业者的六大特征

百森商学院创业学杰出教授杰弗里·蒂蒙斯通过对哈佛商学院杰出的创业者协会中第一批21位学员的跟踪研究，总结了成功创业者表现出的一些共同创业特质，他把这些共同的特质归纳为“六大特质”。

2.3.1 责任感

责任感是指个人对自己和他人、对家庭、对国家和社会所负责的认识、情感和信念以及承担责任、履行义务的自觉态度。责任心对于任何人来说都是很重要的品质，对于一名创业者而言更是一种必不可少的特质。创业者从他走上创业之路的第一天，他就应该意识到自己身上的重任，他需要比别人付出更多的资金、投注更多的时间和精力。责任感在很多情况下其实也意味着牺牲，而且要牺牲得毫无抱怨、心甘情愿。想要成功必然要先付出，作为一名成功的创业者首先要具备的就是高度的责任心。

2.3.2 领导能力

领导能力是一种引导力，这就好比一种王者气概，可以吸引人、使人心甘情愿在自己手下做事、心甘情愿被自己管理。领导者不一定都拥有领导能力，但是只有拥有较高领导能力的领导才是成功的领导者。这样的概念放在创业行业中也是同样适用的，只有拥有较高领导能力的创业者才具备成为一名成功创业者的潜质。他（她）可以以自己独特的人格魅力使得创业团队信服于自己的经营管理。创业初期公司还没有成熟的制度，团队中的每一个人对于这个事业的一切都没有经过具体实践验证，所有的事情都需要自己去分析、制订计划、最终完成。此时往往存在着资源分配不均衡、员工分工不明确等种种劣势。因此，事业刚刚起步时内部是非常混乱的，大部分的成员不知道该做什么、怎么做。此时若没有一个有领导能力的领导稳定军心，团队就很容易丧失凝聚力，开始衰退。成功的创业者必须要在无人指导的基础上管理好自己、管理好团队，让一切稳步发展、不出乱子。

2.3.3 商机意识

商机意识就是寻找并抓住合适的商机。在此之前我们需要先积累自身的资源，包括人力资源、社会资源、经济资源等。准备好资源不一定可以很快成功，因为创业本身还需要一定的运气，也就是所谓商机出现的时刻。搞创业，一定要知道市场在哪里。一定要知道需求在哪里，机会在哪里。微软就是由一个创意产生的，盖茨发现计算机的巨大发展前景并决定进入该行业便已经走上了他成功之路的第一步，也是最关键的一步。微软的成功就是商机意识在创业中巨大作用的一个很好体现。

2.3.4 冒险精神

当被问起为什么不会选择创业的时候，很多人会回答“可以做的事情那么多，何必去创业呀，风险太大了”。这种说法听起来也许并不舒服，但却说出了很多人的心声。不是每一个人都愿意创业，很多人拒绝创业是由于它的高风险，但是高风险正是创业区别于其他社会活动的一个重要特点。创业者并非赌徒，他们在拥有冒险精神的同时也具有风险意识，他们会提前全面评估风险的大小以及未来可能的发展方向。因为他们将自己的资金、感情、青春等宝贵的东西统统压在了自己的事业上，所以他们在进行风险性活动的同时，会仔细而周全地考虑可能出现的不同情况，并根据不同情况制订解决方案，尽量使风险最小化，同时争取利润最大化。

2.3.5 应变力与适应力

应变能力，就是遇到突然情况的时候，我们能够果断迅速地采取相应的方法和措施来处理的能力。现代经济具有高速发展、变化迅速的特点，如何快速地分析这些信息，是人们把握时代脉搏、跟上时代潮流的关键。这些都需要创业者具有敏锐觉察外界经济行业变化、经济产业变化的能力，也就要求创业者要具备高水准的应变力和适应力，需要创业者在适应社会的同时，不断思考自己的行为、反思不足、争取进步、调整自己的步伐以便更好地适应社会。

2.3.6 意志力

意志力则是指一个人为了达到内心的目标或愿望，调整并控制自己的行为、面对并解决困难的一种强大的力量，是人们想要做好一件事情的强烈欲望，它会激发人们无限的潜能，产生巨大的能量。责任感是一个人要去完成任务的内在因素，它使人们有一种强烈的想要完成任务的欲望，而要真正完成这个任务还需要很强大的意志力。

2.4 创业者的创业素质

2.4.1 创业者必备的能力

创业能力分为硬件和软件：硬件就是人力、物力和财力；软件就是创业者的个人能力，包括专业技能和创业素质。创业素质包括创业热情、态度、价值观、性格和工作能力。其中任何一个方面都是可以再进行细分的。创业能力是一种特殊的能力，这种特殊能力往往影响创业活动的效率和创业的成功。

1. 领导能力

所谓领导力，就是一种特殊的人际影响力，组织中的每一个人都会去影响他人，也要接受他人的影响，因此每个员工都具有潜在的和现实的领导力。现实的领导者可以掌握着某种权力，成员由于身份限制必须要听领导者的命令、吩咐，实际上他的内心不一定真的信服领导者。潜在的领导者是指具有领导特质以及影响他人能力的人，他们不一定掌握着权力，也不一定处在一个管理者的位置。

在组织中，领导者和成员共同推动着团队向着既定的目标前进，从而构成一个有机的系统，在系统内部具有以下几个要素：领导者的个性特征和领导艺术、员工的主观能动性、领导者与员工之间的积极互动、组织目标的制定以及实现的过程。

2. 经营管理能力

经营管理能力，是指拥有对企业整个生产经营活动进行决策、计划、组织、控制、协调，并对企业成员进行激励，以实现其任务和目标的一系列工作的综合能力总称。它评价的对象可以是人，也可泛指一个企业。荀子《劝学》中说："君子生非以异也，善假于物也。"创业者需要具备经营管理能力，因为创业活动是一种利用资源创造财富的行为，创业者拥有经营管理能力便可以高效地组织生产经营活动、有效地整合资源。

创业历程中，资源整合比个人能力、知识、素质都更重要。一切都是以整合资源为目的。比如，马云和刘强东均是文科背景出身，又不是电子商务或者互联网方面的专家，但两人最大的长处就是整合资源，挖掘能胜任的人和团队，去争取最大的成功。实际上，资源无处不在，但是资源不一定是聚集的、显性的，而是零散的、隐性的，这就需要创业者去发现和利用。对待同一种资源，由于个人能力不同，对资源价值的认识也就不同。因此，创业者只有心怀欣赏、勤于思考，努力培养独到的眼光和敏锐的观察能力，资源才会层出不穷，这是确保资源整合取得实效的首要要求。

3. 协调能力、沟通能力、表达能力

协调能力通俗来讲就是安排团队成员做事以达到某个目标的能力，包含组织能力、授权能力、冲突处理能力、激励下属能力等。人的组织协调能力可以提高但无法培养，组织、协调能力具有先天因素，不是人人都能胜任的，提高组织能力首先要选择合适的人做其力所能及的事。提高组织协调能力的方法有：

（1）换位思考。了解同伴所面临的具体情况，以一颗包容、善良的心找到伙伴真正在意的是什么，帮助他们得到他们想要的，引导他们努力解决问题。

（2）真诚。真诚是这个世界上最伟大的力量，它可以冲破层层考验，直指人心。通过真诚地沟通可以建立团队协作的信任基础，进而提升创业的效率。

（3）奖惩并重，赏罚分明，达到激励的效果。有较高协调能力的人善于团结一切可以团结的人，团结一切可以团结的力量，求同存异、协同发展，做到不失原则、灵活有度，善于巧妙地将原则性和灵活性结合。

沟通能力是指一个人与他人有效地进行信息沟通的能力。创业是一个交流的过程，团队各个成员、供应商、投资人、经营者、政府之间都是需要沟通的。只有通过沟通，大家才可以了解彼此的需求和心愿，进一步增进理解，从而信任你、依赖你，也会喜欢和你沟通。良好的沟通会帮助你了解他人的想法意愿，同时把你的想法意愿传递给他人，彼此协调，最终达到双赢。

表达能力其实是沟通能力的一部分，完整生动的表达是沟通的基础。语言表达能力俗称"好口才"。由于现代社会经济的快速发展，人们之间的交往日益频繁，语言表达能力的重要性也日益凸显，表达能力越来越被认为是现代人必备的一种技能。作为创业者，不仅要有新的思想和见解，还要在别人面前将其很好地表达出来，不仅要用自己的行为对社会做出贡献，还要用自己的语言去感染、说服别人。

4. 专业技术能力

专业技术能力是创业者掌握和运用专业知识进行专业生产的能力。专业技术能力的形成具有很强的实践性。许多专业知识和专业技巧要在实践中摸索，逐步提高、发展、完善。创业者要重视专业技术方面知识的积累和职业技能的训练，对于书本上讲授的理论知识要付诸实践并验证其正确性；对于书本上没有出现的知识，在具体的社会实践活动中就应发现真理，建立新的认识和想法。

5. 执行能力

梦想家和实践家最大的区别在于一个重视“想”，一个重视“做”。巴顿将军曾经说过“一个好的计划现在就去执行要比下周执行一个完美计划更好”。有想法的人太多，真正付诸实践的太少。天下大事必作于细，古今事业必成于实。执行力包括两个层面：怎么做和做什么。松下幸之助说：“一个企业的成功，20% 在策略，80% 在执行。”杰克韦尔奇也说：“企业目标达成的关键就在于企业的执行力，没有执行力，一切都是空谈。”现在创业教育越来越重视对创业者执行力的培养。

聚焦案例 2.1 ▶▶

校园里走出的创业者们：旋转在指间的“陶艺梦”

2013 年，两个来自农村的“90 后”大男孩，都是陶艺狂热爱好者，毕业后他们在昆明凑集 5 万元成立了“爱雅陶艺”工作室。虽然他们在大家云集的云南陶艺界名不见经传，但却以勇于创新的锐气赢得了业界前辈的肯定。

云南省首届陶艺大赛中崭露头角

朱国军，云南民族大学 2009 级美术学陶艺专业毕业生；杨伟，云南师范大学 2009 级艺术设计专业毕业生。两个在普洱江城的家中“玩泥巴”长大的男生，在上大学以前从没想过要以此为生，直到 2011 年第一次在云南省首届陶艺大赛中崭露头角。

2011 年，云南省首届陶瓷艺术作品大奖赛举行。这次大赛，云集了刘也涵、谢恒、田波等业界大师，可谓竞争激烈。当时还是在校大学生的朱国军，也带来了他的作品——《面具》，与陶艺大师同台竞技。

朱国军的《面具》是一个中空的人物面具造型，它突破了传统面具平面和半弧形的模式，高约 55 厘米，最宽处直径约 25 厘米，夸张的手法给人强烈的视觉冲击。在面具图案设计上，朱国军凭借自己对陶土的理解，融入了云南的东巴图腾文化元素、民族图案中蕨草的图案元素，并引入非洲木雕夸张的表现形式，使得传统与现代完美融合，给人以耳目一新之感。

正是凭借强烈的视觉冲击和极富创新的设计，《面具》一举获得大赛铜奖。这一次获奖，让朱国军对自己的陶艺作品信心大增，也正是这一次获奖，让他有了创业的念头。此后，朱国军参加了很多比赛并频频获奖。作品《土陶靠椅》在“云南民族大学‘元盛杯’民族民间工艺品创新大赛”中获得最佳创意奖；作品《卷边荷叶茶盘》在“云南省首届大中专院校师生旅游手工艺品和工艺设计大赛”中获得三等奖。

破旧工棚里建起工作室

2012年，读大三的朱国军用家里给的学费买了一台拉坯机、3吨陶泥、1辆电动车，约来高中同学杨伟，融入杨伟的艺术设计，两个人开始做一些陶艺挂件、手工艺品，然后用电动车拉着到昆工门口摆地摊。

“那时一天可以卖一百来块钱。”朱国军和杨伟一边学习，一边开始了他们的“地摊生意”，积累了最初的创业经验。

2013年，读大四的他们持续创作，用料不拘一格，造型充满想象力，又充分融入民族元素。2013年7月，两位“90后”大男孩从学校毕业，东挪西凑，凑了不到5万块钱，毅然决定在昆明成立自己的陶艺工作室。“当时最头疼的是找地方，宽敞的地方租金贵，而我们的资金有限”，杨伟回忆。后来，他们通过网络找到了位于新河村的一个旧工棚，虽然那里破旧到没有一个完整的窗子，四壁漏风，但却足够摆放他们的气窑、原材料、拉坯机以及成品。于是，两个大男孩就在这里开始了真正的创业。

竹编工艺嵌入陶艺，大放异彩

在那里，虽然条件艰苦，但是两个大男孩的内心是火热的。“从小就接触竹编的生活用品，自己也编过，于是就想到了用陶泥来表现竹编工艺”，朱国军指着一个茶壶介绍。

这个茶壶的形状是传统的，但因为引入竹编的图案而变得与众不同。茶壶的壶身下半部分是竹编图案，这个造型先要用陶泥做成条，再仿传统竹编工艺的方法进行编织，然后靠泥与泥之间的黏性粘合起来，整个工艺为手工制作，很考验制作者的水平。配合茶壶壶身的竹编图案，壶嘴和把手都引入竹节元素，再结合紫陶本身能烧出的古铜色和象牙黄色，使得茶壶或古朴，或自然，让人爱不释手。在2013年的文博会上，爱雅陶艺的竹编系列产品大放异彩。

在2016年8月9日举行的新一届文博会上，朱国军和杨伟带着他们新的竹编系列陶艺作品以及高山流水荷叶香道等作品参加。他们认为，创新才是陶艺的生命所在，而他们的创新之路，才刚刚开始。

2.4.2 创业者素质的培养

大家都很清楚，要成为一名成功的创业者并不是一件容易的事情，需要具备很多优秀素质。很多人认为成功的创业者是天生的，这种想法只是逃避努力、逃避风险的理由。

确实有些人天生就拥有很多创业家特质，并且因为这些特质取得了成功。但天赋不那么优秀的人难道就不可以创业吗？当然不是！创业者的素质完全可以通过后天有意识的培养、训练获得。创业者素质的培养对于他们以后是否有意愿走上创业道路，是否有坚定的信念在这条道路上走下去，是否有能力在创业中取得成就和获得财富起着极为关键的作用。

1. 团队意识

创业不同于其他的社会活动，只要努力、用功就可以获得比较好的成绩。成功的创业一定不是个人的成功，必须要依靠团队的智慧和力量。团队中有各种不同类型、不同本领的人士，每个人都有自己的特质与性格。团队意识其实也可以理解为一种包容力、凝聚力，它可以使团队的力量最大程度地集中并且放大。

2. 学习意识

人生是一个不断遇见新事物、不断分析、不断学习的过程。一个没有知识的人并不可怕，一个没有才华的人也不可怕，一个不愿意学习新知识、故步自封、夜郎自大的人才是真正可怕的。日常生活中，一定要注意不断学习。学生在学习书本知识以外还要了解更为广泛的知识，已经参加工作的人在经常总结工作经验、生活经验之余还要多读书，从书本中获得理论知识，并在实践中进行验证。

3. 实践意识

高举“实践”的大旗，通过各种与专业紧密相关的实习与实训，培养自身的实践意识，可使创业者在竞争中脱颖而出。在学习过程中，一方面要培养创业者理论联系实际的意识，另一方面要促使其主动接受社会实践的锻炼。在课堂的学习中，要灵活掌握专业理论知识。在课堂外，通过参观、访问、社会调查以及志愿者活动等形式，对课内所学的知识会有更直观的把握，发现专业领域内一些日新月异的变化。同时，还要经常到生产、管理、服务的第一线去，多层面了解行业、了解社会，在无形中建立自己开放的判断体系。通过一系列实际行动，学会养成一种主动接受实践检验的学习习惯，遇到问题会自觉地认真思考，并寻求解决问题的途径，这样实践意识就在不知不觉中形成了。

4. 张扬个性

独特的个性是创业者的基本素质。古往今来，创业成功各有各的原因，但都离不开创业者独特的个性，即他们不同于其他人的品质。独立而健朗的个体人格是非常有价值的。在培养创业者素质的同时，要唤醒他们的自我意识，鼓励张扬个性，鼓励独立思考与独立探索，注重个性的保护，使得每个人既是独立的个体，又是社会发展中坚实的力量来源。

5. 自信心

自信心能赋予人积极主动的人生态度和进取精神。要成为一名成功的创业者，必须坚持信仰如一，拥有使命感和责任感，顽强拼搏，直到成功。信念是生命的力量，是创立事业之本，也是创业的原动力。自信的人相信自己可以掌握命运。对待挑战，他们不会唯唯诺诺，而是勇敢面对并且接受。培养创业者的自信心，可使他们拥有饱满的活力和热情以面对创业。

6. 学会理财

创业过程中资金是非常重要的，没有资金，企业运行就会停滞。学会理财首先要学会开源节流。开源就是瞄准商机，进入市场，获得资金回报。节流就是节省不必要的开支，该花的钱一分不省，不该花的钱一分不花。树立节约每一滴水、每一度电的思想。另外，要学会记账，每一笔资金的来源和开支都要进行记录，这样月末、年末查账就可以知道企业资金的流向，这就为未来的资金规划提供了详细的数据支持。掌握基本的理财手段，获得卓越的理财能力，对于一个新创企业来说是非常重要的。

2.5 创业团队

2.5.1 创业团队的概念

创业是一个系统工程，它要求创业者在战略策划、生产组织、市场营销、财务管理、人事管理等方面各有所长，这远不是单个创业者力所能及的。实践与研究表明，大多数企业都是从创业团队，而非个体创业开始的。

狭义的创业团队是指由两个或两个以上具有一定利益关系的，共同承担创建新企业责任的人组成的工作团队。广义的创业团队，还包括创业过程中各种利益相关者，如风险投资商、供应商、董事会成员、专家咨询群体等。

需要说明的是，团队不同于群体。在团队中，成员的作用是互补的，离开了谁都不行；而在群体中，成员之间的工作在很大程度上是可以互换的，离开了谁都无所谓。团队成员之间具有共同目标，相互之间有利益关系，需遵循共同的行为准则与规范，而群体的成员之间没有这些特征。大量的研究证明了以团队为主体创办的企业有助于提高企业的成活率和成长性，优于个人创办的企业。Cooper 和 Brun（1977）通过调查发现，他们所调查的企业中表现为高成长的企业 80% 都是由创业团队组建。

2.5.2 创业团队五要素

创业团队五要素，又称为“5P”要素，由目标、人员、定位、权限和计划组成。

1. 目标

创业团队首先要有明确的创业目标，创业目标将一个团队汇聚在一起，是团队运作的核心动力，也是团队存在的理由。第一，一个团队正是因为有了明确的目标，才知道接下来的行动方向，如需要付出什么努力，把握哪些商业机会；第二，一个团队有了明确的目标，整个团队的人员往同一个目标奋斗，心向一处，形成一股合力；第三，明确目标能使团队认识到自身的限制，并通过招聘合适的人才，获取所需资源来提高团队的综合实力。当然，团队目标的设定要切实可行且是整个团队成员认可的。

2. 人员

人员是团队的核心要素，是实现团队目标的重要因素。合适的团队人员能够提高创业的成功率，形成“1+1>2”的合力，而不合适的团队人员组在一起，容易引起团队内部矛盾，给团队造成巨大伤害。选择团队成员要考虑团队的发展目标，明确团队需要的知识、技能、经验，根据个人及团队现有资源，结合团队知识结构、性格、兴趣、价值观等进行选择。团队成员之间要做到相似性与互补性结合，保持价值观、金钱观、创业观的一致，实现知识结构、人脉、资金、技能、经验的互补。

3. 定位

定位指的是团队在整个组织结构中的位置，以及与整个组织及组织中其他群体的关系。创业团队定位包含整个团队的定位以及团队各个成员自身的定位。团队的定位主要是指创业团队在创业企业中处于什么位置、由谁选择和决定团队成员以及采取什么样的激励方式等；团队成员个体的定位是指团队成员在团队中担任什么角色，根据每个成员的专业与优势确定决策者、计划制订者或监督者，保证每个成员发挥自身最大的功效。

4. 权限

权限是指团队的职责及享有的权利。在一个组织中，权责对等才不容易滋生矛盾。虽然在创业团队中推崇群策群力，由团队成员共同商议、共同决策，但是不同人负责的范围不同，在具体执行时，在不损害集体利益的情况下，应当适当将权力下放到各个负责人身上，使个人拥有与职责相对应的权力。特别是团队领导人的权力大小十分关键，且与团队的发展周期相关。一般来说，在创业初期，领导人的权力相对集中，而随着团队的成熟，领导人的权力会相应减弱。

5. 计划

计划是为了达成目标所做的安排，是未来的行动方案。只有将创业目标转化为科学合理的、具有可操作性的行动计划，才能帮助团队达成目标。创业团队在制订行动计划时，要充分考虑企业的创业目标、自身的优劣势以及所处的环境。计划不是唯一的，制订计划时要考虑多种预案。计划也是动态的，应当随着实际情况进行相应调整以更好地达成创业目标。

2.5.3 创业团队的组建策略

关于如何组建创业团队，并没有一个标准的规则。现实生活中创业团队的组建，有的是因为志趣相投，有的是因为资源互补，也有的是因为迫于无奈才走到一起，有的创业团队成员背景相仿，也有的团队成员性格、能力、知识、经验等差异明显。但是成功的创业团队总有一些相似的特质，总结成功创业团队的组建策略，具有一定的实践价值。

在创业之初，核心创业团队的人数不宜过多，过多容易出现思想意见不统一、决策效率低等现象，难以应对市场环境的变化。此外，团队成员过多也会出现利益分摊不均衡、成员离心等现象。但团队成员过少则难以发挥团队的优势。一般来说，创业初期 3 ～ 5 人的创业团队比较合适。当然，创业团队成员也不是一成不变的，随着创业进展，可能会新增成员，也会有成员退出，这需要创业团队自身来平衡。

1. 组建模式

（1）合伙制。合伙制创业是指由几个创业者组成创业团队，合伙人之间通过订立合伙协议，共同创办企业。合伙创业的特点是：共同出资、合伙经营、共享收益、共担风险，并对合伙企业的债务承担无限连带责任。与独立创业不同，合伙制创业的优势是风险由合伙人均摊，但创业产权和经营决策也由合伙人共同拥有和掌控。

现阶段，我国创业企业常见的合作方式有四种：亲戚内合作、家族内合作、朋友间合作、同事间合作。咨询类、律师事务所和会计师事务所等以智力服务为主的创业企业，多数采用合作制。在农村领域，农户家庭创业也多采用合作制，主要是因为农民创业者创业资本少、创业资源匮乏，依靠家庭血缘、地缘和亲缘关系能够以较低的成本获得创业资金、人力资本和信息等创业要素，从而使得初创企业迅速获得竞争优势。

（2）公司制。公司制是现代企业制度建立的基本前提。采用公司制，主要包括两种设立形式，一是有限责任公司；二是股份有限公司。两者的区别在于：有限责任公司是由两个以上的创业投资者共同出资，每个投资者以其认缴的出资额对公司承担有限责任，公司是以其全部资产对其债务承担责任的企业法人；股份有限公司是指全部资本由等额股份构成并通过发行股票筹集资本，股东以其认购的股份对公司承担责任，公司是以其全部资产对公司债务承担责任的企业法人。

采用公司制的优势主要体现在四个方面：一是能有效集中资金进行投资活动；二是公司以自有资本进行投资有利于控制风险；三是对于投资收益公司可以根据自身发展情况，进行必要扣除和提留后再分配；四是随着公司的快速发展，可以申请对公司进行改制上市，使投资者的股份可以公开转让以套现资金用于循环投资。一般非家族成员的创业者采用公司制较多。例如，阿里集团、新东方集团等。

2. 组建原则

（1）共同的价值观。创业团队的成员可能来自不同的领域，有不同的知识结构、过往经历、教育背景，也可能存在年龄、性格等差异，但团队成员应该拥有相同的价值观。因为价值观会影响一个人的行动准则，如果他们无法统一创业活动准则，就需要耗费大量时间、精力才能统一决策，这会导致工作效率低下，不利于创业企业发展，所以拥有共同的价值观对于创业团队的组建十分必要。

（2）优势互补。一个优秀的创业团队既需要懂技术的人才，也需要擅长营销的人才；既需要专业知识扎实的专业人才，也需要八面玲珑的交际高手。不同能力的创业成员组合在一起就形成了一个比较全能的主体，能够更好地面对激烈的市场竞争。而且，这样的团队中也不易出现核心成员优势的重复，引起双方矛盾、造成资源浪费、降低团队效率，甚至导致整个团队的解散。

（3）优秀的领导者。所谓领导者，是一个团队的首领、主要决策者，其在一个团队中起着团结、带领作用。一个团队如果缺乏一个优秀的领导者，就如同一盘散沙，难以凝聚。创业团队的领导者是创业团队的灵魂人物，是团队力量的协调者和整合者。在创业团队中，领导者不仅需要突出的工作能力，还需要包容心、责任感等优秀品质，要随时与团队成员进行沟通交流，对团队资源进行协调和整合，对团队成员进行鼓励与支持，从而提高团队的整体水平，以适应企业成长的需要。当然，一个优秀的领导者不能仅靠资金、技术、专利来决定，他不一定是团队中最优秀的，但他应该是整个团队认可的、有较强决策力的带头人。一般而言，创业团队会在创业之初将活动发起人或者大股东作为领导者。

2.5.4　创业团队管理策略

1. 创业团队管理的特点

创业团队的管理不同于工作团队的管理。对于大多数企业内的工作团队来说，如研发团队、销售团队和项目团队等，因为人员和岗位稳定性相对较高，人们习惯于将重点放在过程管理上，注重通过建设沟通机制、决策机制、互动机制和激励机制等发挥集体智慧，实现优势互补、提升绩效。但对创业团队管理而言，却正好相反，重点在于结构管理，而不是过程管理。

（1）目标是建立信任基础。在创业初期，创业团队还没有建立起规范的决策流程、分工体系和组织规范，管理以“人治”为主，处理决策分歧尤为困难。此时，团队成员之间的认同和信任尤其重要，而认同和信任又取决于创业团队的初始结构，它往往需要经过一个比较长期的过程才能建立。

（2）手段是长期激励。一般的企业在比较成熟的情况下，可以凭借雄厚的资源基础、借助月度工作考核等手段，在短期内实现成员投入与回报的动态平衡。但是，初创企业需要在时间、精力和资金等资源上进行高强度的投入，短时间内无法实现符合期待的激励和回报。这种情况，一方面是因为没有资源；另一方面是因为创业团队期待的回报是创业成功。因此，创业团队一般注重长期激励，如技术入股、年薪制等。

（3）核心是协同学习。普通企业内的工作团队是以组织知识和记忆为依托，成员之间共享着相似的知识基础。与此不同的是，创业企业在创业过程中面临着各种不确定性，创业者要在不断试错和验证的基础上，创造并储存组织知识和记忆。创业团队的协同学习就建立在团队成员创业之前形成的共同知识和观念的基础之上，这也是由创业团队的初始结构决定的。而核心创业者对团队成员的选择决定了创业团队的初始结构，这也是实现有效的创业团队管理的重要前提。

2. 创业团队的管理

（1）组织结构管理。建立优势互补的创业团队、设置好团队组织架构是保持创业团队稳定的关键。对于采用理性逻辑组建的创业团队，创业者可采取明文规定的决策程序，落实责任，明确责、权、利，避免相互推诿。管理重点在于沟通和协调、培养信任感、发掘成员特长、培养团队凝聚力、夯实团队信任基础等。对于采用非理性逻辑组建的创业团队，分工要适当，要因人授权、按权担责，避免过度集权，出现决策一致性倾向，此时管理的重点在于更多地整合外部资源。创业者应当注意吸纳并培养具有不同专长的核心员工，聘用外部专业顾问，增强团队的互补性。

（2）团队精神管理。团队精神，一般是指经过精心培育而逐步形成的并为团队全体成员认同的思想境界、价值取向和主导意识。团队精神是企业的精神支柱，是凝聚团队成员的共同信念和精神力量，也是创业成功的基石。团队精神管理主要包括共同愿景、创业目标、人本化管理机制、学习型组织的管理。

（3）运作机制管理。运作机制管理主要是对团队的决策、激励和分配进行管理，以确保创业团队的活动能够顺利开展。建立促进合作和学习的决策机制是发挥创业团队结构优势、取得创业成功的关键。

①决策机制。坚持控制权与决策权的统一，既要保证大股东对公司的控制权，又要发挥团队的集体智慧。可采取大股东“一票否决制”，即一项提议，就算所有股东都通过，但只要大股东自己不同意，就可以否决这项提议；而如果一项提议，大股东同意的话，他也仅仅能投一票的赞成票，必须获得 2/3 的股东都同意后，这项提议才能被通过。

②激励机制。在刚开始创业的时候，关于责、权、利的问题应该进行清晰的界定，不能感情用事，也不能避而不谈。必须以契约形式明确团队成员的权利与利益分配机制，并将其写入公司章程，包括增资、扩股、融资和退出机制等，这是创业团队长期稳定的制度保障。在实际操作中，依据出资额确定股权分配比例是常见的做法，但对于没有投入资金却持有关键技术的团队成员，则需要谨慎考虑技术的商业价值，在资金和技术之间进行合理的权衡。同时，从企业长远发展考虑，还应给未来进入公司的优秀人才预留部分股权。

③分配机制。利益分配要公平、公正，切实体现贡献与报酬匹配的原则，但贡献应当以团队成员在整个创业过程中的表现为依据，而不仅仅是某一阶段的业绩。同时，不同类型的员工对于利益的诉求不尽相同，因此企业的薪酬体系不仅应包括诸如股权、工资、奖金等，还应包括个人成长机会和相关技能培训等方面的内容。每个团队成员所看重的利益因素并不一致，这取决于个人的价值观、奋斗目标和抱负。有些成员将物质追求放在第一位，而有些则是希望能够获得荣誉、发展机会等其他利益。因此，团队的领导者应当加强与成员的沟通交流，针对各成员的利益诉求采取恰当的方式，并能够根据团队成员的期望进行适时调整，这是有效激励的重要前提。

（4）文化氛围管理。建设合作式冲突的氛围和文化。创业团队成员之间多少会有冲突，关键在于团队遵循一致的目标，能够相互鼓励，看到对方观点和建议的长处和价值，不要认为对方在挑战自己的权威。合作式冲突的氛围和文化能够调动每个人的潜能和专长，形成相对有效的决策方案和机制。

（5）动机结构管理。创业团队成员的理念和价值观是动机结构管理的关键。如果创业团队成员之间价值观不同，如有的成员不会过分关注短期收益，而有的成员是抱着赚快钱的想法参与创业，就会产生一定的矛盾。相似的理念和价值观，有助于创业团队保持意愿和方向的一致。

2.6 实训案例

书生创业，如何从 0 到 1？

夕阳渐渐沉落，一种寂寞的情绪慢慢涌起。张盛林教授独自一人站在西南大学的崇德湖畔，陷入了沉思。崇德湖畔，水稻之父袁隆平院士求学时曾经在这里徘徊，一代国学大师吴宓任教时也曾经在这里踟蹰。张盛林所创办的公司“西大魔芋”又该何去何从呢？

人生上半场，到祖国最需要的地方去

1995 年农业部鉴于西南农业大学（西南大学前身之一）在魔芋方面的突出研发能力，正式批准成立部级魔芋研究中心——西南大学魔芋研究中心。1997 年刘佩瑛教授带领团队发起筹备建立中国园艺学会魔芋协会，成为全国魔芋行业的交流平台和信息枢纽，西南大学魔芋中心是国内魔芋行业最权威的科研单位。从 2004 年开始，张盛林教授便接过他导师刘佩瑛教授手里的火炬，扛起了魔芋研究的大旗，同时担任中国魔芋协会园艺协会会长。

在张盛林教授的带领下，魔芋研究团队在魔芋种植技术方面取得显著成果，获得了诸多授权专利及省部级奖项。“一种快速降低魔芋粉黏度的方法”“魔芋无硫干燥方法”“魔芋一年两熟的栽培方法”等魔芋产业关键技术和推广应用的研究多次获奖，其中，西南大学魔芋研究中心在 2007 年获得教育部科技进步推广类一等奖。

五十知天命，教授开始创业卖魔芋

张盛林教授平常只要有时间，就会向身边的同事和领导“汇报”他对魔芋技术的研究进度，频频地宣传魔芋对人体健康的好处。魔芋粉是人体需求的第七大营养要素——膳食纤维中的佼佼者。对于现代人因缺乏膳食纤维而引起的“三高”问题有重要的调节作用。

一次偶然中张盛林遇到了一位校领导，校领导打趣道：“产品好为啥不自己开个公司呢？”这虽然只是一句戏言，但却在张教授心中留下了火种。如果开办一个公司的话，可以运用协会的技术和西南大学丰富的资源将魔芋食品进行加工推向市场，为广大的消费者所知。

2012 年 1 月 17 日，西南大学校长办公会讨论，决定由西南大学资产经营管理有限公司与西南大学魔芋科研人员共同组建魔芋科技开发有限公司，并授权允许永久使用“西大”作为公司标识。2012 年 3 月 12 日，重庆西大魔芋科技开发有限公司正式成立，西南大学教授张盛林为公司法人，西南大学持有少数股份。

万事开头易，张教授的短暂幸福时光

公司创建初期，由原魔芋技术团队中的几名技术人员和已毕业的攻读蔬菜专业的研究生组成，主要生产魔芋粉、蒟蒻洁肤棉两种产品。

由于魔芋产品本身具备的保健功能，以及它对消费者需求而言是非刚性的特点，张教授决定将公司的目标顾客定为“五高”人群，他认为，高收入和高知识分子会更加注重生活品质，也会更容易接受科学健康的科普知识，从而购买魔芋产品。

公司刚刚起步的时候，西大魔芋公司利用西南大学广泛的社会网络与地方资源，将产品主要推销给集团用户，由于具有西部原生态特色，2012 年一经推出，就广受重点客户的欢迎，当年销售额就达到一千万元左右，西大魔芋公司也因此赚取了“第一桶金”。但好景不长，随着 2013 年外部政策以及市场的变化，以魔芋作为礼品采购的单位越来越少，公司这条“快速通道”被堵死了。西大魔芋公司开始陷入举步维艰的境况。

产品定位困惑，西大魔芋是减肥还是解酒呢？

作为礼品之用的魔芋市场受挫之后，张教授开始思考魔芋产品的定位，并且发掘传播魔芋对普通消费者的功能。随着生活水平的提高，普通人也开始注重保健养生，从这一理念出发，团队重新发掘魔芋产品市场，决定推出两款产品，一款是具有减肥功能的白魔芋粉，另一款是具有解酒功能的“酒易”。两款产品在市场上都比较成功，本是值得欢喜的事情，但张教授却又陷入了深深的矛盾之中。

他想，既然“酒易”见效快，被消费者认可的可能性更大，公司创办时间短、资源短缺，是不是可以倾力只推“酒易”产品，先在消费者心里树立健康解酒这样一个独特的品牌形象，让消费者关注到西大魔芋公司的存在，后面再完善产品线？但是魔芋粉、蒟蒻代餐粉这两种产品的受众更为广泛，如果处理得当的话，能够获得较多的市场份额。

到底应该怎么办呢？它是充当帮助“三高”人群排遣不安、塑造女性完美身材的健康小管家呢？还是成为一个忙于为饮酒人士健康解酒的“救世主”形象呢？经过和研发团队商讨后，张教授最后决定保持原有的生产线不变，同时继续生产“酒易”，因为对他来说，手心手背都是肉。

书生创业维艰，张教授的公司如何从 0 到 1？

目前，公司产品市场稳定，虽然张教授亲自去走超市门口销售，也通过网络平台推广，但始终不见有大的起色。到底是产品定位有问题，还是市场推广不对路，这时张教授发现自己从一个科研学者到一个企业家，自身能力已跟不上激烈的市场竞争。为了培养好接班人，张教授把儿子送到日本学习最先进的技术和管理经验，也不断吸引企业管理方面的人才，最终把公司推上了一个新的台阶。

张教授坚信：未来的魔芋产品市场必将一片向好。

资料来源：中国管理案例共享中心案例库（编号：PJMT-0306），黄俊、刘敏、张盛林。

讨论题

1. 张教授创业的驱动力来自哪里？
2. 作为创业者，张教授具备了哪些方面的能力，还有哪些方面的不足？
3. 未来，张教授的魔芋公司应该从哪些方面着手实现企业成长？

【在线测试题】扫码书背面的二维码，获取答题权限。

扫描此码　自我测试

第3章　创业潜能测评

引导案例

测评的贡献

人才测评思想在我国有着悠久的历史，在《尚书·尧典》中记载了唐尧对舜禹长达28年的测试与考察。早在古希腊时期，人类就有了探索自身奥秘的自我意识，那时的德尔菲神庙上镌刻着一句最响亮的名言，即“认识你自己”。因此，人才测评是对人生规划和发展极为重要的工具。

第一次世界大战爆发，美国为了选拔合格的士兵成立了特别委员会，在伊尔克斯的指导下产生了历史上第一个体力与智力测验。1917年3月至1919年1月，美国共对参战的200多万美军士兵进行了团体测验以检测其基本智力水平，从而选拔和分派官兵，并取得了显著效果。在编制团体测验的过程中，奥提斯的团体智力测验贡献很大。这个测验最后由部分心理学家补充完善，形成了著名的“陆军A式量表”（即陆军甲种测验）和“陆军B式量表”（即陆军乙种测验）。1942年，第二次世界大战时期，美国采用飞行员全套测评方案后，误差从65%下降到35%，这也成为人才测评史上著名的案例。由于在战争时期的成功运用，心理测验开始被广泛研究和运用，为各个阶层、各种人群设计的智力测验层出不穷。“二战”之后，此类测评方法被广泛用于政府机构及工商企业各界的人才选拔与评价。20世纪70年代初期，美国大约有1 000家大型跨国公司使用了人员测评技术招收高级职员。最著名的电报电话公司曾组织许多心理学家为其公司设计各种心理测验，测验设计完成后，再对公司的所有员工测量，并将测量结果保密。八年后取出测量结果，与每个人的实际工作情况进行对照，发现测量结果与工作表现呈显著正相关关系。

几十年后，随着测评工作更加专业化，西方出现了许多专门提供人才测评服务的公司，它们把人力资源素质测评技术应用于人力资源开发的各个领域。与此同时，人才测评工作也不断发展创新。例如，在测评内容上从“通才型”和“专业型”到“T型”（通才+专业化），再到现在的“N型”（即在前者之上再增加一门专长）。一些新的测评技术也在不断涌现，如行为测评法、360度绩效测试技术等。此外，人才测评在人力资源开发中的运用也越来越广泛和深入。例如，哈佛商学院MBA新生入学的GMAT考试，就是基本能力倾向测验，MBA新生入学后，还要接受坎贝尔职业兴趣测验，为日后择业提供参考。当今，著名的国际企业如通用电器、福特汽车等公司大多也建立了自己的测评中心，即便是小企业也在谋求合办测评中心或委托专门测评机构代为测评。事实上，人才测评在美国已形成一个产业。在美国，仅人才测评服务的直接收入就可达到十多亿美元，如果包括与测评服务相关联的咨询和培训费用，则可达一百多亿美元。在其他国家，如日本，许多日本职员每到年末便会去参加一次测评考试，根据测试的量化值，判断自己来年的工作去向。在国外，无论是政府机关选拔公务员，还是企业录用新员工，抑或个人职业生涯设计均要实施严格的测评，人才测评已经涉及很多领域。

在我国，人才测评也起到了很大作用。早些年，人才测评的应用还集中在党政领导干部选拔上，如1997—1998年，北京市委组织部人事局邀请相关专家，运用结构化面试的方法，连续两年开展了对近1 000名局、处级“双高”人员的公开招聘活动，使科学测评方法逐渐为社会所接受。随着改革开放不断深入，企业之间对人才选拔的竞争也越来越激烈，因此人才测评在商界掀起了一阵狂潮。1998年，上海出现了第一家社会化人才测评机构（上海市任职资格评价中心），人才测评悄然兴起。而今，北京、上海、广东、福建、江苏、山东、四川等地区的人才测评都已取得长足发展。

案例启示

人才测评将人的知识、能力和素质量化，以一种比较客观的方式来衡量一个人是否适合某一个岗位。根据以往研究，对于创业者，责任感、意志力、领导力、商机意识、冒险精神、应变力、适应力、进取心等都是所需要具备的，而这些素质很难直接衡量，需要从侧面设置考题，通过人才测评的方式来进行测量。当然，人才测评并不是绝对的标准，也不是说通过了人才测评的创业者就一定能成功，这只是一种大概率事件，它只是一种帮助创业者认识自身的方式。

本章知识结构图

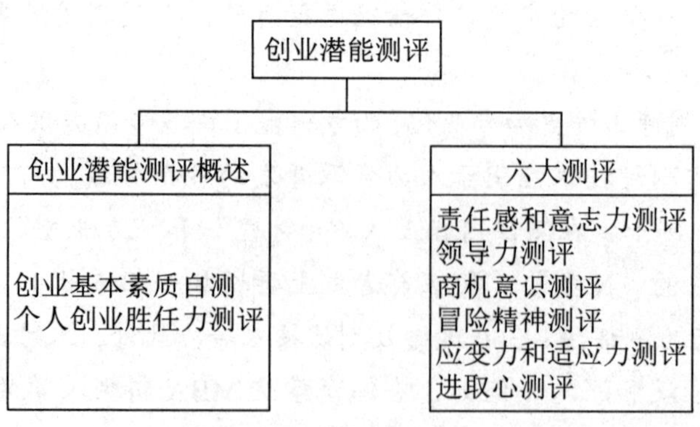

3.1　创业基本素质自测

创业不是人人都能成功，但也不是遥不可及。创业需要有自己的兴趣、有理性和坚持，最重要的是要具备相应的素质，而这些素质有些属于先天而有的，有些是后天可以训练的。

美国 HMO 协会设计出了一份问卷，可使你在进行决策前对自己有一个初步的了解。

下列各题均有四个选择，答案：A．是（记 4 分）；B．多数（记 3 分）；C．很少（记 2 分）；D. 从不（记 1 分）。请在符合你实际情况的小括号内填上 A、B、C、D。

1. 在急需进行决策的时候，你是否想再让我考虑一下吧？（　）

2. 你是否为自己的优柔寡断找借口说："是得好好慎重考虑，怎能轻易下结论呢？"（　）

3. 你是否为避免冒犯某个或某几个有相当实力的客户而有意回避一些关键性的问题甚至表现得曲意逢迎呢？（　）

4. 你已经有了很多写报告用的参考资料，但仍责令下属部门继续提供吗？（　）

5. 你处理往来函件时，是否读完就扔进文件框而不采取任何措施？（　）

6. 你是否无论遇到什么紧急任务，都先处理琐碎的日常事务？（　）

7. 你非得在巨大的压力下才肯承担重任吗？（　）

8. 你是否无力抵御或预防妨碍你完成重要任务的干扰与危机？（　）

9. 你在决定重要的行动计划时常忽视其后果吗？（　）

10. 当你需要做出可能不得人心的决策时，是否找借口逃避而不敢面对？（　）

11. 你是否总是在快下班时才发现有要紧事没办，只好晚上回家加班？（　）

12. 你是否因不愿承担艰苦任务而寻找各种借口？（　）

13. 你是否常来不及躲避或预防困难情形的发生？（　）

14. 你总是拐弯抹角地宣布可能得罪他人的决定？（　）

15. 你喜欢让别人替你做自己不愿做的事吗？（　）

诊断结果：

50 ～ 60 分：你的个人素质与创业者相差甚远；

40 ～ 49 分：你不算勤勉，应彻底改变拖沓、效率低的缺点，否则创业只是一句空话；

30 ～ 39 分：你在大多数情况下充满自信，但有时犹豫不决，不过没关系，有时候犹豫是成熟、稳重和深思熟虑的表现；

15 ～ 29 分：你是一个高效率的决策者和管理者，更是一个成功的创业者，具有良好的心理素质和坚忍不拔的毅力。

3.2 个人创业胜任力测评

3.2.1 创业人才测评概述

人才测评是指运用先进科学方法，对社会各类人员的知识水平、能力以及倾向、工作技能、个性特征和发展潜力进行测试测量和评鉴的人事管理活动。它是一门融合现代心理学、测量学、社会学、统计学、行为科学以及计算机技术于一体的综合学科。

由于人与人之间在能力、性格、价值观等方面都存在着或多或少的差异，所以针对创业这项活动，每个人所能发挥的作用、取得的效用大小都不尽相同。因此，本书选取选择性测评的方式，专注于人格分类理论、性格类型与岗位匹配性研究，借助有关个体差异的科学研究和方法，提供给读者人性化、个性化的自我测评工具，发掘每个人的独特潜力和天赋，便于读者对自己的创业特征进行自我认识。

3.2.2 创业胜任力

创业胜任力一般分为硬件和软件：硬件就是人力、物力和财力；软件就是创业者的个人胜任力。

胜任力这个概念是哈佛大学教授戴维·麦克利兰（David. McClelland）于 1973 年提出的。戴维·麦克利兰认为，传统的智力测试不能有效测试出一个人在工作中的实际表现，因而提出将胜任力特征作为测试个人潜能的指标。所谓胜任力特征，不是单指某一个心理变量，而是包括在行为和活动之中所表现出来的动机、个性以及技能在内的复合型概念。不同职业和职位的实际情况会要求有不同胜任特征标准，因此基于创业特性的胜任力标准能够更为精确地预测个人是否适合参与创业并能够取得成功。

由于创业特质关系到创业胜任力特征，创业胜任力又直接影响创业的成功。因此，本章基于前文所讲成功创业者的六大特质，进行定量测试，读者也可进行自我测评，根据测评的结果参考判断个人是否具有适合创业的特质。

创业聚焦 3.1 ▶▶

你的最佳创业时机已经到了吗?

创业毕竟需要魄力和资本，机遇也很重要，只有选对了时机才会顺风顺水，不然只会在磕磕绊绊中前进，想知道你的创业时机是否已经到了吗？下面就来测试一下吧！

测试题目

忙碌了一天，终于有时间可以好好地睡一觉了，你抓紧时间躺到床上，没多久，疲惫的你就已经酣然入睡，这时忽然被手机铃声惊醒，你会做出如何反应呢?

A. 马上接通

B. 关机拒接

C. 看电话号码，重要的就会接听，无关紧要的就会挂掉

D. 当作没听到，继续睡

测试解析

选择A，马上接通。对外来事物的迅速反应，说明了你“求机若渴”的心态，你的创业机会很有可能在最近就会降临哦，不过你要做好准备才可以，机遇来得快但也会让你措手不及，突如其来总是会让你有些摸不着头脑，所以，目前你要做的不仅是抓住时机迎接挑战，而且更重要的是不可乱了阵脚，要使自己时刻保持清醒的头脑，具体问题具体分析，适时而动，才能真正地把握住机会。

选择B，关机拒接。你并没有发财的急切心态，也可认为是你对自己的生活现状还是挺满意的。你并不喜欢追求那些所谓的名利，也没有很远大的理想，对未来总是抱着“过了今天再说”的心态，但是你却不会因为忙碌的生活，而失去发财的机会，不过要想有真正属于自己的事业，还需再等一阵子了。

选择C，看电话号码，重要的就会接听，无关紧要的就会挂掉。你很有做生意的潜力，遇到任何事都能保证自己处事不惊，能够相时而动，根据不同的情况，做出不同的反应。你能把握有利时机，不过沉稳的你往往会在失意中出现佳遇，在你陷入低谷时往往会出现转机，因此，你需要记住，就算失败了也不要气馁，其实成功就在不远处向你招手。

选择D，当作没听见，继续睡。也许你真的是非常累了，确实需要休息一下。一直为事业奔波劳累的你，在经过了种种失败后，已经对未来失去了信心，建议你可以休息一段时间，调整心态重新开始。相信在你重整旗鼓后，不久就会遇到真正适合自己的创业时机。

资料来源：青年创业网，http：//www.qncye.com/qibu/ceshi/0815433.html.

3.3 责任感和意志力测评

责任感是成功创业者极其重要的一个特质，责任感是创业者对于责任所产生的主观意识。责任感的强弱，决定了一个人对待工作是尽善尽美还是得过且过，意志力的强弱决定了一个人对待事情是愈挫愈勇还是一蹶不振。由于创业是一项具有巨大压力的活动，创业者需要为企业承担责任，并且在创业过程中往往会出现不可预知的困难，责任感强、意志坚定的人往往可以通过责任承诺和决心来克服未知的障碍。

3.3.1 责任感测评

生活中有一些人智商也许不超群，但在工作中敢做敢当、乐于奉献、目标明确，这都归功于他们强烈的责任感，这也是一种极其重要的能力。以下关于此项能力测试共计24题，请勾选“完全符合”“不完全符合”或“不符合”，根据题目评分标准为结果附上分值，最终将所得分数加总，参考测试分析得出答案。测试的答案没有好与坏、对或错，测试的目的是反映真实的自己。

问　　题	完全符合	不完全符合	不符合
1. 受到极其重大的打击我会想到自杀			
2. 我是一个说到做到的人			
3. 我可以非常肯定地说出大学本科毕业后具体要做的工作或者考取研究生的具体学校			
4. 我经常参加体育锻炼以保持身体健康			
5. 我相信通过自己的努力将来一定能够过上幸福快乐的生活			
6. 不会为了达到自己的目的，做不惜一切代价，甚至损害他人利益的事			
7. 不管将来我的收入状况怎样，我都会赡养父母			
8. 我经常会过问我的爷爷、奶奶或外公、外婆的身体状况			
9. 如果家庭经济困难，我会选择先工作后考研			
10. 即使我将来的伴侣经济条件比我差很多，我也一样对对方好			
11. 我经常打电话给父母询问他们的身体状况和工作情况			
12. 将来组建家庭后，我一定能够教育好我的子女			
13. 意识到做错了事，我会主动承认错误			
14. 当朋友遇到困难时，在我能力范围内会给予充分的帮助			
15. 班级活动中当我的想法与大多数同学意见不一致时，会遵从大多数人的意见			
16. 见义勇为是值得提倡的事，但我一般不会去做			
17. 我想入党是为了将来好找工作或者更好地发展			
18. 我经常看新闻，了解国内和国外发生的大事件			
19. 我会捐款来救助受伤的小动物			
20. 我愿意为购买环保产品而多支付一些钱			
21. 如果买车的话，即使没有补贴，我也会买 1.6L 排量以下的轿车			
22. 每次喝瓶装水我都要把水喝完或者将剩下的水收集利用			
23. 平日走路时我会绕开草坪和绿地			
24. 目前的大多数自然灾害都与我们对自然的破坏有关			

评分标准：

不符合 =0 分；不完全符合 =1 分；完全符合 =2 分

测试分析：

分数低于24分：平时随随便便、漫不经心、不拘礼仪、毁约失信、难以预测、缺乏责任感；

分数为24～48分：认真谨慎、稳重可行、责任心强、值得依赖。

资料来源：王永明，夏忠臣．大学生社会责任感状况的调查报告——基于北方某综合性大学352名大学生的调查[J]. 潍坊教育学院学报，2012，25（4）.

3.3.2　意志力测评

意志力是指人们为达到既定目的而自觉努力的程度或坚强的意志品质。意志品质是一个人在生活中形成的比较稳定的意志特征，是成功路上的重要组成部分。以下意志力测试量表共计24题，请勾选“肯定”“不能确定”或“否定”，根据题目评分标准为结果附上分值，最终将所得分数加总，参考测试分析，得出答案。测试的答案没有好与坏、对或错，测试的目的是反映最真实的自己。

问　题	肯定	不能确定	否定
1. 在学习初期，对完成学习任务充满信心			
2. 能在确立学习目标后，制订详细的实施计划			
3. 自己制订的学习计划，常因为主观原因不能完成			
4. 在遇到学习困难时，首先会想去问问别人			
5. 对别人给出的意见不假思索地接受			
6. 当预计学习任务不能完成时，多会选择放弃			
7. 在最初决定时满怀信心，一遇到挫折就会马上退缩			
8. 当原有结果比自己料想的好时，会增强自信心			
9. 当预计任务无法完成时，会投入更多使之完成			
10. 当没有达到预期结果时，会思考原因并加以总结			
11. 当原订计划失败时，会十分沮丧，一蹶不振			
12. 当任务没有完成而需要花费更多时间和精力时会放弃			
13. 不会喜形于色，会对外在刺激给自己的影响进行克制			
14. 个人作息很有规律，不会因为情绪和兴致而变化			
15. 在学习和娱乐发生冲突时，即使娱乐再有吸引力，也会去学习			
16. 会先把自己不喜欢的事做完，再做喜欢的事			
17. 不会因为朋友相邀外出而放弃原本的学习任务			
18. 做事非常细心认真，深思而后行是你的原则			
19. 会因为看极有吸引力的书或电视节目而忘记时间			
20. 能长时间做一件重要而枯燥、乏味的工作			
21. 当开车时，前面是直道并且没有其他车辆，你不会加速行驶			
22. 面对极其喜欢的食物，你会控制自己的食欲			
23. 约会时，你经常会提前到			
24. 通常能完成自己制订的计划			

评分标准：

题 号	肯 定	不能确定	否 定	题 号	肯 定	不能确定	否 定
1	3	2	1	13	3	2	1
2	3	2	1	14	3	2	1
3	1	2	3	15	3	2	1
4	1	2	3	16	3	2	1
5	1	2	3	17	3	2	1
6	1	2	3	18	3	2	1
7	1	2	3	19	1	2	3
8	3	2	1	20	3	2	1
9	3	2	1	21	3	2	1
10	3	2	1	22	3	2	1
11	1	2	3	23	3	2	1
12	1	2	3	24	3	2	1

测试分析：

分数为 24 ～ 47 分：你的意志力较差；

分数为 48 ～ 72 分：你的意志力较强。

资料来源：张豪锋，李海龙．远程学习中的学习意志力探析 [J]. 成人教育，2012，32（5）.

3.4　领导力测评

领导力是成功企业家具有的一种综合能力，包括策划能力、组织能力、号召能力等可以有形或无形地给他人施加影响的能力。

在创业中，也许你是一个技术骨干，但是带领团队时并非是个好领导。尤其是在创业初期每个人都处于起步阶段，一段时间后必然会出现一位领导人物通过感染力而非权力的方式带领大家前进。优秀的领导力是带领团队做好每一件事的核心。

此领导力测试共 35 题，根据题目评分标准为结果附上分值，最终将所得分数加总，测试的答案没有好与坏、对或错，测试的目的是反映最真实的你。

问　　题	完全符合	比较符合	有时符合	不太符合	完全不符合
1. 你为公司发展规划了美好的愿景与目标					
2. 对公司将要面临的问题和危机具有预见和把握					
3. 对公司的发展有一个很好的整体把握					
4. 能够根据公司所处环境的变化灵活地进行决策					
5. 能灵活应对公司发展过程中面临的风险					
6. 愿意投资有风险的项目					

续表

问　　题	完全符合	比较符合	有时符合	不太符合	完全不符合
7. 建立了一个探测企业环境变化的信息系统					
8. 对企业发展具有很好的洞察力					
9. 能够根据自己的经验和直觉进行正确的经营决策					
10. 能够对突发事件做出迅速的反应					
11. 能有效说服他人接受自己的观点，并获得支持					
12. 对下属面临的困难和处境表示理解和同情					
13. 通过与下属的沟通协调，避免一些破坏性冲突					
14. 能够积极倾听他人的意见及信息反馈					
15. 当发生不愉快或冲突时，能够控制自己的情绪					
16. 经常鼓励下属树立工作信心					
17. 能够说服下属参与公司或者小组的活动					
18. 定期召开会议，收集下属对相关决策或事务的反馈意见					
19. 在社会交往中能够意识到他人情绪的变化					
20. 是一个情绪稳定的人					
21. 经常尝试新的方法解决问题，做事具有创造性					
22. 在工作中很有主见					
23. 处理事情时思维开阔、眼光敏锐					
24. 是一个朴实的人					
25. 处理问题时很有魄力					
26. 知人善任，用人得当					
27. 是一个坦白和真诚的人					
28. 会以身作则，维护公司管理制度					
29. 喜欢影响他人					
30. 能够影响他人					
31. 具有很强的成功愿望					
32. 了解下属的需求，并采用适当的方法满足					
33. 倾向下属，不断取得进步					
34. 敢于承担挑战性的工作					
35. 善于营造积极向上的工作氛围					

评分标准：

完全符合＝4分；比较符合=3分；有时符合=2分；不太符合=1分；完全不符合=0分

测评分析：

分数为低于35分：你是一个标准的跟随者，不适合领导别人。你喜欢被动地听从指挥。在紧急的情况下，你多半不会主动带领群众，但你很愿意跟大家配合。

分数为35～105分：你会是个介于领导者和跟随者之间的人，你可以起带头作用或指挥别人该怎么做。不过因为你的性格不够积极，冲劲不足，所以常常是扮演跟随者的角色。

分数超过 105 分：你是个天生的领导者。你的个性要强，不愿意接受他人指挥。你喜欢使唤别人，如果别人不愿意听从，你就会变得很叛逆，不肯轻易服从。

资料来源：刘追，王玉，陈艳．中小企业创业领导力的结构维度及测量 [J]. 领导科学，2016（8）.

3.5 商机意识测评

成功的创业者们往往擅长透过事物表象来发现商机。著名管理学家斯蒂芬 • P. 罗宾斯（StephenP. Robbins）提出过，创业是一个包括追求机遇、创新和成长的过程。良好的商机意识可以保证创业方向的正确，可以保证创业目标的科学性，还可以把握创业机会。

下面各题将测验你的商机意识，测试共 10 题，请勾选“从没想过”“偶尔想过”“经常考虑”“基本清楚”或“非常清楚”，根据题目评分标准为结果附上分值，最终将所得分数加总，测试的答案没有好与坏、对或错，测试的目的是反映最真实的你。

题号	题　目	从没想过	偶尔想过	经常考虑	基本清楚	非常清楚
1	你是否有一个能够创造利润的创新经营模式？而且也需要能够描述经营模式中顾客需求、核心策略、资源整合能力、价值链各要素的内涵及创造利润的可能方式					
2	你是否拥有能够协助企业取得各项必要资源的网络关系能力					
3	你是否勇于承诺、愿意承担风险与愿意吃苦耐劳？能够勇敢在公开场合向大众做出承诺的创业者，其决心与行动力就不会令人质疑					
4	你是否看到一个具有潜力的市场机会？必须是一个潜力够大，且在可见的未来能够被实现的市场机会，当然也需要能够大略估计实现市场潜力所需要的时间与资源条件					
5	你是否提出一个明确可行且能够结合市场机会的创业构想？这个创业构想必须要具有一定程度的创新并且能带来市场竞争优势					
6	你是否具有强烈的创业企图心					
7	你是否具有一个能够振奋人心的愿景？这个愿景必须是远大且清晰的，除了能使自己兴奋，也能激发他人追随你一起创业					
8	你是否拥有足以经营管理一个新生企业发展的经验与能力					
9	你是否拥有足以带领团队前进的领导与沟通能力					
10	你是否拥有足以判断产业相关技术与产品发展的专业能力					

测评分析：每题选项的分值分别是“从没想过”0 分；“偶尔想过”1 分；“经常考虑”2 分；“基本清楚”3 分；“非常清楚”4 分。

得分为 0 ～ 10 分的同学，对于创业也许你还只是 3 分钟热度，商机意识薄弱。

得分为 11 ～ 30 分的同学，具有一定的商机意识，但对于创业你还需要仔细思考，同时也应该强化自身相关创业知识技能。

得分为 31 ～ 40 分的同学，具有很强的商机意识，这样独特的潜质有助于增加你的创业成功率。

资料来源：大学生创业服务网，http：//cy.ncss.org.cn/train/cp/test/listTestType.do.

3.6　冒险精神测评

创业需要冒险，没有冒险就没有创业，在市场不确定性因素和激烈的市场竞争的影响下，人们在创业和经营的过程中必须具备冒险精神。首先，要冒失败的风险，创新者要有不怕失败、不怕挫折的顽强意志和冒险精神。其次，要冒模糊性和不确定性的风险，在艰苦的创业路上，充满很多不确定的因素，往往会出现付出了时间、精力与资金却不一定会得到相应回报的结果。正是由于创业中可能会出现这样“赔了夫人又折兵”的风险，大多数人一般对风险采取保守态度。但保守者的结果却是，永远地失去机会。这里所说的冒险，也不是不顾一切地硬闯。真正意义的冒险，就像日本《企业家的秘密》作者池本正纯所说的：所谓大胆的冒险并不是蛮干，而是以谨慎周密的判断为基础，抢先获得得到利益的机会。

下面各题将测验你的冒险精神，测试共 14 题，请勾选“A”“B”“C”，根据题目评分标准，将所得分数加总，测试的答案没有好与坏、对或错，测试的目的是反映最真实的你。

1. 列车以每小时一百公里的速度奔驰，你敢站在车门口的踏板上吗？

A. 敢　　B. 不敢　　C. 不确定

2. 早春时节，河里的水十分寒冷刺骨，你敢成为所有人中第一个下水游泳的人吗？

A. 这有什么　　B. 不敢　　C. 不确定

3. 从没受过训练的你敢驾驶帆船在海面上走一趟吗？

A. 我不行　　B. 也许可以　　C. 很难说

4. 你知道船超载会倾覆的，现在你急着过江，你敢跳上那艘已经超载的渡船吗？

A. 不敢　　B. 敢　　C. 不确定

5. 你去看望生物制剂室工作的一位朋友，他说工作台上那条毒蛇的毒液分泌腺已经被摘除了，你敢用手去捉它吗？

A. 不敢　　B. 敢　　C. 不确定

6. 跳伞教练帮你背好降落伞，告诉你，当自由下落到距地面 400 米的高度，伞必会自动张开，绝对安全。你还没有跳伞的经历，你敢从飞行高度为 2 000 米以上的飞机上跳下吗？

A. 绝无此胆量　　B. 不确定　　C. 可以试一下

7. 一名歹徒朝你扔了一枚手榴弹，直冒白烟，10 秒钟以内就会爆炸。你若动作快，6 秒钟内可以扔回歹徒身边，你敢捡起来扔出去吗？

A. 敢　　B. 不敢　　C. 不确定

8. 不远处的火车就要开来了。你以最快的速度行动，能在火车到达前十秒钟穿过铁道到达安全地带，你敢冒险试一试吗？

A. 不敢　　B. 不妨试试　　C. 不确定

9. 在有经验的技术人员的带领下，你敢上到工厂高大的烟囱顶部一游吗？

A. 太可怕了　　B. 说不上来　　C. 没问题

10. 如果身系保险带，你敢不敢爬上十米高的软梯？

A. 可以　　B. 不行　　C. 不确定

11. 一个歹徒手持匕首向你冲来，格斗的结局很难预料，也可能你会和他同归于尽，你有与他搏斗的勇气吗？

A. 不行　　B. 试一下或许还有活路　　C. 不确定

12. 站在 10 层大厦的顶楼，面对下面张开的帆布大篷，你敢跳下去吗？

A. 简直是自杀　　B. 不会出事的　　C. 不确定

13. 电梯载重限制在 6 个人，你敢不敢与另外 7 个人乘坐在电梯上？

A. 这有什么　　B. 不行　　C. 不确定

14. 你曾听说过几次驾驶直升机技术的讲座，你认为自己有把握驾驶好飞机吗？

A. 是的　　B. 说不清　　C. 恐怕危险

评分标准：

分值 选项 / 题号	A	B	C
1	1	5	3
2	1	5	3
3	5	1	3
4	5	1	3
5	5	1	3
6	5	3	1
7	1	5	3
8	5	1	3
9	5	3	1
10	1	5	3
11	5	1	3
12	5	1	3
13	1	5	3
14	1	3	5

测评分析：

14 ～ 26 分：敢于冒险。你蔑视、厌倦平淡无奇的生活，只有起伏跌宕的人生经历才能使你感到自己存在的价值。你要留心的是保持清醒的深度理智，切忌赌徒式的押宝碰运气。

27 ～ 54 分：敢冒小险型。在一些小事或你拿得稳、不会有大问题的事情上，你能够拿出气概，但不敢面对真正以你的前途乃至安全为砝码的考验。

55 ～ 70 分：回避风险型。你的生活没有风浪，平静的如一潭死水。也许你以“无所谓”为自豪，不过，生活中许多色彩你从未看到，就在这样一口保险安全的老井里度过一生，难道就没有感受到丝毫的遗憾吗？

资料来源：葛玉辉 . 大学生创业测评 [M]. 清华大学出版社，2010.

3.7　应变力与适应力测评

3.7.1　应变力测评

由于创业的高度不确定性，面对紧急情况时，往往要求创业者对于各种情况做出有效而快速的反应，顺势而动，迎刃而解，一步步实现自己的职业理想。这些既取决于一个人的知识水平，更取决于个人的应变能力。

下面各题将测验你的职场应变力，测试共 30 题，请勾选“完全符合”“比较符合”“有时符合”“不太符合”或“完全不符合”（对应选择代码分别为 A、B、C、D、E），根据题目评分标准为结果附上分值，最终将所得分数加总，测试的答案没有好与坏、对或错，测试的目的是反映最真实的你。

题　目	完全符合	比较符合	有时符合	不太符合	完全不符合
1. 你的童年是在父母的溺爱下度过的					
2. 你步入社会后路途坎坷，屡遭人白眼					
3. 你在初恋时被恋人甩掉后，几乎失去了生活的勇气					
4. 你办事喜易怕难，爱拣容易的做，难的能拖就拖，能推则推					
5. 你从来没有服用过安眠药物					
6. 你的朋友突然带一个讨厌的人来访，你还是会热情接待					
7. 原本获奖的人是你，可公布名单时不知为什么又换了另一个人。即使如此，你也心情坦然，并向他祝贺					
8. 你接连遇到几件不愉快的事，一次比一次感到苦恼					
9. 即使同“情敌”交谈，也能心平气和					
10. 即使多次失败，你也不放弃再尝试的机会					
11. 对没有完成的重要事情，你会吃不下饭、睡不好觉					

续表

题　　目	完全符合	比较符合	有时符合	不太符合	完全不符合
12. 只要流行感冒，你就会被感染上					
13. 你具备急救知识					
14. 你认为困境对于你是一种财富					
15. 你见血就晕，一时不能恢复常态					
16. 在街上遇到事故时，你会退避三舍					
17. 你有适量的运动，如户外运动、步行、种花、家务劳动及正常的娱乐活动					
18. 假如你遇到意外的打击（包括疾病），你会在一段时间内都处于伤感、悲痛之中					
19. 当他人叙述以往的经历或笑话时，你记忆的速度与其他人相同或略胜一筹					
20. 你到了一个陌生的地方，以后能做相当准确的叙述					
21. 你有丰富的联想能力					
22. 有些人在遇到危急的时刻他们会很镇静，你也有这种情况					
23. 如果有人在匆忙中告诉你一件事，你能完全记住					
24. 你能忍受肉体上的痛苦和不舒服					
25. 当你知道将要遭遇不愉快的事时，你会自我进入恐惧状态					
26. 当你要做出一项重大决定时，你会审慎且果断					
27. 赴约遇交通堵塞，你会变得急躁					
28. 你手头一件重要的任务已临近最后关头，你会变得更有效率了					
29. 你信奉“凡事预则立，不预则废”的格言，并身体力行					
30. 你会因为一次困境而一蹶不振					

评分标准：

第 1、2、5、6、7、9、10、13、14、17、19、20、21、22、23、24、25、26、28 题 A=5 分；B=4 分；C=3 分；D=2 分； E=1 分

其余题 A=1 分；B=2 分；C=3 分；D =4 分；E=5 分 。

测评分析：

大于 100 分，说明你有很强的危机意识，也有较强的应变能力，丰富的知识与技能使你从容地应对各种职场变化。对你来说，要想有进一步的发展，关键在于更好地准备，有时行动上再果断一些，就能获得更多的发展机会。

得分小于或等于 100 分，说明你危机意识一般，你需要主动一些，多些灵活性和弹性，不要安于现状。平时要勤于思考，多学、多看、多听，增加敏锐力和洞察力，让职业发展的决策和判断更为睿智。

3.7.2　适应力测评

俗话说：“创业难，守业比创业更难。”创业者创业时有了优秀的应急能力，后期

还需要良好的适应力来维持。创业者需要为在商界甚至社会更好地生存进行一些心理上、生理上以及行为上的适应性改变，从而与社会达到和谐状态。在一项对大学生创业心理研究的实验中发现，在国际人格项目库（International Personality Item Pool，IPIP）中，由戈德伯格斯（Goldbergs）所编制的“大五”人格测量表（The Big-Five Factor Markets）中的5个维度：外倾性（Extraversion）、责任心（Conscientiousness）、宜人性（Agreeableness）、想象力（Intellect or Imagination）、情绪稳定（Emotional Stability）与适应力有相关性。其中，外倾性、宜人性、责任心和想象力与适应力呈显著正相关，情绪稳定性与适应力呈显著负相关。我们将选取戈德伯格斯所编制的大五人格测量表中与适应力呈正相关的人格进行测评，测试共有60题，采取五级评分，包括五个分量表，每个分量表各有12个条目。

问　　题	非常不符合	不太符合	不确定	比较符合	非常符合
1. 我不是一个容易忧虑的人					
2. 我喜欢周围有很多朋友					
3. 我很喜欢沉浸于幻想和白日梦中，去探索、发现其中所有可能实现的东西					
4. 我尽量对每一个遇到的人彬彬有礼，非常客气					
5. 我让自己的物品经常保持整洁干净					
6. 有时候我感到愤怒，充满怨恨					
7. 我很容易笑					
8. 我喜欢培养和发展新的爱好					
9. 有时候，我会采用威胁或奉承等不同手段，去说服别人按我的意愿去做事					
10. 我比较擅长为自己安排好做事进度，以便按时完成任务					
11. 当面对极大的压力时，有时我会感到好像就要垮了似的					
12. 我喜欢那些可以单独做事，不被别人打扰的工作					
13. 我对大自然和艺术中蕴涵的美十分着迷					
14. 有些人觉得我有些自我中心，不太考虑别人的感受					
15. 许多时候，事到临头了，我才发现自己还没做好准备					
16. 我很少感觉孤独和忧郁					
17. 我很喜欢与别人聊天					
18. 我认为让学生接触有争议的学说或言论只会混淆和误导他们的思想					
19. 如果有人挑起争端，我随时准备好反击					
20. 我会尽量认真地完成一切分派给我的任务					
21. 我经常感到紧张而心神不定					
22. 我喜欢置身于激烈的活动之中					
23. 我对诗词基本上没有什么感觉					
24. 我觉得自己比大多数的人优秀					
25. 我有一些明确的目标，并能以有条不紊的方式朝它迈进					

续表

问　　题	非常不符合	不太符合	不确定	比较符合	非常符合
26. 有时我觉得自己一文不值					
27. 我通常回避人多的场合					
28. 对我来说，让头脑无拘无束地想象是一件困难的事情					
29. 受到别人粗暴无礼的对待后，我会尽量原谅他们，让自己忘记这件事					
30. 开始着手学习或工作之前，我会浪费很多时间					
31. 我很少感到恐惧或焦虑					
32. 我常常感到自己精力旺盛，好像充满能量					
33. 我很少留意自己在不同环境下的情绪或感觉变化					
34. 我相信人性是善良的					
35. 我努力做事以达到自己的目标					
36. 别人对待我的方式常使我感到愤怒					
37. 我是一个乐天开朗的人					
38. 我经常体验到许多不同的感受或情绪					
39. 很多人觉得我对人有些冷淡，经常和别人保持一定距离					
40. 一旦做出承诺，我通常会贯彻到底					
41. 很多时候，当事情不顺利时，我会感到泄气，想要放弃					
42. 我不太喜欢和人聊天，很少从中获得太多乐趣					
43. 阅读一首诗或欣赏一件艺术品时，我有时会感到非常兴奋或喜悦					
44. 我是一个固执倔强的人					
45. 有时候，我并不是那么可靠和值得信赖					
46. 我很少感觉忧伤或沮丧					
47. 我的生活节奏很快					
48. 我对思考宇宙规律或人类生存状况没有什么兴趣					
49. 我尽量对他人做到体贴周到					
50. 我做事情总是善始善终，是一个很有做事能力的人					
51. 我经常感觉无助，希望有人能帮助我解决问题					
52. 我是一个十分积极活跃的人					
53. 我对许多事物都很好奇，充满求知欲					
54. 如果我不喜欢某一个人，会让他知道					
55. 我好像总不能把事情安排得井井有条					
56. 有时我会感到十分羞愧，以至于只想躲起来，不见任何人					
57. 我宁愿自己独自做事，而不是领导指挥别人					
58. 我喜欢研究理论和抽象的问题					
59. 如果必要的话，我会利用别人来达到自己的目的					
60. 对于每件事，我都力求做到最好					

计分方法与结果说明：

没有常模，直接采用原始分，参照其五级评分等级标准来进行评价。

如果该描述非常不符合您的情况，请选择“1”；

如果该描述不太符合您的情况，请选择“2”；

如果您对于该描述不确定，请选择“3”；

如果该描述比较符合您的情况，请选择“4”；

如果该描述非常符合您的情况，请选择“5”。

（1）情绪稳定（Emotional Stability）量表：1、6、11、16、21、26、31、36、41、46、51、56，其中 1、16、31、46 为反向计分。

情绪稳定量表评估的是情感的调节和情绪的不稳定性。得高分的个体倾向于有心理压力、不现实的想法、过多的要求和冲动以及不适应的应对反应。

（2）外倾性（Extraversion）量表：2、7、12、17、22、27、32、37、42、47、52、57，其中 12、27、42、57 为反向计分。

得分越高，性格越外向。这个维度主要是指对外部世界的积极投入程度。外向者乐于和人相处，充满活力，常常拥有积极的情绪体验。内向者往往安静、拘谨、谨慎，对外部世界不太感兴趣。内向者喜欢独处，内向者的独立和谨慎有时会被认为是不友好或傲慢。

（3）想象力（Intellect or Imagination）量表：3、8、13、18、23、28、33、38、43、48、53、58。其中 18、23、28、33、48 为反向计分。

得分越高，想象力越丰富。得分高的人富有想象力和创造力、好奇、欣赏艺术，对美的事物比较敏感，偏爱抽象思维，兴趣广泛。得分低的人讲求实际，偏爱常规，比较保守和传统。

（4）宜人性（Agreeableness Facets）量表：4、9、14、19、24、29、34、39、44、49、54、59，其中 9、14、19、24、39、44、54、59 为反向计分。

这个维度主要考察个体在合作与社会和谐方面的差异，得分越高，合作性越好。宜人的个体重视与他人的和谐相处，因此他们是富有同情心的、信任他人的、宽大的、心软的；相反，不宜人的个体更加关注自己的利益，有时候会怀疑他人的动机，他们往往会是敌对的、愤世嫉俗的、爱摆布人的、复仇心重的、无情的。

（5）责任心（Conscientiousness）量表：5、10、15、20、25、30、35、40、45、50、55、60，其中，15、30、45、55 为反向计分。

得分越高，责任心越强。这个维度主要反映个体目标导向行为上的组织、坚持和动机。这个维度把可信赖的、讲究的个体同懒散的、马虎的个体进行比较，同时反映个体自我控制的程度以及延迟需求满足的能力。

资料来源：Goldberg L.R.，The development markers for the big-five factor structure，Psychological Assessment，Vol. 4 No.1，1992：26-42.

3.8　进取心测评

受到内心强烈愿望驱使下的创业者，往往不满足于现状，给自己定下具有挑战性的目标，并不断追求，这种强烈的愿望就是进取心。进取心就像是创业者在创业时的发动机，不断促使创业者向更高的、更好的目标前进，不断地激发自我潜能，不断进取。成功的创业者能清醒地认识到他们自身以及伙伴的优缺点，还有周围影响他们的竞争因素以及其他因素。他们对自己能做什么、不能做什么保持冷静且现实的态度，也就是说成功的创业者们有着“清醒的认识”和“乐观的现实主义”。值得注意的是，他们不相信他们的企业成败受命运、运气或者其他强大的外部力量的控制。创业者的欲望和他们的努力相关，欲望越大，需要努力的程度就越大，努力越大、欲望就越高，这种性格使这两股力量相互作用，驱使着他们前进。

下面各题将测验你的进取心，测试共28题，请勾选“很符合”“有点符合”或“完全不符合”（对应选择代码为A、B、C），根据题目评分标准为结果附上分值，最终将所得分数加总，测试的答案没有好与坏、对或错，测试的目的是反映最真实的你。

选　项 题　目	很符合	有点符合	完全不符合
1. 有一点倔强、坚持和抗争的脾气			
2. 只管三尺门里，不管三尺门外			
3. 总是不安于现状，想要改变点什么			
4. 只讲待人以诚，连必要的防范也失去了			
5. 对强者总是有一种敬意			
6. 凡事只求规范，不做出格的事			
7. 别人能办到的事情，坚信自己也能办到			
8. 恭敬和温和，把批评降到最低程度			
9. 理要守，但事也要办，理服从于事			
10. 讲礼貌和周到，宁愿把事情办得慢一些			
11. 对工作中能办而不办的事情敢于挑剔			
12. 在两难问题面前，往往选取收获小、难度也小的方案			
13. 为实现某个目标，不怕吃苦，以乐为苦			
14. 待人接物不大触及是非			
15. 不怕打击，或处于孤独地位			
16. 对矛盾往往采取回避的态度，甚至躲避是非			
17. 在困难面前有忍耐和承受的意志力			
18. 事不关己就不在乎			
19. 有独到的见解，在有些人眼里是一个骄傲的人			
20. 怒而不争，总是以和为贵			

续表

题目 \ 选项	很符合	有点符合	完全不符合
21. 在正当的生活竞争中，总想争个高低，比试强弱			
22. 认为当将军或者元帅是和自己不沾边的事情			
23. 对力量有一种崇敬的心情			
24. 不求有功，但求无过			
25. 相信事在人为，人定胜天，不愿顺其自然			
26. 学习上喜欢和后进生相比			
27. 碰到阻力或者困难时，不改变既定的主意			
28. 凡事只求平和、过得去			

计分规则：奇数序号题目选择A记2分，选择B记1分，选择C记0分，偶数序号题目选择A记0分，选择B记1分，选择C记2分。总分数超过50分，进取心非常强；总分数为41～49分，进取心较强；总分数为28～40分，进取心一般；总分数低于或等于27分，较缺少进取心。

资料来源：李旭旦，吴燕．进取心测试[J]. 成才与就业，2008，2.

当然，创业者并非具备了这些素质就代表了成功，本书中提到的责任感、意志力、领导力、商机意识、冒险精神、应变力和适应力这几类创业者素质，主要是通过科学的研究总结出来的成功创业者大部分具备的素质，并不是全部。通过科学的方法将这些素质量化，进行创业者素质测评可以帮助创业者认识自己所处的水平及未来努力的方向。创业是一项科学与艺术相结合的活动，当前市场竞争十分激烈，创业者如果仅仅按照科学的测量方法来提升自身是远远不够的。创业者要对自身有深刻的认识，并通过其他方式来弥补自身的不足，比如找到互补的团队伙伴。

3.9 实训案例

案例1 成功的企业家在走向理想的过程中，一个重要的功课就是改变自己、提升自己，特别是在一些关键地方弥补自己的缺陷，让自己能够跟整体组织、外部环境的要求保持一致。就像对待微博，我发现有些领导喜欢死扛，对微博置之不理，但也有人非常快地适应并顺势而为。我介于二者之间，天天琢磨，天天看，就是大家说的“潜水”。这也是改变，改变完了再适应，最后带领组织顺应时势，继续坚持往前走。

要想把理想变成现实，我们需要避免体制性摩擦，需要能够处理好偶然性事件，需要学会妥协，最终改变自己。当你第二天醒来的时候，你会发现，理想就站在面前向你微笑，这时你才真的成功了。

——摘自《理想不能改变，过程可以妥协》

案例 2 怎样做别人不做的事？有理想的人首先要有毅力。很多人在给年轻人鼓励时都会说毅力。毅力有时说起来挺悬乎，其实，就是“死扛”。谁能扛得住？宗教信徒特别能扛得住。我曾骑自行车去西藏，路上发现一个中年妇女一路磕头，她心里头的毅力来源于精神追求，所以她不停地磕，我看她非常热，但是她磕一会儿休息一会儿再继续磕。所谓毅力，便是扛、熬、顶住。人有坚忍不拔之志，才有坚忍不拔之力，只要你自己心里充满这样的信念，毅力自然会来，也不会觉得辛苦，反而还会觉得很快乐。

案例 3 有一天史玉柱带我们出去玩，走到一个地方。他看到半山腰处有一个小寺庙，寺里有个喇嘛说，“每天做一点就可以成功”。这个喇嘛心里头有一个庙，于是每天捡一块石头，30 多年便搭起了一个庙。实际上我们也一样，只要心里头有某种东西，你的毅力自然就会出来。要有理想，但这个理想每个人都可以进行定义，并不需要别人给自己定义，总之心里有理想，才能看到方向。

——冯仑在“企业家论坛走进清华大讲堂”活动中的演讲

案例 4 胡润统计了100位“胡润排行榜”上成功企业家具备的10项品质，如下图所示。

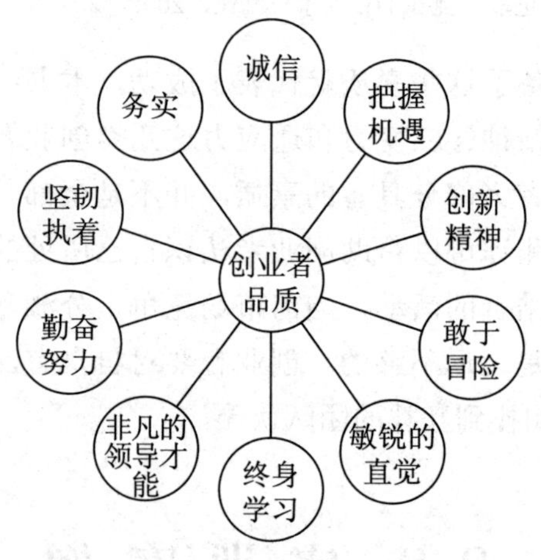

讨论题

1. 你身上具备哪些创业者品质？
2. 谈谈这十项创业品质如何影响创业活动？

【在线测试题】扫码书背面的二维码，获取答题权限。

第 4 章　创新思维

引导案例　**爱迪生的创新思维和电灯产业的创业经济史**

灯是人类征服黑夜的一大发明。19世纪前，人们用油灯、蜡烛等来照明，这虽已冲破黑夜，但仍未能把人类从黑夜的限制中彻底解放出来。发电机的诞生，才使人类能用各色各样的电灯使世界大放光明，扩大了人类活动的范围，赢得了更多时间为社会创造财富。

众所周知，美国著名的发明家爱迪生发明了灯泡，并使之流传开来，但其中还隐藏着许多艰辛的过程。

早在电力电灯问世之前，瓦斯灯已在美国社会主导了半个世纪。瓦斯灯于 1816 年第一次出现在纽约街头。1825 年，瓦斯灯取代了蜡烛，瓦斯管道遍布城市之下，将瓦斯灯送到各家各户。当瓦斯产业兴起后，随之形成各种利益团体，政客在国会制定相关法令，投资者相继兴起，供应商也纷纷投入，瓦斯照明形成了一个产业。

因此，爱迪生想要以更省钱、更干净的电力取代瓦斯照明系统，自然受到了阻力。爱迪生在纽约申请连锁执照，马上遭到了市长的反对。爱迪生找来了华尔街的老板支持，虽然取得了营业执照，但还是得付出相当数目的铺线费。相反，瓦斯公司不需要再支付铺线费，只要付资产税。后来，爱迪生为了接管电力线，还申请了一家瓦斯照明公司，取得合法执照以铺设地下电灯管线。

好事多磨，由于早年配电设施不是很完善，常因漏电而发生意外事件，电力照明成了“杀人犯”。台风来临时，消防队员就得跑到街上进行预防触电的宣传。

另外，电力照明并不是拉拉铜线、安装开关就可以了。十九世纪三十年代，输配电技术仍不是十分发达，所以发电厂必须建于半英里的范围内。就资产面来说，光是买铜线的资本就占了总资本的 1/3。

不仅如此，安装电力管线更是一大挑战。爱迪生必须把电力管线藏在屋顶上，隐于门缝中。这种拉线技术当时只有装防盗铃的工匠才会，爱迪生最后说服当地职校开设电力工程课程，并自己开办职业培训班，才慢慢解决了人才供给以及管线铺设的难题。

后来，瓦斯公司也主动出击，开始大幅度降价，并且在技术上进行改良，使当时的电力照明黯然失色。爱迪生也马上做出回应，推出了另一波“强力设计”。首先，他把电子器材（开关等）外形设计得和瓦斯系统雷同，让消费者抗拒心理降低。其次，他把分散式电厂改成集中式电厂，虽然投资成本会增加，但这个策略背后的目的是为了让各主管机关能够以瓦斯发电的概念来理解电力发电。那时电力发电还没有办法以电表收费，为了配合消费者对瓦斯收费的概念，爱迪生就让消费者免费试用了一年，直到电表成功推出才开始收费。

富兰克林在十八世纪发现了电，人们并没有充分利用它，因为爱迪生的发明，才让电以及灯泡作用大放光彩，为人类社会的进步做出了巨大贡献。由此可见，创业不仅是一种技能、一种精神，更是一种思维方式。

资料来源：萧瑞麟．不用数字的研究 [M]. 北京：培生教育出版集团，2007.

案例启示

爱迪生是我们熟知的一位伟大的发明家，但却不知道他还是一位伟大的创业者。爱迪生的成功不仅在于他发明了灯泡，而且在于他在瓦斯灯泡产业的基础上，成功结合顾客的需求，通过各种方法推广了电力灯泡。类似的案例，俯拾即是，滴滴采用客户端与司机端共同补贴的方法，突破了传统出租车行业的困境。那么，与常规性思维相比，创新性思维有什么特征？一个人的创新性思维可以训练吗？

本章知识结构图

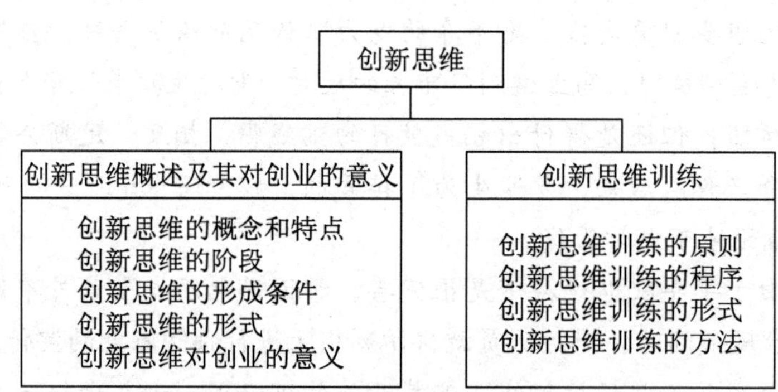

4.1　创新思维概述

4.1.1　创新思维的概念和特点

1. 创新思维的概念

思维或思想是人脑对现实事物间接的、概括的加工形式，以内隐或外隐的语言或动作表现出来。思维是由复杂的脑部机制所赋予的。思维对客观的关系、联系进行多层加工，揭露事物内在的、本质的特征，是认识的高级形式。思维由生命进化而产生，物质的化学反应构建生命，生命在生存过程中进化出意识、思维。

思维可以按思维内容的抽象性划分为具体形象思维和抽象逻辑思维；按思维内容的智力性可划分为再现性思维与创新思维；按思维过程的目标指向可划分为发散思维（即求异思维、逆向思维）和聚合思维（即集中思维、求同思维）；按思维过程意识的深浅可划分为显意识思维和潜意识思维。

创新思维是思维的一种。钱学森曾认为创新思维是人类智力的核心，创新思维也是形象思维和抽象思维的综合运用。实际上，创新思维是一种具有开创意义的思维活动，是人类认识开拓新领域和开创新成果的思维活动，它往往表现为发明新技术，形成新观念，提出新方案和决策，创建新理论。

创业聚焦 4.1 ▶▶

大陆漂移说怎么形成的?

有一天，魏格纳在看地图时，注意到大西洋两岸有一个凸起的地方，两边几乎完全可以拼合到一起。这就引起了他的联想：难道大西洋两岸原来是连接在一起的吗？换句话说，他这时直觉到了大西洋两岸原来可能是连接在一起的。当时魏格纳思维活动所依据的知识材料是很少的，这时的思维活动主要是非逻辑思维，这种非逻辑思维所得出的新思想、新观点必须通过其他知识材料的支持才能转化为较为科学的理论。后来魏格纳又经过逻辑推演找到了许多支持自己假设的材料：现今大西洋两岸历史形成的地质构造是直接连续的。从大西洋的南面起，横断非洲南端的开普山脉，跨海之后，在南美洲的布宜诺斯艾利斯出现。在中部，非洲片麻岩高原与巴西片麻岩高原的火成岩、沉积物以及古代褶皱的方向都完全一致。非洲西北部与巴西东北部，不仅海岸线可以拼合，而且新的岩石的分界线也一一对应、跨海相连。北半球大西洋两岸的陆地也有颇多的联系。有了这些跨界线的地质配合，大西洋两岸陆地的衔接就不再是偶然的现象，而是必然的结果了。后来人们根据化石记录又发现三亿年前，欧洲西部、北美东部同属热带植物区系。北美、西欧都发现同期同种的珊瑚、海滨生物、江河生物，而非洲、南美洲则有同期同种的鱼类、爬虫类化石。这样，大陆漂移说就由非逻辑思维的假设逐步发展为科学的假说了。

2. 创新思维的特点

（1）新颖性。创新思维既不是拘泥于传统，也不是盲目从众。新颖性体现在：①创新思维可开创出新领域，如早些年的电脑都被人们认为是工作专属的机器，从未想过这个东西是人人必不可少的，但乔布斯却带领苹果公司开创了个人电脑的新领域，并使电脑逐步走入千家万户，成为个人生活、工作、娱乐的工具。②创新思维可以在旧的领域采用新的方法。在瓦斯灯和电灯普及后，蜡烛产业几乎要消失了，但有一位创业者葛杰夫用 300 万美元收购了一个濒临破产的小蜡烛厂，使其年销售额达到了 15 亿美元，原因就是他发挥了创新思维，将照明蜡烛这个不适应现代生活主流的产品改造成一些场合必备的香水蜡烛、装饰烛台。因此，新颖性不仅可以是一种激进的新领域创新，也可以是渐进的旧领域创新。

（2）突破性。创新思维要求发挥创业者主体的能动性，从各种羁绊中解脱出来，要跳出种种习惯思维的束缚，克服思维定式，激发大脑的潜能，主要可在以下几个方面进行突破：突破思维定式；突破对权威的崇拜与迷信；突破学说、理论的教条主义倾向等。另外，也可以从理论创新、技术创新、制度创新、流程创新等方面进行突破。吉利刀片的发明就是突破了当时人们对留长发、长须的审美，当刀片以方便和安全的优点逐渐被人们接受后，才改变了整个西方的审美观。

（3）灵活性。思维结构的稳定性对于人的思考有着巨大的制约作用，它通过自身建立起来的结构和模式，制约着人脑选择、吸收以及解释信息。但是创新思维要求创业者具有灵活性，需要做到对于同一个对象的信息，能看到其横向的不同与纵向的不同，并捕捉到其中的不同信息，进行不同的加工，然后得出不同的结果。

创业聚焦 4.2 ▶▶

怎么少了 100 日元?

有 3 个学生到一家旅店投宿，每人各交 1 000 日元住宿费给女服务员。女服务员把这 3 000 日元送到账房时，老板说："因为他们是学生，便宜 500 日元吧！"于是退回了 5 张 100 日元的纸币。女服务员想："3 个人分 500 日元也不好分啊。"就从中取出 200 日元，悄悄塞进了自己的口袋，然后退给每个学生 100 日元。

让我们仔细想想，结果是三个学生每人交了 900 日元，加起来 2 700 日元。再加上女服务员贪污的 200 日元，为 2 900 日元。开始的 3 000 日元中，怎么会少了 100 日元？

你能找出产生这个奇怪结果的原因吗？原因在于计算方法的错误。3 个学生实际交款 2 700 日元，女服务员从中拿走 200 日元后为 2 500 日元，也就是账房所得的数字。应该把账房的 2 500 日元、服务员拿走的 200 日元以及 3 名顾客手中退回的 300 日元加在一起，就是 3 000 日元，这才是正确的思想方法。但为什么会出现错误的结果呢？其主要原因是偷换数的性质，把不同性质的数拿来相加，表面上看好像很有道理，但实际上就落入同 3 000 日元总额毫无关系的计算中去了。像这样从纷杂的表面现象中发现事物本质的能力，就是思维的深刻性。具有思维深刻性的人，在分析和思考问题过程中，善于发现事物之间的内在联系，抓住事物的本质和规律，预见事物发展的过程。与此相反，思维缺乏深刻性的人，常被一些表面现象所迷惑，看不到问题的实质，不善于深思熟虑，只凭一知半解或假象下结论。

4.1.2　创新思维的阶段

创新思维与创造性活动相关联，是多种思维活动的统一，但发散思维和灵感在其中起了重要作用。创新思维一般会经历准备期、酝酿期、搁置期、顿悟期和验证期五个阶段，创新思维的过程如图 4-1 所示。

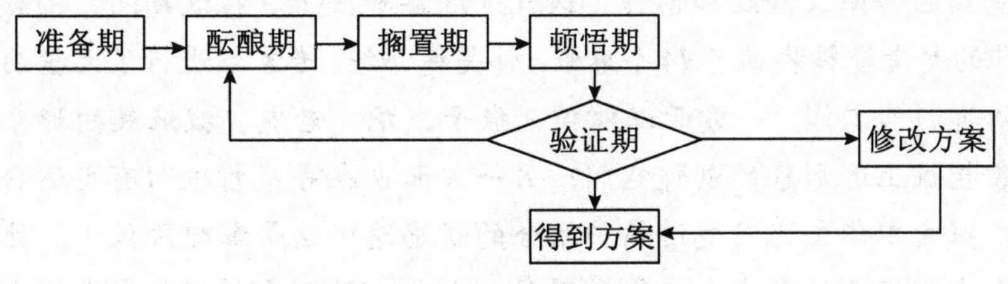

图 4-1　创新思维的过程

1. 准备期

创新思维是从发现问题、提出问题开始的，“问题意识”是创新思维的关键。发现了问题就要弄清楚我们要解决什么问题，问题的原因在哪。要为这些工作做充分的准备，这些准备包括了资料收集、知识储备、技术和基金支持等。在资料收集和知识储备环节，需要做到的是对前人研究的深入了解，这样既可以避免重复已有的研究，也可以站在前人的基础上，得到有益的启示，开始新的创新。

2. 酝酿期

酝酿期是对准备期所做的一切工作进行消化吸收，并提出相应的对策。许多人在这个阶段常常表现为狂热和如痴如醉，令常人难以理解。例如，我们非常熟悉的牛顿，把手表当鸡蛋煮；爱迪生为研制灯泡疯狂地实验；陈景润在马路上与电线杆相撞。

3. 搁置期

有些问题虽然经过反复思考、酝酿，但仍未获得完美的解决，思维常常出现中断、毫无头绪的现象，只能被迫搁置。这些问题会时不时地出现在人们头脑中，甚至转化为潜意识，这就为接下来的第四阶段（顿悟期）打下了基础。这个阶段可能是短暂的，也可能是漫长的。创新者的观念仿佛在“冬眠”，等待着“复苏”。

4. 顿悟期

顿悟期就是原本混沌的思路突然豁然开朗，脑海中的潜意识突然被激发，带给创新者“山重水复疑无路，柳暗花明又一村”的感觉。

5. 验证期

思路得到启发后，还要在理论与实践中进行反复推敲，验证其可行性。往往在这个阶段会出现三种结果：一是方案得到确认成为可行方案；二是方案达不到理想效果还需进行调试、推敲；三是方案彻底被否定，思路需回到酝酿期。

创业聚焦 4.3 ▶▶

福娃经历的创新阶段

众所周知，福娃是北京2008年第29届奥运会的吉祥物，它的创意过程就能很好地体现创新思维。2005年著名艺术家韩美林担任吉祥物修改组长，对征集来的大量吉祥物进行了两个星期的封闭式修改和创作（这就是准备阶段）。在这期间，福娃的设计师韩美林修改设计的参考资料装满了74个麻袋。韩美林介绍，专家组进行了大量的研究、考证、修改和艰苦的再创作工作。一方面以熊猫、猴子、龙、老虎、拨浪鼓的形象为基本创作方向，进一步挖掘上述形象的创作空间；另一方面也在寻找打破旧有奥运会吉祥物设计的框架限制，探索中华文化与奥运精神结合的新思路（这是酝酿阶段）。他说："在几百个备选方案中，经反复考虑，我们觉得每一个单个的形象并不能完全代表中国的奥运形象。"（这是搁置阶段）这时他们就提出了另一个思路："吉祥物不是一个单个的个体形象，而是2个、3个甚至5个的组合行不行？"这个思路一打开，他们一下子兴奋起来（这是顿悟阶段）。设计小组熬了一夜，终于拿出了一个组合形象的设计稿。（这是验证阶段）

4.1.3 创新思维的形成条件

创新思维的形成是一个系统工程。一般认为，这个系统包括心理状况、创新意识、知识结构、外部氛围等子系统。许多研究资料表明，这四个方面都是创新思维的必要条件，但并不是充分条件，即任何一方面缺陷太多都会妨碍创新思维。即使某一方面的条件很好，而其他方面欠缺，也难以有良好的创新思维成果。因此，它们是相互有机结合的，是以其系统的整体性对创新思维起作用的。

1. 心理状况

思维的主体需要有一个良好的心理状况，这有利于提升创新思维的心理素质和自我调控心理、情绪的能力。比如，自信、乐观、兴趣广泛、注意专一等心理有利于创新思维，而自卑、自满、随众、固执等心理则不利于创新思维。同时，同一种心理状况，如果超过了一定的度以至于无力自我调控，对创新思维来说，也会走向反面。

2. 创新意识

创新思维是一项艰巨的脑力劳动，一个创新意识不强、创造欲低的人，不可能发挥思维的主动性。从广义上来说，创新欲求是一种心理状况，然而由于创新意识与创新思维具有直接的动力和导向作用，因此，人的创新意识除了心理因素外，更与其世界观、理论素质、人生观、事业心、责任感等较高层次的思想观念相联系。

3. 知识结构

人头脑中已有的信息、知识，尤其是已转化为较稳固观念的东西，对新信息的吸收和运用有很大的制约作用。如果知识结构不合理、思想僵化、观念陈旧、知识单一，就难以接收新信息，更难以接通和建构新思想。因此，知识结构是创新思维形成过程中的重要因素。

一个人的能力不仅取决于掌握知识数量的多少，而且取决于其知识结构是否合理。科学的发展使建立合理的知识结构越来越必要。知识结构越合理，反映事物就越全面，就越有利于由已知推想未知，引发发明和创造；相反，任何知识结构的欠缺都会形成认识世界、实现发明创造的障碍。这一点，杰出的科学家也不能例外。

爱因斯坦由于读书求学时忽视数学，知识结构不合理，给后来的科学研究造成了莫大的困难。1946 年，他在《自述》中写道："作为一个学生，我还不清楚，在物理学中，通向更深的基础知识的道路是同最精密的数学方法联系着的。"确实，他在向相对论的高峰攀登的过程中，曾被数学困住了。他在没有掌握黎曼几何之前取得了狭义相对论的成功，后来补充掌握了黎曼几何才发现了广义相对论的广阔天地。正因为这样，爱因斯坦对知识结构问题十分敏感，他在 1932 年就尖锐地指出："更糟糕的是，这种专门化的结果，使我们愈来愈难以科学进步的步调来对科学的面貌做个哪怕是大略的了解，而要是没有这种了解，真正的研究精神必定要受到损害。"美国曾对 11 个研究机构的 1 311 名科技人员的研究成果进行了 5 年的调查统计，发现以一种专业为主掌握多种专业知识的人比知识面狭窄的人更容易取得科研成就。因此，只有建立了合理的知识结构，才能更好地为改革开放和现代化建设事业服务，更好地适应现代科学文化的发展，充分发挥个人的优势和特长，促进人才更快地进入创造境界。事实也说明，多掌握一些知识，就多一条思路。具有丰富知识经验的人，比只有一种知识经验的人更容易产生新的联想和独到的见地。美国诺贝尔物理学奖获得者格拉肖曾说："涉猎多方面的学问可以开阔思路，多抽时间读读小说，逛逛动物园都有好处，可以帮助提高想象力，这同理解力和记忆力一样重要。假如你从未见过大象，你能凭空想象出这种奇形怪状的东西吗？"只钻研在一个狭窄领域，让知识局限在一点上，就难以把自己的思维延伸到其他领域。因此，许多有独创性贡献的科学家，大多是有宽阔知识面的、兴趣广泛的人。

4.1.4　创新思维的形式

1. 发散思维

（1）发散思维的概念。心理学家吉尔福特把发散思维定义为："从所给信息中产生信息，从同一来源中产生各式各样的为数众多的输出。"他还认为，智力结构中的每一种能力都与创新有关，而发散思维与创新的关系最密切。发散思维是创新思维中最基本、最普遍的方式、方法，它广泛存在于人的创造性活动中，是人类创新思维的原动力，在人类创新思维中起着至关重要的作用。发散思维是一种开放性思维，其过程是从某一点出发，任意发散，既无一定方向，也无一定范围，通过联想、想象、灵感和直觉，产生众多创造性设想来解决现实中的难题。正如法国一位哲学家所讲：最危险的就是只有一种思想。实践证明，要获得与众不同的方法与答案，一般要从多种答案中进行选择，而这就必须进行发散思维。

通过发散思维得到新的科研成果的例子很多。比如：①有一次，李政道听一位同事演讲，知道了非线性方程有一种叫“孤子”的解。于是他找到了关于孤子的文献，通过发散思维，用了一周的时间专门挑出它有哪些缺点，又研究了几个月，发现了一种新的“孤子”理论，并取得了许多新的研究成果。②原来，世界上并没有携带方便、书写流利、不用带墨水的圆珠笔。后来，有的厂家从钢笔生产问题中提出种种新的设想，包括：能生产出写几种颜色的笔；生产出省去笔套的笔；生产笔尖不开裂的笔等。然后，他们从中选取几种方案进行研制，其中一项就是圆珠笔。此后，这种新产品就从一个国家传到多个国家，生产的厂家遍及全世界。

创业聚焦 4.4 ▶▶

一支铅笔有多少种用途?

美国纽约里士满区有一所由贝纳特牧师创立的穷人学校。1983 年，一位叫普热罗夫的捷克籍法学博士，在做毕业论文时发现，50 年来，该校出来的学生在纽约警察局的犯罪记录最低。普热罗夫展开了漫长的调查活动，凡是在该校学习和工作过的人，只要能打听到他们的住址或邮箱，他都要给他们寄出一份调查表，询问他们：“圣·贝纳特学院教会了你们什么？”在将近六年的时间里，他共收到 3 756 份答卷，在这些答卷中，有 74% 的回答是“我们知道了一支铅笔有多少用途”。当普热罗夫看到这些奇怪的答案时，他决定马上进行研究。普热罗夫首先走访了纽约最大的一家皮货商店的老板，老板说：“是的，贝纳特牧师教会了我们一支铅笔有多少种用途。我们入学时的第一篇作文题目就是这个。当初，我以为只有一种用途，那就是写字。谁知铅笔不仅可以用来写字。必要时还能当作尺子画线，还能当作礼品送人表达友爱，还能当商品销售获得利润。铅笔的铅芯磨成粉后可作润滑剂，演出时也可临时用于化妆；削下的木屑还可以做成装饰画；一支铅笔按相等的比例锯成若干份，可以做成一副象棋，还可以当作玩具的轮子；在野外有险情时，铅笔抽掉芯还可以当作吸管喝石缝中的水；在遇到坏人时，削尖的铅笔还可以作为自卫的武器……总之，一支铅笔有无数用途。它让我们这些穷人的孩子明白，有着眼睛、鼻子、耳朵、大脑和手脚的人，更有无数的用途足以使我们生活下去。”

普热罗夫后来又采访了一些圣·贝纳特学院毕业的学生，发现无论贵贱，他们都有一份职业，并且都生活得非常乐观。普热罗夫再也按捺不住这一调查给他带来的兴奋，调查一结束，他就放弃了在美国寻找律师工作的想法，匆匆赶回国内。后来，他成为捷克最大的一家网络公司的总裁。

（2）发散思维的特点。创新思维是创新力的核心，发散思维则是创新思维的核心。发散思维具有如下特点：①流畅性，流畅性是指短时间就任意给定的发散源，表达出较多的观念和方案，即对提出问题反应敏捷，表达流畅。②灵活性，灵活性是指思维能够触类旁通、随机应变，不受消极心理定式的影响，能提出类别较多的新概念。③独特性，独特性是指提出设想、方案或者方法有与众不同、独具匠心的特点。

例如，在回答“红砖头有什么用”时，A与B都能在两分钟之内说出十种用途，这说明他们都具有很好的流畅性发散思维。A说，可以造房子、造围墙、造猪圈、造鸡圈、造羊圈、造台阶、铺路等。B说，可以练气功、可以防身、可以练举重、可以造房子、放在轮胎下防滑、可以做涂料等。相比而言，A在灵活性上就相形见绌了，没有给出较多的新用途，仅局限于砖头的建造功能。在独特性上，B则给出了很多令人耳目一新的用途，与众不同的想法让人觉得B比A在独特性上更为卓越。

（3）发散思维的常见形式。发散思维有以下两种常见的形式。

①多路思维：根据研究对象的特征，人为地分成若干条路，然后一条一条去考虑，以取得更多解决方案的思维方式。用多路思维进行思考可以将复杂的问题拆分成多个简单的问题，化整为零，而且还可以使条理更清晰，思路更周密。最终可以使得思维的流畅性、变通性大幅度提高，从而使价值方案的产生率也大大提升。

②立体思维：立体思维就是考虑问题时，突破点、线、面的限制，从纵向、横向、高度上去思考问题，即在三维空间中思考问题。其实，在我们生活中有很多立体思维的例子，如立体绿化，通过屋顶花园增加绿化面积，减少占地，改善环境、净化空气；又如立体森林，通过在高大乔木下种灌木，灌木下种草，草下种食用菌，不仅提高了土地单位面积的利用率，还优化了生态环境。

2. 逆向思维

（1）逆向思维的概念。逆向思维是指与传统的、逻辑的、群体的、习惯的思维方向相反的一种思维，换句话说就是，反过来想想。在发明创造和思考问题时，如果从正面不易突破，那就从反面突破，就像数学证明方法中的反证法。正向思维往往受到了思维定式的约束，而逆向思维就是突破这一约束的好方法。逆向思维会使你独辟蹊径，在别人没有注意到的地方有所发现、有所建树，从而出人意料地取胜。

香港“领带大王”曾宪梓就是一个典型。在商业竞争十分激烈的香港，不少人有几套西装。香港比较流行的话叫作“着西装，捡烟头”，“捡烟头”都穿西装，可见西装之普遍。可是曾宪梓发现，香港却没有一家像样的高档领带工厂，于是他决定创建一个生产加工领带的工厂。最初，他试图以便宜的价格来吸引顾客，领带的批发价低至60元一打，减除成本40元，可以赚20元。可惜，现实却是买主拼命压价。吸取了产品“受阻”的教训后，他决定尝试生产高档领带。他到名牌商场买了4条受顾客欢迎的高级领带，买回后逐一“解剖”，细致研究。根据样品，他另外制作了4条领带，并将“复制品”与原装货一起交给行家鉴别，结果以假乱真，行家也无法辨别。这样一来，他进一步坚定了“生产高档领带”的想法。后来，他的领带受到广泛好评，随之而来的是销量的大增。在日常生活中积极主动地运用逆向思维，能够起到拓宽和启发思路的重要作用。当你陷入思维的死角不能自拔时，不妨尝试一下逆向思维法，打破原有的思维模式，反其道而行，说不定就会眼前一亮，豁然开朗！由此可见，逆向思维是十分重要的。

创业聚焦 4.5 ▶▶

福特一世“流水线”组装汽车的逆向思维来源竟是屠宰场？！

美国汽车大王福特一世在街上散步时，偶然间看到肉铺仓库里的几个工人顺次地切下牛的里脊肉、胸肉、牛头，他的脑海里马上浮现出与此相反的过程：让工人顺次分别装上汽车的种种零部件。这就是后来闻名于世的“流水线”组装汽车的方法，它和之前让每一个工人自始至终地装配一辆汽车相比，由于每个工人只负责汽车中的一小部分，操作简单、容易熟练，因此工人劳动效率大大提高，而且很少出差错。这一发明使福特公司脱颖而出，奠定了福特在汽车行业中的地位。后来，其他汽车厂、行业纷纷仿效福特公司的这一方法，可以说“流水线”改变了人类生产和生活方式，它被称作20世纪最伟大的三项发明之一。

我们身处的就是由相互对立的事物组成的和谐世界，而每一事物又有相互对立的两个方面。很多过程都是可逆的，两种截然相反的方法有时可以解决同样的问题。遗憾的是，由于我们受过太多的是非观念的教育，因此往往喜欢判断对错，以至采取一种方法后就轻易排斥与之相反的方法。实践证明，逆向思维能使人们更加灵活地找到更多解决问题的途径。逆向思维也是企业经营创新中的重要思维方式。某时装店的经理不小心将一条高档裙烧了一个洞，其身价一落千丈。如果用织补法补救，也只是蒙混过关，欺骗顾客。这位经理突发奇想，干脆在小洞的周围又挖了许多小洞，并精于修饰，将其命名为“凤尾裙”，一下子，“凤尾裙”销路顿开，该时装店也出了名。逆向思维为这家店带来了可观的经济效益。

在创造发明的路上，也需要逆向思维。①洗衣机的脱水缸，它的转轴是软的，用手轻轻一推，脱水缸就东倒西歪。可是脱水缸在高速旋转时，却非常平稳，脱水效果很好。在设计之初，工程技术人员为了解决脱水缸的颤抖和由此产生的噪声问题，想了许多办法，先加粗转轴，无效，后加硬转轴，仍然无效。最后，他们来了个逆向思维，弃硬就软，用软轴代替了硬轴，成功地解决了颤抖和噪声两大问题。这是一个由逆向思维而诞生的创造发明的典型例子。②传统的破冰船都是依靠自身的重量来压碎冰块的，因此它的头部都采用高硬度材料制成，而且设计得十分笨重，转向非常不便，因此这种破冰船遇到侧向漂来的冰块就非常麻烦。苏联科学家运用逆向思维，变向下压冰为向上推冰，即让破冰船潜入水下，依靠浮力从冰下向上破冰。新的破冰船设计得非常灵巧，不仅节约了许多原材料，而且不需要很大的动力，自身的安全性也大为提高。遇到较厚的冰层，破冰船就像海豚那样上下起伏前进，破冰效果非常好。这种破冰船被誉为“20世纪最有前途的破冰船”。

通过以上实例，我们可以总结出逆向思维的四大优势：

①在日常生活中，常规思维难以解决的问题，通过逆向思维却可能轻松破解。

②逆向思维会使你独辟蹊径，在别人没有注意到的地方有所发现，有所建树。

③逆向思维会使你在多种解决问题的方法中选择最佳方法和途径。

④生活中自觉运用逆向思维，会将复杂问题简单化，从而使办事效率成倍提高。

（2）逆向思维有如下三个特点。

①普遍性。逆向性思维在各种领域、各种活动中都有适用性，由于对立统一规律是普遍适用的，而对立统一的形式又是多种多样的，有一种对立统一的形式，相应地就有一种逆向思维的角度，所以逆向思维也有无限多样的形式。如性质上对立两极的转换，软与硬、高与低等；结构、位置上的互换、颠倒，上与下、左与右等；过程上的逆转，气态变液态或液态变气态、电转为磁或磁转为电等。不论哪种方式，只要从一个方面想到与之对立的另一方面，都是逆向思维。

②批判性。逆向是与正向比较而言的，正向是指常规的、常识的、公认的或习惯的想法与做法。逆向则恰恰相反，是对传统、惯例、常识的反叛，是对常规的挑战。逆向思维能够克服思维定式，破除由经验和习惯形成的僵化的认识模式。

③新颖性。循规蹈矩的思维和按传统方式解决问题的方法虽然简单，但容易使思路僵化、刻板，摆脱不掉习惯的束缚，得到的往往是一些司空见惯的答案。其实，任何事物都具有多方面属性。由于受到过去经验的影响，人们容易看到熟悉的一面，而对另一面却视而不见。逆向思维能克服这一障碍，给人耳目一新的感觉。

（3）逆向思维的分类。逆向思维的分类有以下三种。

①反转型逆向思维法。这种方法是指从已知事物的相反方向进行思考，产生发明构思的途径，常常从事物的功能、结构、因果关系三个方面进行反向思维。例如，市场上出售的无烟煎鱼锅就是把原有煎鱼锅的热源由锅的下面安装到锅的上面。这是利用逆向

思维，对结构进行反转思考。化学能可以产生电能，据此意大利科学家伏特1800年发明了伏打电池。反过来电能也可以产生化学能，1807年，英国化学家戴维通过电解发现了钾、钠、钙、镁、锶、钡、硼七种元素。

②转换型逆向思维法。这是指在研究问题时，由于解决这一问题的手段受阻而转换成另一种手段，或转换角度思考，以使问题顺利解决的思维方法。如历史上被传为佳话的司马光砸缸救落水儿童的故事，实质上就是一个用转换型逆向思维法的例子。如人掉进水里，把人从水中救起，是使人脱离水。当年司马光砸缸，由于司马光不能通过爬进缸中救人的手段解决问题，因而他就转换另一手段，通过砸缸使水脱离人，进而顺利地解决了问题。

③缺点逆向思维法。这是一种利用事物的缺点，将缺点变为可利用的东西，化被动为主动，化不利为有利的思维发明方法。这种方法并不以克服事物的缺点为目的，相反，它是将缺点化弊为利从而找到解决方法。例如，金属腐蚀是一种坏事，但人们利用金属腐蚀原理进行金属粉末的生产或进行电镀等其他用途，无疑是对缺点逆向思维法的一种应用。

4.2　创新思维对创业的意义

在创业过程中，创业者的创新思维训练是极其重要的。创业者如果不具备创新思维的基础，创业行为就会缺乏缜密的理性思考，创业活动就有可能成为昙花一现。创新思维以注重思维活动的反省和理性的反思为特征，将形象思维、逻辑思维和直觉思维融为一体，是科学的理性精神与直觉、形象思维的有机统一。

为了全面而深刻地认识社会发展的客观规律，就必须以清醒的理性精神去研究社会的层次、结构和功能，发现社会进步的契机和着力点。要以创新思维研究和分析创业形势，寻找创业途径，把握创业时机，否则就会造成思想的混乱和行为的错误。创业是一项十分复杂，充满风险和不确定性的社会活动，需要不断地选择、判断，找出行动的最优方案，以创新思维作为基础，能够避免不必要的错误和失败。创新思维在创业活动中是必不可少的，也是创业者重要的素质之一。

许多创新的灵感来自于可以信赖的团队成员各自观点的分享，如爱因斯坦和他的奥林匹亚学会；托尔金和刘易斯分别读过对方的《魔戒》和《纳尼亚传奇》的初稿；纳萨尼尔山·霍桑和赫尔曼·梅尔维尔是好朋友，并且经常通过书信交流作品。拥有可以信赖、相互交流的团队非常重要，因为他们知道你在做什么，你可以放心地和他们分享想法，而且他们还能通过提问帮你明确思路或者推动你进入新的领域。

4.3 创新思维训练

4.3.1 创新思维训练的原则

1. 学会多视角看问题

视角是指看事物或思考问题的角度，有时候称为眼光、眼界。转换视角就是把当前或即将到来的事情放在一个更大的或新的参照系中进行思考。更换视角就是更换参照系统，进行换位思考。参照系统可以是世界观，也可以是理论框架；可以是价值观、人生观，也可以是方法论；可以是社会规范，也可以是行为模式。创新思维是一种综合性思维，是一个可以发散的思维。就像苏轼诗中所说的："横看成岭侧成峰，远近高低各不同。"短短几字就包含了多种视角以及视角不同带来的效果差异。因此，创新性思维要求我们在创业时看问题不能片面，要试图从多角度出发寻找新思路、新方法。

2. 破除思维定式

创新思维要求创业者发挥其主体能动性，从各种羁绊中解脱出来，跳出种种习惯思维的束缚，克服思维定式，激发大脑的潜能。但是由于经验依赖、规避风险等原因，人们总会陷入某种思维定式。其实，破除思维定式，就是要求创业者破除"权威定式""从众定式""经验知识定式"，可以尝试通过"反事实思维"（count-thinking），模拟在各种可能出现的场景下如何进行创业活动或创业决策。

3. 重视意外发现

当有意外发现时，要对其进行认真研究，这种无意中得到的发现往往会在发明创造中发挥重大作用。在创业出现意外时，我们要学会发现新想法，更要注意寻找新的创业思路。苏联一位车工在进行高速切削时，突然停电致使刀与零件牢牢粘死，但正是这次突发事件让这位车工发明了摩擦焊。

4. 克服人的惰性

探索问题除了需要克服思维惯性阻力外，还要克服人的惰性。"学习如逆水行舟"，创新思维也是如此。有些创新思维就是死于懒惰，惰性是创新、创业的大敌。克服惰性可以通过一些小窍门来解决，如关注他人的进步、写下自己的进展、为自己制定奖励等，还有一个非常重要而普遍的做法就是坚持锻炼身体，既能磨炼自身的意志力，又能让人精力充沛，远离懈怠情绪。

4.3.2 创新思维训练的程序

1. 动机激发

动机是驱使人们活动的一种内在动因或力量，包括个人的意图、愿望，心理的冲动或企图达到的目标等。心理学有关研究表明，掌握目标定向动机的学生会以积极的态度对待学习任务，有意识地监控自我对学习材料的理解和掌握程度。因此，我们要有提升创新思维的意识，这是提升创新思维的前提。

2. 方法训练

方法是人们解决问题的程序或具体步骤。根据斯腾伯格的智力三元理论，方法训练通常分为三大类：分析性思维训练、创新性思维训练和实用性思维训练。其训练步骤包括六个环节：确定问题、选择程序、信息表征、形成策略、监控与反思、拓展与迁移。

3. 品质培养

思维品质是智力活动中，特别是思维活动中，智力和能力特点在个体身上的体现，它反映了一个人思维能力的强弱，是判断和确定一个人智力水平高低的重要标志。因此，培养良好的思维品质是发展我们智力和能力的突破口。思维品质的成分和表现形式很多，一般包括五个方面，即深刻性、敏捷性、灵活性、批判性和独创性。我国著名的心理学家和教育家林崇德自 1978 年起，在全国进行了 20 多年“促进学生心理能力发展”的教学实验，旨在通过思维品质的训练改善和提高学生的思维能力，其实验结果表明：通过系统科学的思维训练，学生思维的流畅性、深刻性、敏捷性、灵活性和批判性得到了全面提升，创造性、系统性、综合性和协调性有了显著改善，思维效率和思维水平也大大提高。

4.3.3 创新思维训练的形式

1. 发散思维的训练

发散思维虽然不是人类思维的基本形式，更不是创造思维本身，但它是创新思维的核心，决定了思维的去向。发散思维训练是创新思维训练中最常见、最有效的方式。①发散思维训练的原则是：同中求异、正中求反、多向辐射；②训练发散思维的方法主要有用途扩散、结构扩散、特性扩散和方法扩散等；③进行发散思维训练时要结合各学科特点，如数学可进行一题多解，变换或补充条件，变换或补充问题等训练；④发散思维与聚合（收敛）思维要协调发展，不能为发散而发散，只发散不聚合。创新思维是一个“发散—聚合—发散”的多次循环往复、螺旋式上升的过程。在此过程中，错误的结论不断被抛弃，不完善的结论不断被修正，最后聚合出最优的结论。

我们可以通过以下小方法来进行发散思维的训练，每天早上起床的时候抓住你脑海里的第一感觉，想出四种完全没有联系的事物，不用特意去想某个事物，生活中任何事物都可以，比如一本书、一条金项链、一瓶可乐、一台电视。这时你要做的就是将它们进行分类，每两种事物都要能归到一类中且与另外两类不同。比如：①金项链和电视属于贵重物品，书和可乐比较便宜；②书和电视可以承载大量的信息，金项链和可乐则不能；③电视和可乐属于新兴事物，书和金项链很久以前就有。因为刚睡醒的时候头脑里是很空旷的，这时进行思维训练就好像新生儿一样，不仅可以使你的神经在昏昏欲睡中清醒过来，还能很大程度地提高思维发散的能力。当我们开始进行训练时会感觉很费力，这是因为我们生活的环境长时间束缚了我们的思想，只要我们坚持去想，就一定会找到答案。万物之间都是有联系的，无论是何种联系，只要你能找到即可。在这个训练中没有绝对的对与错，只要自己能够解释清楚就可以。每天早上像这样通过寻找事物共同点来分类，你的思维全天都会非常开阔。久而久之，我们在看待事物的时候就可以很容易地找到两个不同的事物之间的联系，这有助于我们进行创新。

2. 非逻辑思维训练

逻辑思维（抽象思维）与非逻辑思维（直觉或形象思维）是思维的两大形式，也是创新思维的重要成分。现行教学特别是理工科的教学，对非逻辑思维的培养不够重视。著名心理学家布香纳曾提出：“知觉思维、预感训练是正式的学术学科和日常生活中创新思维的重要特征，但是很受忽视。”

培养学生创新思维能力的主要途径有：①加大思维的“前进跨度”，提倡大步骤思维。所谓大步骤思维，就是略去小步骤，从整体大范围去看问题，培养思维的跳跃能力。②加大思维的联想跨度，培养自己把不同事物与所探索的问题联系起来的能力，尤其是要敢于把人们容易忽视的、习惯上认为毫不相干的事物，表面上看起来微不足道的问题联系起来或移植过来。③加大思维的转换跨度，敢于否定原来的设想，善于打破固有的思路。由于每次都从同一思路去思索，容易陷入思维的死胡同，因此可以换个思路，把问题搁一搁。这种头脑的暂时松弛有利于资料的消化与沟通，有利于冷静地回味以往的得失和被忽视的线索，便于思维从不同角度展开。④培养自己构建整体观念的能力，应该多从宏观上、整体上、本质上来观察并理解问题，掌握记忆内容的框架与结构，而不是记住细节，使自己的知识成为一个整体，以知识组块形式储存在大脑中，并以一种简化的方式在头脑中表征它的显著特点，这样便可提高处理问题的效率和思维速度。

3. 排除思维障碍的训练

影响创新思维的主要障碍有“先入为主”效应、强刺激的影响、中间状态与目标相似的干扰、“暗示效应”的束缚、多余刺激的干扰和思维定式的影响等。排除思维障碍的步骤是：第一，当解决问题感到困难，而自己所想到的都是一些类似的、不能解决问题的办法时，就应审视是否陷入了思维定式；第二，应分析自己产生了哪种思维定式；第三，要求自己放弃原来的想法，从不同角度重新审视问题；第四，了解自己可能受到哪些思维定式的影响，对自己进行创新思维策略指导，从而提高创新思维的能力。

4.3.4　创新思维训练的方法

1. 自由言论、自由思想法

思维创新有两个基本条件，即“心理安全”与“心理自由”。有高度创新意识的人常偏离常规，而社会对人的奖励通常以顺从为条件，这就会导致创新者的思想受到压抑。如果社会舆论能赞成并奖励创造活动，能支持或高度容忍“标新立异”的人，创新者就会感到“心理安全”与“心理自由”。因此，营造一个自由、平等、宽松、安全的氛围，是思维训练尤其是创新思维训练得以有效实施的前提和保障。在这样的氛围中，人们才能敞开心扉，无拘无束、畅所欲言，而不必考虑自己的观点是否“离经叛道”，自己的设想是否“荒唐可笑”，尽情发挥使思想始终处于自由驰骋的状态。通过多向思维、天马行空的想象提出更多新颖的创造设想。例如，有一家酒店的电梯不够用，于是决定新增加一部。酒店请来了建筑师和工程师研究如何新增电梯。专家们一致认为，最好的办法就是每层楼都打个洞，直接安装新楼梯。但他们的对话被一个清洁工听见了，该清洁工说：“每一层都打个洞，难免会使得尘土飞扬，乱七八糟的。我要是你们，我就会把电梯装在楼外面。”工程师和建筑师听到后，一致为这个点子叫绝。这种自由言论和思想的氛围便造就了近代建筑史上的伟大变革：把电梯装在楼外。

2. 跨领域思维交互法

有的学者认为，创造就是信息的重新组合。信息交互法便是将有关信息有规律地排列，然后任意组合以激励创造。也有学者认为，跨领域思维交互就是一种发散思维的方法，但比起一般的“发散”来说，它更具有方向性和目的性。跨领域思维交互法的用途广泛，不仅可用于新产品的开发，同时在许多领域和科研课题的选择、文章题材的确定、管理制度的订立、奖惩办法的优选等方面也发挥着特殊作用。其运用通常分为四个步骤，我们以新式“笔”的发明为例加以说明。第一步，确定中心：即确定所研究的信息及联系的交合点，也就是零坐标。在本例中，“笔”就是中心。第二步，建立信息反应场：即确定坐标轴。通常用与笔有关的信息作为信息标的X轴，如材质、形状、颜色、长度、重量、截面等；用与笔相关的学科知识作为信息标的Y轴，如物理、化学、数学、音乐、文学、历史、美术等。第三步，确定坐标点：在信息标上注明有关的信息点，如在“种类”标线上注明钢笔、毛笔、铅笔、圆珠笔等。第四步，两两结合：将X轴和Y轴各点上的要素依次“相交”，就会产生无数人们意想不到的新信息。如用钢笔和“音乐”相交后，可产生“钢笔式定音器”；与“历史”挂钩可产生带有十二生肖或历史图表的钢笔；与“数学”挂钩可产生“钢笔式计算器”或“九九歌钢笔”；与温度计交合则产生“钢笔式温度计”；与指南针相交即可制造一种带体温表、药盒、针灸用针的“保健笔”。此外，还可利用其他轴与轴之间的信息相互交互，产生许多新信息和新联系，使创造者萌发有关新型设计与新产品的构思。

在很多人固有的创业思维模式里，煎饼是一个上不了台面的产品，然而却有人利用跨领域的思维交互法，将土气的煎饼果子卖到了年收益达500万元，估值已接近4 000万元的大买卖，并成立了自己的公司“黄太吉”。黄太吉的老板赫畅将中国餐点和肯德基、麦当劳对比，发现煎饼果子的形态接近西式快餐食品，汉堡是在两片面包之间可以夹上百种东西，千变万化，同样的煎饼果子里面的馅是可以变化，适合现场制作，于是他就在北京CBD开了家只有13个座位，营业面积只有十几平方米的煎饼铺。黄太吉的创业营销方式也独具特色，黄太吉开业之初的外卖，都是赫畅开着奔驰去送的，有人将他的跑车和煎饼拍照传到网上，便引起了不小轰动。除此之外，煎饼铺里还提供无线上网服务，赫畅希望能为顾客建立一个“分享”的环境和氛围，让大家快速地把自己“用餐经验”分享出去，传递给自己的亲朋好友，这也起到了相应的宣传作用。

3. 5W2H设问法

巴尔扎克说：“打开一切科学大门的钥匙都毫无疑问的是问号，我们大部分的伟大发现都应当归功于‘如何’，而生活的智慧在于逢事都问个‘为什么’。”也有人说，好的设问，能引出一半的答案。但是要想得到有创意的设问，是有一定“设问”技巧的，即知道问什么以及如何问。5W2H法就是一种非常实用的设问思考法。这种方法是从七个方面去设问，抓住主要矛盾进行分析，该方法几乎适用于任何类型与场合的创造性活动。由于这七个方面的英文第一个字母正好是5个W和2个H，所以称为5W2H法。它设问的7大问题是：

①为什么需要革新？（Why）

②革新的对象是什么？（What）

③这项革新从什么地方着手？（Where）

④何时完成？（When）

⑤由谁主持？（Who）

⑥怎样实施？（How）

⑦能达到怎样的水平？（How much）

上述的设问可以是单独的，也可以是两两组合或多个的组合；可以是直线的结构，也可以是曲线的结构，还可以是其他各种排列组合的设问形式。因此，这是多种设问思维方法，它可以问创意对象的环境或时间，也可以问创意的内容、形式、原因，还可以有“你要做些什么？”“为什么要做？”“为什么想这样做？”“这东西有什么用？”“除此之外，还有什么用途？”等多种多样的设问。在实际应用中，往往一个问题会引发出更多的问题，从而启发我们学会多角度观察，多方面思考，多方位创新。例如，我们在制造和改进汽车的创新活动中，若以“如何才能制造出更好的汽车”进行设问的话，那么，这种问法就显得过于笼统、过于一般，无法有效地指明核心问题。为了使目标更为具体，可以这样来设问：“必须添加什么汽车零件？”“应该减除什么零件？”。当然还可以更具体地问“电器系统的哪一部分可以减除？”“燃料系统可除去哪一部分？”或直接问“气化系统可以不要吗？”等。

4. 六项思考帽

六项思考帽是由爱德华提出的，他是一名心理学家，同时也是一名内科医生，另外他还在牛津大学、剑桥大学和哈佛大学任教。

爱德华所提出的六项思考帽是给团队成员安排六种不同颜色的帽子，每种颜色代表不同的思想框架，团队成员通过不同的角度来观察情境，并且由此集思广益提出可行方案。

蓝色帽子注重过程和时间管理，基于大局来思考问题；

白色帽子注重事实、数字、指标等现实情况；

红色帽子关注情境和解决方案对于其他人的情感共鸣及潜在影响，包括同理心和畏惧等情绪；

绿色帽子注重创新思维，致力于发现新的可能性，找到针对情境和解决方案的新观点和改进方案；

黑色帽子持有怀疑的态度，更注重计划的风险、弱点、潜在的问题和缺陷；

黄色帽子站在乐观角度，从正面思考问题，聚焦于潜在解决方案的益处和最佳情境。

虽然一些灵感会被立即辨认出来，但是更多时候，重大的突破性灵感还是需要通过一系列较小的突破性灵感汇总形成。假如你有关于创业团队该如何发展的突破性灵感，也意识到团队需要冒险精神，但同时也需要控制风险。那么，可以选择一项你要戴的帽子，然后从帽子所代表的角度去思考问题，可以从任何一顶帽子开始你的思考。

例如，你先选择代表关注情绪、情感的红色帽子。首先，请问自己如果鼓励自身的团队成员冒险承担更多的风险，他们会感到害怕吗？会有更多压力吗？这些思考会让你意识到，在某种程度上，他们的感受取决于你提出鼓励团队成员承担更多风险的方式。

接着，你戴上代表怀疑态度的黑色帽子，更多地思考潜在的风险以及可能存在的问题。创业团队可能会超出预算，或者以冒险的名义建立了无用的商业模型。如果你因这些情况批评团队队员，他们会感到困惑，甚至会产生被欺骗的感觉，因为是你作为创业团队的领导者在鼓励他们创新、冒险，却又因此惩罚他们，此时你可能因此而失去团队的信任。

然后，你再戴上白色帽子，实事求是地思考问题，有多少时间可以利用？有多少预算能够承担创业风险？哪些领域不该去涉及？这些思考将有助于你设置创业的限制条件。

后来，你再戴上绿色帽子来创造性地思考这些限制条件，可以在开始之前就给团队设立合理的限制和指导方向；也可以提出每个人创新的权限并建立一个系统，所有新想法都必须经过系统的审核，以此来掌控创新的进度。

然后，你戴上黄色帽子，思考这些新想法有什么好处，它们能够达成什么效果。

接着，你再次戴上红色帽子，看看你的团队会如何接受这些新的指导方针。

再戴上黑色的帽子，看看情况是否有了新的变化。

最后再戴上蓝色的帽子，从大局进行思考，以确保你的思考依然是在既定的主题范围之内。

你可以反复戴上这些不同颜色的帽子，从不同的角度来思考问题，你思考得越多，对你越有帮助。

你还可以和戴着不同帽子的人进行交流，比如“红色帽子”的人，他拥有很高的情商，善于设身处地、换位思考，你可以把自身情况和可能的方案告诉他，听听他的专业意见。然后你也可以去找一个平时善于批判性思考问题、戴着“黑色帽子”的人，听听他的批判性反馈。你可以继续与戴着不同颜色帽子的人进行交流，从不同角度来收集反馈信息，这样将有助于你利用六项思考帽的方法来筛选创业团队的想法。

创业聚焦 4.6 ▶▶

六项思考帽在初创企业的应用案例

一家在StartX的初创企业想开发一款智能手机的应用程序，它能够跟踪用户的运动情况，并且向用户提供他们一天、一周和一个月的运动总结。这个应用程序并不在StartX的既定领域之内，并且该公司对于是否应该推进这个应用程序的开发也还不确定。

创业的主管朱达发现公司里面六个人天生就在“六项思考帽”所代表的领域有专长，所以朱达先选了一个善于全面了解事实的戴着“白色帽子”的人，请他用简明的语言把团队所遇到的问题进行了清晰阐述；然后，朱达选了一个积极乐观戴着“黄色帽子”的人，请他列举了这个程序可以应用的场景和对于社会的贡献；然后又选了一个善于创新思考的戴着“绿色帽子”的人发言，这个人提出原有应用程序是否可以用来追踪家庭宠物的行动轨迹，或者能否建立一个叙事交流网络，以此观察朋友们的交互情况，从而通过这些行为数据告诉我们一些什么。听到这些，创始人开始变得非常自信，但是朱达还是又请了善于提出质疑的戴着“黑色帽子”的人发言，这个员工指出，原有应用程序还不足以记录复杂的叙事网络，同时他质疑是否有客户会愿意为这个程序付钱，消费者会希望这个程序免费。如果免费，那么应该如何在这个应用程序上投放广告呢？接下来朱达邀请了一个善于感性思维、戴“红色帽子”的人发言，他对这个应用程序感到不寒而栗，因为他说消费者会感觉像被跟踪了一样，如果你打开程序，接着退出，然后再打开，你的行动记录就会有空缺，这样会让看到你行动记录的人认为你是想刻意隐藏什么一样。朱达又邀请了一个比较注重过程和时间管理的戴着“蓝色帽子”的人发言，他向创始人提问，“你这个应用程序的蓝图是什么？本质是为了什么？”这个问题把戴着“绿色帽子”的创始人带回了现实。

大家交换了很多思考之后，意识到这个应用程序开始是被设定为跟踪人们日常生活的，但是其实还可以应用于科学研究中，虽然这个想法，创始人开始也有提及，但是后来却被大家遗忘了。这个应用程序其实还可以应用于为病人诊断疾病。目前，大多数的医学技术都集中于生物识别、心率、出汗率等情况，但是这些技术还不足以监测一个人一整天的活动，监测病人全天的活动及其对健康的影响在当前还是蓝海领域。

所以六项思考帽帮助了这个初创企业将注意力转移到医学应用领域，后来一个从事医疗技术应用的企业并购了这家在StartX的初创企业。

资料来源：奥利维娅·福克斯·卡巴恩，朱达·波拉克.创意天才的蝴蝶思考术[M]，杭州：浙江教育出版社，2018.

5. 设计思考

设计是一个有许多定义的字眼，如设计是“艺术性的工业设计，一个产品的风格与造型”。卡普费雷（2003）提出“设计就是附加价值的过程”，为了创造这种附加价值，设计必须为消费者改善产品的功能，并赋予其意义。作为创新创业者，从设计角度来进行思考是相当重要的，必须将创新创业的构想视觉化，也就是将构想物质化。要创造一个有效的构想，必须兼顾两个方面，一个是消费者的需要（大多着重于功能价值），另一个是消费者的需求（大多着重于象征价值）。

诺曼提出了设计的三个维度，一个是感官设计（visceral design）；一个是行为设计（behavioural design）；一个是反思设计（reflective design）。感官设计聚焦于外观、视觉上的欢愉，在这个潜意识的层面中，设计能够催生欲望或诱惑。这个维度的设计着重于外观所带来的直接、情绪性的冲击，主要是以色彩、材质和触感产生吸引力。行为设计则聚焦于有效使用性，也就是设计所能满足效益及功能目的的层次，其注重的是功能、性能、实用性、可理解性和人体工学。反思设计则聚焦于合理化以及知性上的满足，或是设计所要传达的故事。发生在理智的层次，与自我反思（自我想象）、个人满足和回忆有关。反思设计维度侧重美感的知性和反思性感知，也就是象征价值的产出。设计的三个维度与人类大脑处理信息的三个维度相呼应，感官设计属于最低层次（最单纯、原始、敏感），反思设计属于最高层次。类似于马斯洛所提出来的个体会根据固定的分级模式来满足需求，人们在大致上满足了低层次的需求之后，才会开始感受到高层次的需求。

（1）设计思考的传达媒介。用设计思考酝酿概念到有意义的消费行动的执行过程中，最为重要的是以愿景及设计地图具体化后的本质为基础，测试你所要做的选择。要做到这一点，你必须知道如何做出正确选择，以及该注意些什么。在这种情况下，客户、目标群体以及归属的脉络，依然是测试的重要依据。每一个概念传达媒介都需要和设计保持一致，并且与你的愿景吻合，从而形成一致性的整体。概念传达媒介经常会有所重叠，如物理环境也有传达功能，包装既是产品也是传达媒介。因此，我们仅仅列出六种传达媒介，为你指引几个方向，而不是提供框架。

①产品：有形的商品，可能是由人为制造或自然形成的。在设计思考中，可能包括器械、食物、活动和包装等各种各样的产品类型。

②服务：无形的商品，它的购买必须发生在被生产的那一刻。例如，宜家家居的消费者服务，花屿民宿里的料理和茶饮服务。

③组织：概念对组织内部能产生影响，可以引领组织内的文化与行动，员工雇佣规

则以及内部沟通与程序。

④传达：传达概念的方法及手段为数众多，毕竟，传达可能对内也可能对外。人们与他人交换信息，并以各种手段分享信息，如网站、会员刊物、海报、漫画、商品目录和企业风格手册等。

⑤物理环境：人们所处环境的外在样貌、气氛、风格、材质、形状及色彩等，可以用来塑造你的概念世界。

⑥网络：围绕在概念周遭的，是由各种利益相关者所组成的网络，这些利益相关者可能是合作对象、供应者、消费者及其他公司等。

（2）设计思考的内容与选择。至于要选择哪些传达媒介，必须考虑概念中有哪些故事层次，你想在哪里说哪些故事。这些层次共同决定内容与设计的选择。你必须了解目标群体、发展状况、内容以何种方式被处理决定了目标群体消费体验后所产生的意义程度。设计思考的方法，就是以你想为消费者提供有意义的体验为前提。你知道自己想将哪些构想付诸实践，也知道这些构想宣扬的是什么象征价值。因此，概念的执行一方面必须符合愿景的本质，另一方面也必须符合消费者的要求及潜在需求。你使用哪些内容，也取决于功能价值，以及潜藏于消费者背后的需求，这表示你必须同时留意内容的功能性和传达性。为了做出最好的内容及设计选择，你应该进行接触点分析（touchpoint analysis），为内容创造故事层次，并为设计塑造设计层次模型，积极地体验设计，借此让体验具有意义。

接触点就是消费者与概念接触的所有时刻，这可能是直接的，也可能是间接的。在这些时刻，消费者经历对概念整体认知产生影响。接触点是概念传达媒介的特定效果，也是个人与组织概念相遇的时刻。消费者以某种形式，可能是事前曝光（pre-exposure），也可能是事中曝光（exposure）或事后曝光（post-exposure），亲身体验概念传达媒介。从创业组织来说，你会希望这种体验能够产生正面影响，从而开始一段长期关系。为了达到这个目的，最好能够将接触点都标识出来，这样你就会知道应该改善或塑造哪些传达媒介。

重要的是，你需要通过这些标识出来的接触点来思考以下各种问题。例如，哪些接触点有助于建立正面的消费体验？哪些则不然？这些接触点是否是应消费者的需求而发展出来的？是否所有接触点都形成了一贯的、一致的消费体验？线上及线下的消费体验是否相似？有哪些接触点无法联接到消费者？原因是什么？

梳理概念接触点的方法之一就是制作“消费旅程地图”，将消费者的整个“消费旅程”可视化。“消费旅程地图”是基于利益相关者的角度，来思考消费者与组织接触的时刻。它能够帮你识别哪些内容对消费者而言是非常重要的，能够有助于深度检视消费痛点（score point）以及消费开心点（happy point），同时可改进既有的接触点。对所有接触点的正确分析，可以让你深度认识应该为概念使用哪些概念传达媒介，并且找出需要改善之处。因此，重要的是必须标注出消费者所有的接触点，至于它们属于哪一类概念传达媒介则没有那么重要，因为传达媒介经常互相重叠。在理想的“消费旅程”中，消费者应该体验到组织的高度认同。一个可以确认高度认同的提问是：如果组织的名字完全没有出现，消费者是否依然能够察觉这来自于哪个组织？如果一个组织的高度认同都反映在概念传达媒介上，你就会得到肯定的回答。这就是我们在塑造（改进后的）消费旅程、故事层次与设计层次时应该努力的目标。

（3）设计思考的功能。每个概念传达媒介都有特定的设计，而每一种设计类型都有各种层次，这些层次共同构成设计的三大功能——感官、行为与反思。这三种功能必须相互合作，设计才能成功。

①感官功能：

设计是否具有吸引力？

设计是否能够对目标群体产生情绪冲击？

所有细节是否被妥善执行？

设计中所使用的元素是否已经去芜存菁，还有哪些元素可以被删除？

位置相近的元素是否属于同一类别？整体是否协调？

所有元素之间是否都有连续性？

打破完形法则 [例如，图像 / 背景法则（law of figure and background）、单纯法则（law of simplicity）、接近法则（law of proximity）、相似法则（law of simility）、对称法则（law of symmetry）、背景相似法则（law of similar background）、闭合法则（law of closure）、经验法则（law of past experience）] 的部分是意外还是刻意？若是刻意，优点是否多于缺点？

②行为功能：

设计是否容易使用？使用者是否能够在设计中找出逻辑性次序？

设计是否满足消费者的需求？

设计的功能是否清楚？

③反思功能：

设计是否服从于内容？反之亦然？

内容是否容易理解？设计是否造成理解的障碍？

设计是否能够激发怀旧情绪？人们会记得这项设计么？

设计背后的故事是否看得出来？

设计是否有助于目标群体维持长期关系？

（4）传达媒介的分类。我们对概念传达媒介进行如下分类。

①产品设计：聚焦于终端消费者所接触的实际产品。对设计者而言，如何在产品上呈现象征价值与功能价值是一项挑战，功能价值是消费者对产品的最小期待，如技术品质或便利性。

②传达设计：可以控制的，聚焦于传达信息的解决方案。传达设计通常以一个故事

的信息作为出发点，涵盖的领域包括平面设计、资讯设计、企业识别设计、品牌设计以及网页设计等。

③环境设计：聚焦于包括外观以及内部的空间设计。环境设计是指精心规划空间内的每个角落，必须要能够吸引消费者进入。环境设计可以是现实的，也可以是虚拟的，会在无形中融入和改变人们的生活。

④服务设计：聚焦于设计出有效果、有效率的，并且实用的服务经验。对于服务设计而言，重要的不仅仅是服务本身，也包括服务周遭的一切。服务设计将所有的接触点整合成一个整体，目的就是追求创造完美的消费体验。

⑤互动设计：将产品及服务设计得适合使用、方便使用，并且让人享受使用。互动设计可能以各种形式呈现，可能与家用产品、出租车公司、电脑、程序软件或者移动通信设备的使用都有关，这些产品和服务的共通点是以和使用者产生接触、关联为目的。

显而易见，这些领域彼此之间是有所重叠的。设计领域包含所有的设计功能，只是有程度上的差异，例如，反思功能并不是在所有领域里面都显而易见。在传达设计中反思功能（几乎）无处不在，但是在产品设计中，产品主要是以外观（感官）和功能（行为）性质为基础。你可以通过思考产品应传达什么故事来激发消费者，让消费者对产品投入更多的感情，但这一点并不是对所有产品都很重要，因为有些产品只需要设计的感官及行动功能即可。

创业聚焦 4.7 ►►

设计思考在宜家家居（IKEA）的应用案例

宜家家居“2025年厨房设计”是说明原型的好例子。宜家希望为一个问题找到答案：十年后的厨房会是什么样子？Lund University和Eindhoven University of Technology的学生与IDEO设计公司合作，根据宜家所提出的愿景（启发性、富有创意的料理方式，并且减少食物资源浪费）进行原型设计，开发出多种概念传达媒介。学生们对宜家的消费者需求进行了详细研究，和IDEO合作开发出四个概念传达媒介，它们的原型在米兰博览会展示了六个月。

“现代储藏室”（Modern Pantry）是一个重视物品可见度的崭新储藏概念——消费者必须能够看到储藏室里面有什么食材，才能够以富有创意的方式使用，而且能确保没有食材过期，减少食物资源浪费。“留神水槽”（Mindful Sink）帮助消费者掌握用水量，并且指导如何重复利用水资源。“周延丢弃”（Thoughtful Disposal）聚焦于厨余处理，并且指导如何进行其他可行处理方式。“生活桌子”（Table for Living）的概念传达媒介，是一张利用感应架，适于烹调、用餐和工作的桌子，桌子上面架设一台可以识别各种食材的摄像机，其可以根据储藏柜里面有哪些食材而提供食谱。此外，这张桌子还可以指导如何进行食材准备以及调味。IDEO设计公司为宜家提供了几种原型，起初他们在实验室做出一比一的模型，在互动桌的桌面上堆满了透视图，这些缩小模型（低解析度原型）立即为接下来的高解析度原型提供构想，再通过叙事与角色说明测试及改良这个厨房概念。

接着就是让这个概念性厨房动起来。IDEO设计公司画出想象图，并且耗费十周做出高解析度原型。除了厨房的材质本身，这回还导入了“生活桌子”的各种技术，使用情境也经过了周全考虑。米兰博览会展示就是测试这些原型与观察消费者反应的机会。IDEO设计公司和宜家家居发现，他们之前预想的情境并非面面俱到，对于某些消费者而言，有些情境不够自然，比如技术不够周详，消费者以不同的方式将蔬菜放到桌子上面，这意味着技术需要重新评估。但是，总体而言，宜家通过构建原型，在博览会进行测试，获得了丰富的有效反馈，这些都被很好地作为未来设计宜家产品的参考。

6. 千变万化法

《易经》中曰：“穷则变，变则通。”这就是说，当我们解决问题遇到障碍并束手无策时，不妨变换一下思考问题的方式或方法，或者顺序，或者改变一下大小、形状、颜色、音响、气味等，这样往往可以想出连自己也感到意外的解决方法，从而收到显著的效果。例如，有的铅笔笔杆上涂上各种各样的颜色、图画，可以更吸引小朋友。又如写作文，也可改变叙述的次序，采用倒叙、插叙、补叙等方法。同样，如果改变一下形状呢？1898年，亨利·丁根将原来滚柱轴承中的滚柱改成了滚珠，滚珠轴承由此诞生了。墨水原来是黑的，改变颜色就产生了各种色彩的墨水，深受孩子们的欢迎。若改变音响呢？以前的门铃，只会“丁零零零”响，噪声很大，现在的音乐门铃就使人感到优雅动听多了。改变气味呢？肥皂加入各种香料，气味便变得多种多样了。这些都是创业者可以依靠创新思维所创造出的新商机。

4.4 实训案例

斯坦福大学：如何在2小时内让5美元升值100倍

斯坦福大学的教授在一节课上，给了班上14个小组各5美元，作为启动基金，学生们有四天的时间去思考如何完成任务，当他们打开信封，就代表任务启动。任务的内容是：每个队伍需要在2个小时之内，运用这5美元赚到尽量多的钱，然后在周日晚上将他们的成果整理成文档发给教授，并在周一早上用3分钟时间在全班同学面前展示。

为了完成这项任务，同学们必须最大化地利用他们所拥有的资源——也就是这5美元。

如果是你，你会怎么完成这项挑战呢？

当教授在课堂上第一次向同学们提出这个问题的时候，底下传来了这样的回答“拿这5美元去拉斯维加斯赌一把！”“拿这5美元去买彩票！”，这样的答案无疑引来了全班的哄堂大笑。这样做并不是不可行，但是他们必须承担极大的风险。另外几个比较普遍的答案是先用初始基金5美元去买材料，然后帮别人洗车或者开个果汁摊。

这些点子确实不错，赚点小钱是没问题的。不过有几组想到了打破常规的更好办法，他们认真地对待这个挑战，考虑了不同的可能性，创造了尽可能多的价值。

你最宝贵的资源并不是这5美元

挣到最多钱的几支队伍几乎都没有用上教授给的启动基金——也就是这5美元。

他们意识到，把眼光局限于这5美元会减少很多的可能性。5美元基本上等于什么都没有，所以他们跳出这5美元之外，考虑了各种白手起家的可能性。

他们努力观察身边人们还没有被满足的需求。通过发现这些需求，并尝试去解决，前几名的队伍在两个小时之内赚到了超过600美元，5美元的平均回报率竟然达到了4 000%！好多队伍甚至都没有用到他们的启动基金，这么看来他们的投资回报率竟然是无限的！那么他们是怎么创造这些奇迹的呢？

创造奇迹的办法一

有一个队伍发现了大学城里的一个常见问题——周六晚上某些热门的餐馆总是大排长队。

这支队伍发现了一个商机，他们向餐馆提前预订了座位，然后在周六临近的时候将每个座位以最高20美元的价格出售给那些不想等待的顾客。

在那一晚，他们观察到了一些有趣的现象：团队里的女学生比起男学生卖出了更多的座位，可能是女性更具有亲和力的原因。所以他们调整了方案，男学生负责联系餐馆预订座位，女学生负责去找客人卖出他们这些座位的使用权。

他们还发现了当餐馆使用电子号码牌排队的时候，他们更容易卖出这家餐馆的座位，因为实物的交换让顾客花钱之后得到了有形的回报，让顾客感觉自己所花的钱物有所值。

创造奇迹的办法二

另外一支队伍用的方法更加简单。

他们在学生会旁边支了一个小摊，帮路过的同学测量他们的自行车轮胎气压。如果压力不足的话，可以花一美元在他们的摊点充气。

事实证明，这个点子虽然很简单但有可行性，同学们可以很方便地在附近的加油站免费充气，但大部分人都乐于在他们的摊点充气，而且对他们所提供的服务都表示了感谢。

不过，在摊子摆了一个小时之后，这组人调整了他们的赚钱方式，他们不再对充气服务收费，而是在充气之后向同学们请求一些捐款。

就这样，收入一下子骤升！这个团队和前面那个出售预订座位的团队一样，都是在实施的过程中观察客户的反馈，然后优化他们的方案，取得了收入的大幅提升。

这些团队的表现都很不错，班内其他的同学对他们的展示也印象深刻。

不过赚了最多钱的那个团队才是牛人，他们真正把“think outside the box”发挥到了极致。

创造奇迹的办法三

这个团队认为他们最宝贵的资源既不是5美元，也不是2个小时的赚钱时间，而是他们周一课堂上的3分钟展示。

斯坦福大学作为一所世界名校，不仅学生挤破了头想进，公司也挤破了头希望在里面招人。这个团队把课上的3分钟卖给了一家公司，让他们打招聘广告。

就这样简简单单，3分钟赚了650美元。

他们发现：他们手头最有价值的资源既不是去售卖自己的时间，也不是去卖面子，而是售卖他们班上的同学——这些人才才是社会最需要的。

这种思维方式，就是现在人人都在追求的“think outside the box”。

资料来源：http：//www.sohu.com/a/61952175_101008.

讨论题

1. 为什么说最宝贵的资源并不是这5美元？
2. 案例中的三个团队成功的原因主要是什么？
3. 如果是你，你会如何选择？

【**在线测试题**】扫码书背面的二维码，获取答题权限。

第5章 创业机会

引导案例 海外创业机会的开拓之路：苏州婚纱服务商的跨国情缘

科班出身入职阿里，电商起步初露锋芒

和多数农村孩子一样，2002年高伟通过高考走出农村。他进入了南京审计大学电子商务专业学习，在这里，电子商务的“一束光”，照亮了他的电商之路。

四年的专业学习，高伟收获满满，他自修拿到了LCCIEB市场营销三级证书，毕业后凭借扎实的专业实力进入了阿里巴巴。短短几个月，高伟就获得了阿里巴巴2007年上半年年度南一区最佳小牛奖。2008年，Light in The Box上线，让他关注到外贸电商B2C的模式，自主创业的萌芽在他心中生根。当时他觉得自己缺少历练，需要到更多平台去实践积累。心中有目标的人会更奋进，出色的工作能力让高伟很快成为2008年中国制造网年度销售冠军，之后，高伟又成为了拉美贸易网的运营总监。每段经历都让他变得更优秀。

沃金网婚纱销售压力大，交往国际友人结缘海外市场

2010年，经过多年的市场调研和经验积累，高伟具备了敏锐的商业嗅觉和创业能力，他决定辞去工作，自主创业。由于起步时风险未知，他选择了不需要积压库存，成本相对较低的婚纱礼服市场。为了筹备创业本钱，他卖掉了南京的房产，携妻子迁居到了中国最大的婚纱生产销售基地——苏州，成立了苏州沃金网络科技有限公司（简称沃金网络）。

创业之路并不平坦，与大多数从事电子商务的人一样，高伟的起步也是从淘宝店做起。很快他发现，当时国内消费者对婚纱礼服普遍是以租代购，网上消费者对价格关注度高于品质，这间接导致市场出现杀价跳水、盗版冒用等不正当竞争手段，这几乎扼杀了高伟的创业梦。但是开弓没有回头箭，目前最重要的是另辟蹊径。

凭借多年做外贸的经验，高伟结交了许多外国朋友，在和这些朋友的交往中他发现外国新娘喜欢购买婚纱，同时她们还要参加数不清的派对，婚纱礼服行业的市场前景比国内更为广阔。于是高伟决定，将公司业务重心转向外国顾客。

刚转做外贸的时候，全世界各个国家的订单都接：美国、德国、意大利、中东、挪威、芬兰等。经过一段时间的运营，他慢慢摸出些门道：哪些国家的通关政策不稳定，哪些国家的物流不靠谱，这些外在因素都将导致他的包裹无法及时送到，产生损失，逐渐那些高风险地区的订单他就不接了。

创建品牌、提升婚纱附加值，差异化营销拓展海外市场

紧接着，高伟和他的团队又遇到一个新的挑战，国内做出口业务的企业有上千家，大部分采用低价代工的销售策略。由于缺乏附加值和议价能力，随着跨境电商市场日渐成熟规范、竞争激烈，他们的生存空间更加有限，这让高伟意识到在互联网时代，去中心化越来越明显。在此情形下，如果不做品牌提高附加值，生存会更困难。沃金网络的自营品牌 Sarah Bridal 应运而生，秉持着“以用户为中心，把产品做到极致”的理念，仅用两年时间 Sarah Bridal 就发展成为全球领先的跨境电商平台敦煌网上的第一大卖家。

Sarah Bridal 目前在多个跨境电商平台铺设渠道，除了敦煌网，还在速卖通、亚马逊等平台上进行运作。根据平台的特质，高伟采取了差异化营销策略。如亚马逊，平台流量很大，受众群广泛，非常适合平民化产品的销售；敦煌网对婚纱品类的推动力度很大，更注重品牌卖家的权益保护，高价和高级定制的产品更容易在此出售。2014 年 Sarah Bridal 的销售业绩达到了 2 500 万元。

创新驱动再创业，跨境电商服务推动公司再发展

商场如战场，眼光独到、创新创意才能使企业大步发展。高伟在跨境平台自运营的同时也发现，诸多线下传统企业发展停滞不前，亟须转型升级，但这些企业对跨境电商毫无了解。捕捉到这个商机后，高伟决定开拓跨境电商代运营业务。

高伟汇集了一批来自领先外贸电商平台的行业精英，深入研究敦煌网、亚马逊、eBay、速卖通等知名跨境平台的运营规则和方式，建立了一套完整独特的代运营服务模式。至今高伟和他的团队已为近千家企业提供过专业的跨境电商服务，其中上百家已成为各大跨境电商平台的领先品牌。代运营让沃金获得可持续发展，同时帮助传统外贸企业转型升级，也使各大跨境电商平台在中国市场得到了推广，真正做到了三方共赢。

2016 年苏州获批国家跨境电子商务综合试验区，苏州政府出台了一系列针对跨境电商的扶持政策，沃金公司卓越的表现获得政府的大力支持。2017 年，沃金成立了 A Plus 电商众创空间，分享资源，帮助更多的人成为双创浪潮的追梦者。沃金网络多年的成就也得到了政府的肯定，获得诸多荣誉。

美国成立运营中心，打造 S2B 平台服务全球零售商

高伟卓越的领导和组织才能，汇聚了一批非常出色的核心团队。高伟带领团队成员一直在开辟新的商业模式。2016 年，高伟成立了美国运营中心，组建本土化的业务团队，便于品牌海外拓展，同时推出跨境电商海外分销平台 Bestonsell，倾力于整合以婚纱礼服为首的泛时尚行业供应链资源，通过自建国内集货仓和标准化物流，结合自主大数据平台及云端供应链系统，打造国际领先的基于 S2B 跨境供应链服务平台，服务中国和欧美等国家的小型零售店，提供全球婚纱零售商业服务，该项目获得了千万元风险投资。

2019 年，受到迪拜时装周的热烈邀请，高伟带领团队展出的 Judy & Julia 系列晚礼服备受关注。

资料来源：高静及其团队于 2019 年 3 月 10 日在苏州沃金公司访谈总结所得。

案例启示

高伟的创业，是大学生成功创业的典范：先就业积累专业经验和社会资本，通过知识通廊理论，看到婚纱市场可能会是一个创业切入口，紧接着，他从知识经验、行业性质、创业环境等维度评价了创业机会，果断地开启了创业之路。和多数人一样，创业困境与创业成长相伴而来，高伟通过国外朋友的弱连带社会网络，识别到国外婚纱市场的良好商机，凭借优秀的学习能力和领导能力，他带领团队成功开拓了国际婚纱服务市场，并通过开拓国际范围的跨境电商服务，获得了公司更广阔的国际发展空间。

本章知识结构图

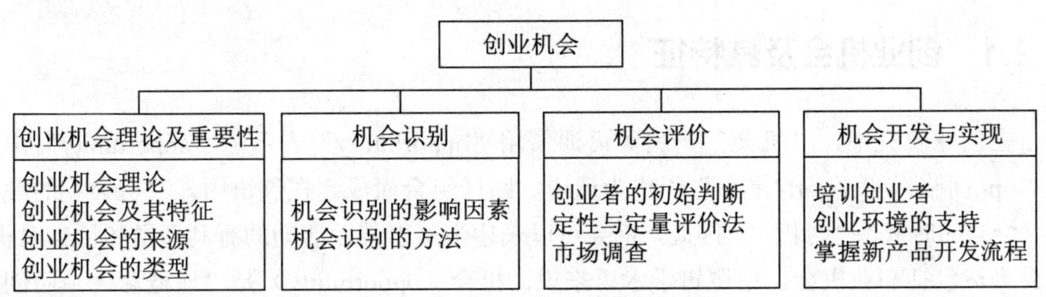

5.1 创业机会理论

创业者特质理论揭示了“谁是创业者”这一问题，但仍存在“许多员工也具备创业者的大部分特质却并不是创业者”这一缺陷。基于此，不少学者跳出特质论的“循环圈”，转向创业过程的研究。他们认为创业本质上就是建立新企业的过程，而这个过程中最关键的要素就是创业者和机会。在打破原有经济均衡迈入新经济均衡的过程中，创业者会识别潜在的市场需求和未充分利用的有限资源，通过价值创造的方式将市场需求和资源结合在一起，以新的生产方式来满足市场需求，最终获得利润。因此，价值创造的核心在于市场机会的有效识别和行动。

斯科特·谢恩（Scott Shane）和阿迪奇维立（Ardichvili）是创业机会学派的先行者。斯科特·谢恩（2000）在其 AMR 论文上指出创业研究应该立足于未来，强调创业机会从何而来以及如何被发现和开发，而不是仅仅只研究“什么人是创业者”。同时，斯科特·谢恩明确了创业研究的三个问题：①机会在哪里？②机会被谁看到？③如何将机会转变成实际行动？他强调了机会识别对创业活动的重要性。阿迪奇维立则认为创业机会识别是一个渐进的过程，属于人、市场、组织三者之间的动态循环过程。企业需要调整自身的资源来迎合识别到的市场机会，赋予相应的商业概念和商业计划。同时，企业还需要在杂乱无章的市场环境中主动开发和创造市场机会，以保证创业过程的连续性。自2000年创业机会提出至今，以市场机会为主线，以机会识别、评价和开发为程序的创业过程研究越来越得到重视。机会理论的提出和实施推动了创业研究从创业特质转向创业过程，使创业研究更加细化和具有逻辑性，也从微观层面深化了创业活动的内在机理。

5.2 创业机会及其重要性

我极少能看到机会，往往在我看到机会的时候，它已经不再是机会了。

——马克·吐温

5.2.1 创业机会及其特征

在创业研究中，“机会”一词英语通常用“opportunity”表示，“opportunity”由词根“op- 面临”和“port- 港口”引申为通道、路径组合而成。在汉语中，“机会”的解释是“恰当的时候”“时机”。因此，机会可以表述为从事某项活动的有利通道和恰当时机。机会当然包括创业机会，用逻辑学术语来说，机会（opportunity）是“属概念”，而创业机会（entrepreneurial opportunity）是“种概念”，“属概 + 内涵 = 种概念”，即“机会 + 创业 = 创业机会”。由此，创业机会可以表示为图 5-1。

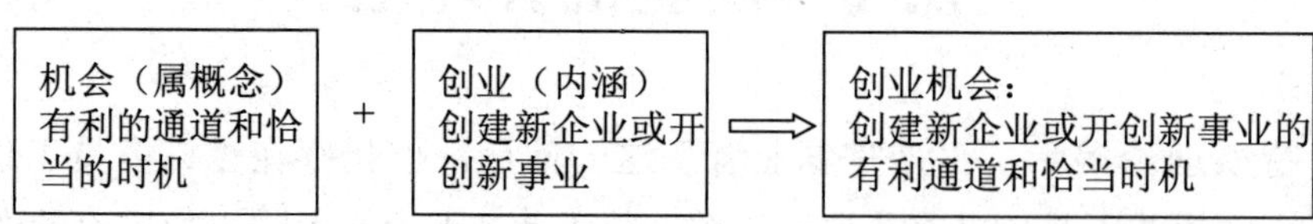

图 5-1 创业机会的内涵

一直以来创业机会都是创业研究者们的关注重点，谢恩和文卡塔拉曼（1988）认为，创业机会是创业研究的核心问题，创业就是发现和利用有利可图的机会，由此，开启了创业以机会为重点的研究时期。蒂蒙斯（1994）认为创业机会具有吸引力、持久性和适用性，并且伴随着能够为客户创造或增加使用价值的产品或服务。柯兹纳（1997）认为机会就是未明确定义的市场需求或未充分使用的资源或能力。张玉利（2011）认为创业机会是不拘泥于当前资源条件的限制下对机会的追寻，将不同的资源进行组合以利用和开发机会并创造价值的过程。

创业机会实际上是创业者可利用的商业机会，是一种未来可能盈利的机会，它需要创业者以实际行动进行支持，并通过具体的经营措施来实施，以实现预期的盈利。事实上，大多数创业者都把握了商业机会并且创业成功，徐文荣先生就是其中一位杰出的代表。他率领的横店集团这艘巨轮，之所以能在瞬息万变、惊涛骇浪的市场竞争中持续航行，就在于徐文荣这位掌舵人能及时掌握来自四面八方的市场信息，并且具备判断信息价值的洞察力和筛选信息的能力。徐文荣将个人潜质进行了最大限度的发挥，并对社会机遇进行了最好的利用，实现了“运筹于帷幄之中，决胜于千里之外”。在机遇面前，他以雷厉风行的姿态果断夺得先机；在变幻的市场面前，他以敏锐的眼光捕捉新的商机，从市场信息中做决策、求效益，从而牢牢地掌握了生产经营的主动权，取得了较好的经济效益和社会效益。

机会符合一定的标准后，才是真正的创业机会，而且创业机会只有符合创业者的能力和目标才是有价值的。从上述对创业机会的描述中不难看出，一个有价值的创业机会应具备以下特征。

1. 创业机会对创业者具有强烈的吸引力

一个好的创业机会要能创造较大的价值，因为创业者寻找创业机会的根本目的就是利用创业机会创办企业从而获取财富。如果一个创业机会不能为创业者创造可能的价值，那么它对创业者就失去了吸引力。

2. 创业机会具有持久性

创业者需要通过创业机会建立企业，并希望其不断发展壮大，因此他们追求的创业机会并不是昙花一现的、一次性的，短暂的回报不是创业者所期待的，他们需要的是能够持久盈利的创业机会。

3. 创业机会需要创业者付诸实施

机会需要行动加以实施才能成为现实。创业者如果不付诸行动，即使该创业机会拥有再大的潜在价值也不能实现，这很可能使创业者错失良机。新创企业要想生存下来并赢利，就必需拥有把创造性构想与一流实施能力结合起来的优势。

4. 创业机会具有客观性

无论创业者是否意识到，市场机会总是客观存在于一定的市场环境中。一个创业者未能发现的机会，会被另一个创业者捕捉和利用。因此，创业者应积极从市场环境变化的规律中寻找机会。

5. 创业机会符合社会大众的利益

很多情况下，机会并不能为人们谋利，或者表面上迎合了市场，在长远中却让人们失去了自我，不能让人们获得更多和更大的幸福。例如，喂色素促成假红心鸡蛋，在猪肉里注水增加重量，以次充好、假冒伪劣等，虽然能够赚钱，但是这样的产品损害消费者的健康并且违背了社会正常竞争秩序，这样的商机不仅不能持久，还会使自己的人生陷入囹圄。是否可以为民谋利是判断一个真正商机的首要法则。

5.2.2 创业机会的来源

创业机会产生于一定的环境中，创业机会的出现往往受到环境的变动，市场的不协调或混乱，信息的滞后、领先或缺口以及其他因素的影响。也就是说，在一个自由的企业系统中，当行业和市场中存在变化的环境以及各种各样其他变化，如技术革新、消费者偏好的变化、法律政策的调整等，创业机会就可能产生。

典型的创业过程包括机会发现、评价和开发等一系列活动，创业者在这个过程中不断获取资源，选择组织方式和制定创业战略。然而，创业者所采取的具体行动和对创业资源的配置取决于创业机会的来源和特征。在创业者从事创业的过程中，创新是展现创业者精神的特定工具，是赋予资源一种新的能力，使之成为创造财富的活动。

霍尔库姆提出创业机会的来源可归纳为三种：一是打破市场平衡点的因素；二是提高产量可能性的因素；三是创业机会来源于其他创业活动。创业者创造出一种新产品或新服务，由此带来的资源新组合过程本身就是新机会的创造过程，并且同时创造了更多新的创业机会，因此霍尔库姆认为创业活动本身创造了更多的创业机会。

我国学者对创业机会的来源进行了探索。刘常勇指出创业机会的来源有四个：一是现有产品或服务的设计改良；二是追随新趋势潮流，如电子商务与互联网；三是时机合适；四是通过系统研究来发现机会。综上所述，创业机会来源众多，然而由于信念、偏好、信息拥有等方面的不同，创业者并不能完全采用同样的方式对其进行识别和评估，因此选取的创业项目也千差万别。创业的机会大多产生于不断变化的市场环境中，环境变化了，市场需求、市场结构必然发生变化。这些变化将带来产业结构变动、消费结构升级、城市化加速、政府改革的变化、人口结构的变化等。归纳起来，创业机会主要源于以下五个方面。

1. 技术变革

新技术的出现会使社会和新兴行业增加对本行业产品的需求，从而产生一系列新的创业机会，使得企业开辟新的市场和新的经营范围。新技术与知识的出现会导致企业生产过程、产品、市场的变化，这些变化都可能给创业者带来某种商业机会。例如，随着互联网的普及，网购已经成为一种基本的购物方式，但在网民当中仍有相当数量的人出于对网络购物安全性的担忧，不愿尝试这种消费模式。在这样的背景下，线下代购店应运而生。在线下代购服务点，消费者可以通过网上浏览或者线下宣传册获取产品信息，选择所需的产品，确认型号、尺寸之后告诉代购店，由线下代购店负责在线订购，消费者只需要和代购店进行简单交易即可。可见，代购店的出现很好地解决了特定人群对新技术的不适应问题。

2. 政治和制度变革

政治和制度的变革意味着原有制度的废除或调整，新制度的建立或许能为创业者创造新的机会。例如，谢恩教授提到，环境保护和治理政策的出台会使那些污染严重、对环境破坏大的企业难以有发展空间，而新型环保企业却如雨后春笋般迅速发展，如环保节能汽车。政府放松对经济的管制也会给新创企业带来更大的市场空间，如美国对航空业管制的取消带给西南航空公司极大的成长机会，又如中国国有企业从一些领域退出给民营企业的发展带来了机会。2011 年 5 月开始，酒后驾驶违法行为已上升为违反《刑法》的行为，由此过去"叫好不叫座"的酒后代驾服务开始走俏。中国的酒文化源远流长，亲朋好友聚会，应酬接待，开车人常常很难推却喝酒的邀约。随着"醉驾入刑"，"酒后代驾"服务很好地解决了饮酒助兴与驾车安全之间的矛盾，赢得了有车一族的青睐。

3. 社会和人口结构变革

社会和人口结构的变革指的是改变消费者的偏好，创造需求，从而使创业者拥有开发新产品的机会。例如，向人们传授口腔健康知识，从而使牙膏与牙刷成为必需品。又如，商家对西方圣诞节、情人节等进行广泛宣传，使得这些节日越来越渗透于中国人的生活中，许多创业者从中寻找机会，平安夜的苹果、情人节的玫瑰等得到了大卖，除此之外商家还开发出了许多新产品。

4. 产业结构变革

产业结构的变革是指，现有的为消费者提供产品或服务的企业因为各种原因的消亡而引起了行业或市场结构的变化，这些变化可以为企业带来成长机会。产业中的市场机会会受产业生命周期中五方面竞争（供给方、需求方、现有竞争者、潜在竞争者、替代品）的作用力变化的影响。产业生命周期理论告诉我们，一个产业要经历导入期、成长期、成熟期、衰退期四个阶段。不同的产业阶段，意味着具有不同的市场结构和五种不同的竞争作用力，这就创造了不同的市场机会。如随着国企改革的推进，民营中小企业除了涉足制造业、商贸餐饮服务业、房地产等传统业务领域外，还将逐步进入中介服务、生物医药、大型制造等有更多创业机会的领域。

5. 行业波动性

当行业发展受市场变化影响较大时，该行业就会发生波动，这种波动导致现有市场均衡状态的偏离、市场断层产生、新的利润机会出现，进而会促进更多的新企业来满足这种差异化的需求。并且这种行业的波动是不能事先预测和确定的，甚至行业波动的不确定性越大，产生的市场机会就越多。因此，波动性较强且频率较大的行业更有利于新企业的形成。创业会受行业波动的影响，创业机会的来源较为代表性的学者观点，如表 5-1 所示。

表 5-1　创业机会的来源概述

机会来源 \ 学者观点		德鲁克	奥尔姆	熊彼特	蒂蒙斯
外在环境条件	存在不均衡的市场		复制别人的成功经验，在不同区域改进做法	打开新市场创造或获取供应的新来源	忽视客户潜在的需求
	环境变动	产业或市场机构上的改变，人口统计特性变化		引进生产或营销的新方法	法规改变，价值链重构
	提供新技术或服务	基于程序需要的创新	得到某一权利、授权或是特许权	新产品或服务	技术的快速变革，技术的 创新
	现有厂商效率不佳			现有产品品质明显改善	投资者的不良管理
	其他	新知识		产业内组织的新形态	
创业者能力	相关领域知识	意料之外的事件不一致的状况	产品的市场知识、供应与客户		
	先前的工作经验		先前经验发展出事业化的需求		
	创业警觉	意料之外的事件，认知、情绪或意义上的改变	与某一专业技术领域的专家接触所引发的研究以及所获取的资料		
	学习能力		研究先前市场失败案例		
	社会网络		从有创意的他人得到机会，参加展览会、研讨会、贸易展示等		
	其他		把嗜好、兴趣、业余喜好转化成事业机会		具有创业精神的领导

资料来源：陈震红，董俊武 . 创业机会的识别过程研究 [J]. 科技管理研究，2005（2）.

创业聚焦 5.1 ▶▶

长尾理论中的创业机会

2006 年，美国 *Wired* 杂志总编辑克里斯・安德森在《长尾理论》一书中指出：新技术正在将大规模市场转变为无数的小市场，而后者盈利的总和并不比热门产品小。长尾理论认为，由于成本和效率的因素，过去人们只能关注重要的人或重要的事，如果用正态分布曲线来描绘这些人或事，人们只关注曲线的“头部”，而将处于曲线“尾部”、需要更多的精力和成本才能关注到的大多数人或事忽略。

2002年山西财经大学毕业生孙雨田创办了孔夫子旧书网，它现在已成为世界最大的中文旧书网。这个基于C2C模式经营旧书的网站找到了当当、淘宝之外的一片“蓝海”。购买旧书的读者是分散的，在传统市场环境下，一般只能通过旧书市场进行交易，费时、费力而且局限于本地市场，这给旧书网络销售提供了很大的空间。此外，在网上旧书卖家不需打折，一些二手书凭借珍贵稀少就能卖出一个好价钱，旧书的长尾潜力显现。孙雨田关注了传统市场忽略的二手书交易市场，利用互联网平台为供求双方提供了一个全新的交易平台，充分展示了长尾理论的精髓。

5.2.3 创业机会的类型

1. 从创业机会来源的角度进行分类

（1）问题型机会。问题型机会指的是由现实生活中尚未被解决的问题所产生的机会。问题型机会在人们的日常生活和企业运作中大量存在，如消费者的不便、顾客的抱怨、无法买到称心如意的商品等，在这些尚未被解决的问题中存在价值或大或小的机会，需要创业者用心去挖掘。

（2）趋势型机会。趋势型机会就是在变化中看到未来的发展方向，预测到将来的潜力和机会。这种机会一般出现在经济变革、政治变革、人口变化、社会制度变革、文化习俗变革等多个方面。美国米勒啤酒公司开发生产淡啤酒就是一个例子。20世纪70年代美国出现了全国性健康热潮和生育高峰造成的年轻人比重提高两个趋势，形成了一个巨大的越来越注重健康的人群。意识到这种趋势的发生，米勒啤酒公司于1975年推出淡啤酒，将其作为年轻、有男子气概、更注重健康的男人的选择。随着淡啤酒的成功推出，人们的消费习惯也发生了巨大的变化，1975年淡啤酒只占美国啤酒销售量的1%，而到1994年则占美国国内销售量的35%，销售额达160亿美元。

（3）组合型机会。组合型机会就是将现有的两项以上的技术、产品、服务等因素组合起来，实现新的用途和价值从而获得的创业机会。这种机会类型好比“嫁接”，对已经存在的多种因素进行组合，往往能达到与过去功能不大相同或效果倍增的结果。

2. 从市场的角度进行分类

萨拉斯瓦西（Sarasvathy）在《三种创业机会观》一文中对创业机会问题进行了本体论意义上的探讨，分别归纳出当下创业研究中出现的三种机会观：第一种机会观是在供给和需求都可知的情况下，创业者通过演绎性推理来识别创业机会，通过有效的资源配置，以实现给定目标的可能性；第二种机会观是奥地利经济学派的机会发现观（Kirzner，1973），在供给和需求有一方可知时，具有创业警觉的创业者通过归纳过程发现创业机会，做出创业行为并实现给定目标；第三种机会观是基于实用主义哲学的机会创造观，强调市场的不确定和未知性，在供给和需求都不可知的情况下，创业者从自身特定条件出发主动创造机会，创建新市场、新产品和新服务的可能性。

（1）识别型机会。识别型机会是创业者面向现有市场的创业机会。在现有市场上通常是已有企业在经营，并且往往是一些比较成熟的企业，创业者只有通过有效的创新手段，应用新的经营模式，才能在市场上占有一席之地。例如，戴尔电脑以直销模式掀起了个人电脑行业的一次革命，戴尔直销模式是指按照客户需求制造计算机，并凭借其强大的物流体系向客户直接发货，使戴尔公司能够最有效和明确地了解客户需求，进而迅速对市场做出反应。与传统的分销相比，这种直接的商业模式消除了中间商，降低了不必要的成本也减少了产品在路途上的时间，让戴尔公司更好地满足了客户的需求。

（2）发现型机会。发现型机会是面向空白市场的创业机会。空白市场属于尚未被开发或被大企业关注较少的市场。例如，缝隙市场，只要经营得当也会创造较大的价值。格兰仕在 1992 年选择将家用微波炉作为单一业务，聚龙集团在 1998 年选择指甲钳作为新业务，现已成为中国第一、世界第三的指甲钳生产商。

（3）创造型机会。创造型机会是面向全新市场的机会。这一市场的创业机会不属于任何已经存在的企业。创业者可以根据消费潮流的变化，捕捉可能出现的市场机会。也可以根据消费者的心理，通过产品或服务的创新，引导需求并满足需求，从而创造一个全新的市场。在这个全新的市场上暂时没有竞争对手，但也没有现成的经营模式可循。在这种情况下，创业者需要警惕的是，这一个全新的市场是否具备高度成长的可能性。

萨拉斯瓦西认为，这三种机会观正确与否并不重要，重要的是弄清这几种机会观所适用的情境。在商业实践中，识别型、发现型和创造型三种类型的创业机会可能同时存在。一般来说，识别型机会多半处于供需尚未均衡的市场，创新程度较低，这类机会并不需要太过繁杂的辨别过程，只要拥有较多的资源，就可以较快进入市场获利。但把握创造型机会非常困难，在创业者拥有的技术、信息、资源规模相当有限的情况下，更需要创业者拥有整合资源的能力和敏锐的洞察力，同时还必须承担巨大的风险。发现型机会则是最为常见的，也是目前大多数创业研究的对象。三种创业机会的比较，如表 5-2 所示。

表 5-2　三种创业机会比较

创业机会类型 项　目	识别型机会	发现型机会	创造型机会
机会是什么	有效利用资源以达到预期目的的可能性	在系统中纠正错误并创造新方法以达到预期目的的可能性	创造新手段和实现新目的的可能性
关注焦点	关注系统	关注过程	关注决策
方法	通过演绎来识别机会	通过归纳来发现机会	通过溯因来创造机会
适用情形	供给和需求都已知	只知供给或需求	供给和需求都未知
机会向量分布	机会向量等分布	机会向量存在，但分布概率未知	不存在机会向量概率分布

续表

项目 \ 创业机会类型	识别型机会	发现型机会	创造型机会
信息假设	总体和个体水平上的信息完全	信息在总体水平上完全，但在个体水平上却呈现不完美分布	总体上也只有部分信息，消除无知是创造机会的关键
期望假设	在宏观和微观层次有相同的期望	宏观层次期望相同，微观层次期望不同	宏观和微观层次期望都不同
不确定性管理	通过多样化来管理	通过实验来管理	通过实践来管理
成功的定义	人为的统计	产物利益经得起失败	相关者达成共识，取得效果
竞争单位	资源	战略	价值
实施策略	风险管理策略	失败管理策略	冲突管理策略

资料来源：Sarasvathy SD，Dew N，Velamuri SR，et al.Three Views of Entrepreneurial Opportunity[M].Handbook of Entrepreneurship Research.2010.

创业聚焦 5.2 ▸▸

口味奇特的冰激凌

21 岁的萨缪尔·科恩、23 岁的杰里米·克劳斯和 22 岁的托马斯·希尔顿，这三位宾夕法尼亚大学的学生有一个共同点：讨厌一成不变的生活，喜欢在创新中发现乐趣。他们用可乐、色拉等原料混合而成的怪味冰激凌，在宿舍楼里大受欢迎，于是，三人凑了 6 万美元合伙开了杰里米冰激凌公司。经过市场调查，他们发现冰激凌的口味已经 20 年没有变化了，这为其创业提供了一个很好的空间。他们采纳了啤酒商的建议，使用啤酒酿造技术制作口味奇特的冰激凌，新产品上市后供不应求，当年销售额就达到 100 万美元。这家小公司也因此很快吸引到了风险投资，当年销售额已达到 500 万美元。

资料来源：http：//www.tech-food.com.

5.3 机会识别

把握创业机会对于创业能否成功具有非常重要的意义。创业机会是创业活动的逻辑起点，是创业初始最关键的活动之一。整个创业过程是通过创业机会来展开的，没有创业机会的发现和识别，整个创业就无从展开，创业机会识别是创业成功与否的决定性因素。如果创业者认为原来是一个大机会，而最后它只是一个很小的利益空间，那他就只能在一个极小的市场上取得成功，而不是一个大市场中获胜。因此，对机会的识别会影响创业者在市场上的存活时间以及成功率。

5.3.1 机会识别的影响因素

面对具有相同期望值的创业机会，并非所有潜在创业者都能把握。成功的机会识别是创业者个人特质和创业者网络等共同作用的结果。

1. 创业者的个人特质

从某种意义上来说，创业机会的识别是一个相当主观的行为，在现实中，即使某一个机会已经表现出良好的经济预期价值，但并不是每个人都能识别出这个创业机会。这主要是由于创业者根据自身因素从不同角度对创业机会进行观察和理解，会形成不同的认识和决策。因此，创业者的个人特质对机会的识别有很大的影响。

（1）创业者的创业愿望。创业愿望是创业的原动力，它推动创业者去发现和识别市场机会，只有描绘出强烈的愿望，从内心深处相信可以实现它，才能够突破困境、成就事业。稻盛和夫描述成功的公式：人生和事业的结果是方法、愿望和能力的乘法。马云也曾说："若你没有坚信不疑的事情，那你不会持续走下去，当你开始坚信了一点点，就会越做越有意思。如果没有创业意愿，再好的创业机会也会被视而不见或失之交臂。"

（2）创业者的知识和创业能力。创业者已拥有的知识或在特定行业中的先前经验有利于识别创业机会。一类是创业者具有浓厚兴趣领域内的知识，在这种兴趣爱好的驱使下，创业者会花大量的时间与精力来学习提升其能力，并在这个领域内拥有非常深厚的知识积累；还有一类知识是涉及不同的领域，这些知识来源于常年的工作积累，而与其兴趣爱好没有关系。这两个领域的整合可能直接导致其识别新机会、新市场或者发现解决顾客问题的新途径。

识别创业机会在很大程度上取决于创业者的个人（团队）能力，这一点在《当代中国社会流动报告》中得到了部分佐证。该报告通过对 1993 年以后私营企业业主阶层变迁的分析发现，私营企业业主的社会来源越来越以各领域精英为主，经济精英的转化尤为明显，而普通百姓转化为私营企业业主的机会越来越少。国内外研究和调查显示，与创业机会识别相关的能力主要有：远见与洞察能力、信息获取能力、技术发展趋势预测能力、模仿与创新能力、建立各种关系的能力等。

（3）创业者的创业警觉性。另一种个人特质是创业警觉性。经济学家柯兹纳（1973）第一次提出了创业警觉性的概念，他认为创业警觉性是个体不经过刻意搜索就能够识别被他人忽视的机会的能力。柯兹纳着眼于市场过程的考察，指出由于经济中的当事人并不能够掌握所有的市场信息，那么，市场的常态将不会是均衡状态。而企业家就是对那些变化着的环境或被普通人忽视的机会保持警觉的人。柯兹纳还进一步指出企业家不止对现存条件下未被开发的机会保持警觉，而且也对那些未来的机会保持警觉。大多数学者认为，创业警觉性的提高有助于机会识别能力的提高。创业者比一般人更渴望得到多样化的信息，搜索信息的频率更高，他们对信息保持高度的警觉性。一般而言，在某个领域拥有更多知识的人往往比其他人对该领域内的机会更警觉。

创业聚焦 5.3 ▶▶

疯狂的爱好与8080芯片

早期的微型计算机并没有系统，人们通过读取内存BIOS来运行并撰写程序，这使得开发一种能够有效管理文件、兼容性及读写能力强的系统成为需求。随着计算机技术的发展，软式磁盘驱动器取代了过去的磁带机成为新一代的存储设备，为了支持更进一步的文件读写，磁盘操作系统DOS（Disk Operating System）诞生了，此操作系统可以将任意数量的磁区合并在一张磁盘上，可放置任意数量与大小的文件。然而当时的计算机巨头国际商用机器公司IBM并没有觉察到该系统的未来发展潜力。而这一切恰被盖茨和艾伦看在眼里。比尔·盖茨早年在哈佛大学求学时就曾为MITS编译程序，与其高中好友保罗·艾伦共同创立微软后依靠制作和销售BASIC解译器而在计算机市场上小有名气。对于当时的情景，盖茨回忆道："我们疯狂地编写程序、销售软件，我们几乎没有时间做其他的事。值得庆幸的是，我们的客户都是狂热的计算机爱好者，不会被功能有限、简单的手册和复杂的用户界面所影响"。

盖茨在高中时就对计算机着了迷，那时对于热爱计算机的人来说，主要的事情就是编程序。正是出于对计算机的热爱、编程的经验以及敏锐的洞察力，使得微软深知IBM外包计算机系统的这个机遇对公司以后发展道路的影响。作为微软的核心人物，盖茨和艾伦相当有远见地抓住了这次绝佳机会，他们深知在计算机系统领域建立起优势强大的载体是必不可少的。盖茨对于当时的举动就曾说道："我们也做出了一些成功的商业决定，如将精力集中在Intel 8080芯片和将MS-DOS授权给IBM使用——虽然在那个时候这些看上去肯定像在赌博。"通过借用IBM的品牌效应，微软销售出了不计其数的操作系统软件，1984年微软公司的销售额就超过了1亿美元。

资料来源：陈忠卫，史振兴．创业机会的识别与开发研究——以微软和谷歌的案例比较[J]. 管理案例研究与评论，2010（4）.

（4）创业者的创新性思维。创业者具有不同于非创业者的一些思维特征和能力，其中创造性思维在创业机会的识别和开发方面起到重要作用。创新性思维是人类"创造世界"所特有的、最有价值的思维能力。创新性思维不是按照一定的逻辑顺序推演，而是一种直觉式顿悟式思维，它没有固定的格式与程序，比逻辑思维具有更大的自由度，具有跃迁性。创新性思维实质上是对不同类型信息的重新匹配、加工而获得新思想、新观念的突破性认知思维方式，而创新性思维本身不会产生新颖性的想法，需要对创业警觉性所察觉到的信息进行加工，才能识别创业机会。

尽管上述特征并非导致创业成功的必然因素，但具备了这些特征的创业者，往往较其他创业者具有更多的优势，也更容易获得成功。

创业聚焦 5.4 ▶▶

李维斯发明牛仔裤

牛仔裤的发明人是美国的李维斯。当初他跟着一大批人去西部淘金，途中一条大河拦住了去路，许多人感到愤怒，但李维斯却说“棒极了”，他设法租了一条船给想过河的人摆渡，结果赚了不少钱。不久摆渡的生意被人抢走了，李维斯又说“棒极了”，因为采矿出汗很多，饮用水紧张，于是别人采矿他卖水，又赚了不少钱。后来卖水的生意又被抢走了，李维斯又说“棒极了”，因为采矿时工人跪在地上，裤子的膝盖部分特别容易磨破，而矿区里却有许多被人抛弃的帆布帐篷，李维斯就把这些旧帐篷收集起来洗干净，做成裤子销量很好，“牛仔裤”就是这样诞生的。李维斯将问题当作机会，最终实现了致富梦想，得益于他有一种乐观、开朗的积极心态，更重要的是他的创新性思维帮助他不断发现新的创业机会。

资料来源：李家华，郑旭红，张志宏．创业有道——大学生创业指导 [M]. 北京：高等教育出版社，2011.

2. 社会网络

创业者资源禀赋匮乏，仅有未经核实的人力资本，是难以发现或者获得创业机会的。为了克服信息不对称和不确定造成的种种障碍，创业者通常会诉求于其社会网络。社会网络是指社会个体成员之间因为互动而形成的相对稳定的关系体系。创业者所处的社会关系网络对机会的感知非常重要，这种关系网络是企业的重要隐形资源，对于创业企业的生存及发展具有非常重要的促进作用。成功的创业企业通常能够从其社会网络中捕捉商机和获取资源，给企业创造出显性资源无法实现的价值。创业者社会关系网络的深度与广度影响着创业者对机会的识别。通常情况下，建立了大量社会与专家联系网络的人，会比那些拥有少量关系网络的人容易得到更多的机会。一个良好有效的社会关系网络能为创业者提供有价值的信息和信任基础，从侧面帮助创业者收集创业信息，并在很大程度上帮助创业者识别创业机会。

创业者个人与其社会网络内成员的频繁、密切的交往、良好的关系、共同愿景或者共同话题，有助于创业者获取相关信息，提升信息处理的能力。社会网络提供的信息，尤其是技术、市场、价格等信息对于创业者选择创业机会的市场规模、市场成长率以及机会持续时间都有很大帮助，并为创业机会带来了经济价值、市场价值以及利用价值。

如何才能构架社会网络呢？浙江大学的赵晓东、王重鸣发现，创业者的性别和年龄并不影响创业者社会网络的规模与强度。南开大学的张玉利教授研究发现，社会交往面广、交往对象趋于多样化、与高社会地位个体关系密切的创业者更容易发现创新性强的机会。

从创业者个体而言，创业者个人主动性、社会技能、成就动机和内控源是影响创业者社会网络构建的关键因素。库珀等人的研究发现，处于早期准备阶段的创业者与外界交往时，对方更看重创业者本人的各方面能力、素质以及未来的成长性等。因此在这一阶段，创业者学历水平显著影响其所构建的社会网络规模大小。不过，值得关注的是，有学者认为，创业者的心理特质差异实际上大于创业者和非创业者的差异，因此或许不存在典型的创业者的心理特质。创业者社会网络的构建更多的不是来自于个体的差异，而是来自于创造建立社会网络的环境。

5.3.2 机会识别的方法

本书主要归纳了四种较为常用的创业机会识别方法。

1. 系统分析法

实际上，绝大多数的机会都可以通过系统分析来发现。人们可以从企业的宏观环境（政治、经济、法律、技术、人口等）和微观环境（供应商、竞争者、替代品等）的变化中发现机会。借助市场调研，从环境变化中发现机会，是机会发现的一般规律。以日本汽车企业识别并把握美国汽车市场为例。20世纪60年代初，日本汽车企业利用政府、综合贸易商社、企业职能部门，甚至美国市场研究公司广泛搜集信息。通过市场调研，这些企业发现：美国人把汽车作为一种身份和地位的传统观念正在逐渐削弱，更加注重汽车作为一种交通工具的实用性、经济性和便利性；美国的家庭规模正在变小，核心家庭大量出现；美国汽车制造商无视环境变化，因循守旧，继续大批量生产大型豪华车，因此存在一个小型车的空白市场。于是，日本汽车制造商设计出了满足美国顾客需求的美式日制小汽车，以外形小巧、购买经济、舒适平稳、耗油量低、驾驭灵活、维修方便等优势敲开了美国汽车市场的大门。

2. "新眼光"调查法

"新眼光"调查法注重二级调查：阅读已出版的作品，利用互联网搜索数据，寻找包含你所需要信息的报纸、文章等，实际上就是进行二级调查。进行全面的二级调查将为初级调查做好准备，因为二级调查可以让你知道应该注意哪些问题并且更加快速地切入问题的核心。同时，通过不断获取信息，也将开始建立自己的直觉，"新眼光"也将不断发展。当通过二级调查对行业、顾客、供应商和竞争对手有了基本的了解之后，就可以进行初级调查了。

"新眼光"调查法可以提供看问题的新方法。训练自己的大脑，接受新的想法、新的信息、新的统计数据，观察一切，然后把想法记录下来。想法越多，就越有可能找到最适合自己的业务和目标市场。

创业聚焦 5.5 ▶▶

梁伯强的指甲钳

梁伯强是广东中山圣雅伦公司总经理。被誉为“指甲钳大王”的梁伯强决定生产指甲钳却是因为朱镕基总理的一句话。1999 年年底，梁伯强在看报纸时发现了一条新闻，这篇名为《话说指甲钳》的文章让梁伯强的命运从此改变。文章中写道，当时的朱镕基总理在参加一次会议时讲道：“要盯住市场缺口找出路，比如指甲钳子，我没用过一个好的指甲钳子，我们生产的指甲钳子，剪了两天就剪不动指甲了，使多大劲也剪不断。”朱镕基总理以小小的指甲钳为例，要求轻工企业努力提高产品质量，开发新产品。梁伯强从这句话中发现了指甲钳的商机。

梁伯强通过调查发现：指甲钳每年的产值达到了 60 多亿元，韩国凭借 5 家工厂居然占了 20 亿元的产值。但在中国，在册登记的就有 500 多家企业，营业额却在 20 亿元左右。于是，梁伯强心动了，他兴致勃勃地开始对全国市场进行考察，并生产出了第一批指甲钳。但没想到，产品还没正式面世，就有几千万元的订单找上门，这更坚定了他把指甲钳做下去的决心。

3. 问题分析和顾客建议分析法

问题分析从一开始就要找出个人或组织的需求及其面临的问题，这些需求和问题可能很明确，也可能很模糊。问题分析可以首先问“什么才是最好的？”，一个有效并有回报的解决方法对创业者来说是识别机会的基础。这种分析需要全面了解顾客的需求，以及可能用来满足这些需求的手段。

日本公司管理人员非常重视产地调查。他们认为，亲自深入现场取得第一手材料能使自己对市场有更加透彻的认识，这种认识不能从大规模的消费者调查和定量研究方法中取得。例如，为了获取准确适用的产品信息，他们会直接到批发和零售企业进行调查。20 世纪 70 年代中期，日本佳能公司的照相机在美国市面上销售受阻，公司高层领导没有进行大规模的消费者调查，而是派几位管理人员去美国了解情况。他们用六周的时间探访了美国各家照相专业商店和其他零售商店，通过与店员、顾客交谈，观察照相机陈列及顾客购买行为，找到了佳能相机销路不畅的原因。公司据此重新制定了销售策略，从而使佳能相机很快打开了市场。

同时，一个新的机会也可能是由顾客识别出来的，顾客既是产品的使用者，又是产品的鉴定者。顾客对产品的优劣最有发言权，因此顾客也会为创业者提供机会。顾客建议多种多样，往往会提出一些诸如“如果那样的话不是很棒吗”这样的非正式建议。创业者可以采取非常详尽和正式的短文形式请求顾客填写建议。一些组织在将其需求“反向推销”给潜在供应商的过程中非常积极，以获得顾客的建议。无论用什么样的手段，一个讲究实效的创业者总是渴望从顾客那里征求想法。例如，海尔公司到了美国以后，专门到美国人的家庭去拜访，研究他们的厨房和一周食物的购买，以便设计出更好的适合美国人用的冰箱。

大部分日本企业就很重视直接的顾客调查方法。他们会请顾客帮助改进产品设计。日本的松下电器公司为了改进洗衣机的性能，为家庭主妇开设了一家免费洗衣店，并派服务人员听取在操作中无意说出的意见或建议，然后根据这些意见对洗衣机的设计和生产进行改进，收到了较好的效果。日本川崎有一家集生产和经营于一体的百货公司，为了销售本公司的新产品，特意举办了“向太太们购买构想”的活动。此举吸引了5万名妇女的踊跃参加。后来因为采纳了其中有用的构想，这家公司取得了良好的经济效益。

4. 创造法

创造法在新技术行业最为常见，它可能始于拟明确的市场需求，从而积极探索相应的新技术和新知识，也可能始于一项新技术发明，进而探索新技术的商业价值。通过创造获得机会比其他任何方式的难度都大，风险也更高。同时，如果能够成功，其回报也更大。这种情况下所产生的创新在人类的所有创新中居于压倒性的主导地位。索尼公司开发随身听就是一个很好的例子。索尼公司察觉到人们需要随身携带听音乐的设备的需求，并利用公司微缩技术的核心能力从事项目研究，最终开发出划时代的产品——随身听。

创业聚焦 5.6 ▶▶

即时通信软件的发明

1996年，三个以色列人维斯格、瓦迪和高德芬格聚在一起，决定开发一种使人与人在互联网上能够快速直接交流的软件。他们为新软件取名ICQ，即“I SEEK YOU”（我找你）的意思。ICQ支持在互联网上聊天、发送消息、传递文件等功能。他们成立了Mirabilis公司，向注册用户提供互联网即时通信（instant messenger，IM）服务。ICQ的使用用户快速增长，6个月后，ICQ宣布成为当时世界上用户量最大的即时通信软件。在第7个月的时候，ICQ的正式用户达到100万。1998年，ICQ被美国在线以2.87亿美元收购，此时其用户数超过1 000万。

ICQ一经上市，迅速取得了广阔的市场，由于前景一片光明，所以同类软件迅速地跟进。因为其本身的技术并不复杂，所以很快几乎每一个国家都推出本土的IM软件，抢夺了市场。以国内的腾讯QQ软件为例。腾讯QQ脱胎于腾讯OICQ，而OICQ就是国内最早出现的即时通信软件之一。

5. 注意搜集竞争对手的情报

日本公司经理制定销售策略时，常常收集竞争者产品的库存、销售以及其他一些标志着该产品实际流通状况的信息，然后询问批发商和零售商，分析产品销售和分配总体情况及产品运送的有关数据和其他周转方面的统计资料。在国际市场竞争对手情报的搜集方面，除日本企业的努力之外，日本政府也经常帮忙，或是由政府搜集市场和技术信息进行研究，并协调一些私人部门的研究工作，帮助公司分享这种商业和技术知识，或是通过政府机构的政策意图向日本公司传递重要的商业信息。

5.4 机会评价

把握创业机会，首先从机会的识别开始，然后是采用各种评价模型对创业机会进行评价。如果创业机会难以衡量或评价，那么创业机会将始终停留在概念层面，无法为创业者创造价值。一个机会是否能够通过每个阶段预先设置的“通过门槛”，在很大程度上取决于创业者经常面对的约束或限制，如创业者的目标回报率、风险偏好等。若一个机会不能成功通过某一阶段的评价门槛，那么这个机会将会被修订甚至被放弃。因此，通过循环反复的“识别—评价—开发”步骤，一个最初的商业概念或创意才会逐步完善起来。

5.4.1 创业者的初始判断

创业者对机会的评价通常出自于他们的初始判断，而初始判断通常就是创业者的假设加简单计算。牛根生在谈到牛奶的市场潜力时说，“民以食为天，食以奶为先，而我国人均喝奶的水平只是美国的几十分之一”，也许这就是他对乳制品机会价值的直观判断。又如，马云对未来电子商务的初始判断，王石对房地产市场的初始判断，库克对智能手机的判断等。这样的判断看起来不可信，甚至会觉得有些幼稚，但却是有效的。机会转瞬即逝，如果都要进行周密的市场调查，早就错过了最佳良机。

创业聚焦 5.7 ▶▶

夏文奇：“快法务”的生意经

在创业之前，夏文奇在搜狐干了5年，主要负责手机搜狐网和输入法的市场运营工作，后来又在创业公司易到用车干了1年市场工作，再后来又在盛大网络干了2年市场工作。在8年职业生涯当中，夏文奇结识了后来的创业合作人，也积累了后来创业需要的经验，比如团队管理、品牌管理经验等。可以说，这段经历给夏文奇后来创业打下了坚实的基础。

在创业之前，夏文奇发现了现实社会中的两个问题给他提供了机会。第一，创业者对法律认知模糊，注册公司流程复杂，因为创业者对法律认知模糊，可能就会遇到乱收费、服务不靠谱的问题；第二，目前律师行业的收入普遍偏低，他希望通过快法务平台帮助律师接到更多的单子，提升收入。夏文奇觉得这里边有机会，而且是一个很大的机会。

夏文奇分析认为，目前是大众创业的时代，创业者对法律的需求都是刚性需求。因为开公司就必须注册公司，必须到国税局报到，必须要做账，有商业经营就必须有规范。这块业务在传统行业已经做了二十几年，本身的商业模式也已经得到了验证，如果将其移植到线上，做O2O市场，应该非常看好。

2014年4月，夏文奇组建人马，创建“快法务”。他搭建一个以法务为入口的企业服务O2O平台。希望这个平台一端连接律师、会计、工商注册个人经纪人，另一端对接互联网高科技初创公司。通过共享模式重新优化匹配“供”“需”之间的关系，从而给客户带来低成本、高效率的标准化极致服务。夏文奇感到这是一个很好玩、很有意思的创新模式。

在夏文奇看来，快法务就是要做从公司成立初期到发展中期再到公司后期甚至最终注销的一站式泛法律服务，不仅涉足初创公司法律业务，还包括：快商标、快记账、快社保、快人事、快合伙、快天使、快合同等一系列泛法律服务流程。其中，快商标、快记账、快社保、快人事主要负责初创公司初期阶段服务，快合伙、快合同、股权激励、财务审计、投融资法律顾问等涉及公司中后期服务阶段。

工商注册个人经纪人员解决的是注册公司的问题；律师人员解决的是合同、法律顾问、知识产权问题；会计人员解决的是代理记账、银行开户问题。其中，注册公司服务费用仅收558元，代理记账每年服务费用仅收2 000元。这些收费标准都远低于传统收费标准。不仅收费低，而且注册一家公司所需时间也远低于传统注册公司，传统线下注册一家公司所需时间一般为25～30个工作日，而快法务只需15个工作日。

2014年6月，快法务正式上线运营，7月底就拿到200万美元A轮融资，截至目前，已有4万多中小企业注册用户，付费用户占40%，每月营收达百万元人民币，这也验证了夏文奇之前的个人判断。

截至目前，快法务已经上线一周年。因为快法务做得好，现在每天都有投资人登门造访，寻求投资快法务。但事实上，快法务已经实现盈利，在资金层面，我们已经不用担心太多，现在只需全身心地将精力投入到产品和服务当中。

目前，快法务主要客户集中在B端，以初创公司和中小企业为主要客户。而且已初步实现微盈利，主要盈利模式就是抽成，从服务者收取费用当中抽成，快法务平台占30%，服务者占70%。夏文奇解释说，因为他们是服务者，快法务是控制这个服务流程质量的平台方，服务者是最重要的。

在夏文奇的规划中，快法务是定位B端的平台服务，“来问律师”是定位C端的平台服务。在未来的预期当中，他希望通过这两个服务平台帮助创业及小微企业以更低成本，更高效地解决法律问题。

5.4.2 定性与定量评价法

1. 定性方法

定性分析侧重考虑：确定该市场机会所须具备的成功条件；分析本企业或创业者在该市场机会上所拥有的优势；公司或创业者所拥有的竞争优势；与本公司或本创业者的发展方向和目标是否一致。

如冯婉玲在《高新技术创业管理》中提出从五个方面评价市场机会。

第一，机会的原始市场规模。市场越大越好，但大市场可能会吸引强有力的竞争对手，因此小市场更友善。

第二，机会存在的时间跨度。一切机会都只存在一段有限的时间之内，这段时间的长短差别很大，由商业性质决定。

第三，预期特定机会的市场规模将随时间增长的速度变化。一个机会可能带来的市场规模随时间变化，一个机会可能带来的风险和利润也随时间变化，所以识别机会的时期，会决定创业机会蕴含的商业利润。

第四，好机会的五个特点：市场前景可明确界定；前 5 ～ 7 年的销量能够保持稳步且快速的上升；创业者能获得利用创业机会所需的关键资源；创业者不被锁定在刚性的技术路线上；创业者可以用不同的方式创造额外的机会和利润。

第五，特定机会对特定创业者的现实性：创业者是否拥有利用某个创业机会所需的资源；是否能架桥跨越资源缺口；是否存在可以占有的市场份额，甚至可以创造市场；创业者是否拥有相应的能力，如管理能力、自身的营销经验和其他专长等。

托马斯（Thomas）等（1996）描绘了创业机会的定性评价过程的主要步骤：

第一步，判断新产品或服务将如何为购买者创造价值，判断使用新产品或服务的潜在障碍，如何克服这些障碍，根据对产品和市场认可度的分析，得出新产品的潜在需求、早期使用者的行为特征、产品达到创造收益的预期时间；

第二步，分析产品在目标市场投放的技术风险、财务风险和竞争风险；

第三步，进行机会窗分析，在产品的制造过程中是否能保证足够的生产批量和可以接受的产品质量；

第四步，估算新产品项目的初始投资额，使用何种融资渠道；

第五步，在更大的范围内考虑风险的程度，以及如何控制和管理那些风险因素。

2. 定量方法

定量分析主要是进行商业中的可行性或者经济效益分析，其任务是在初步拟定营销规划的基础上，对创业机会进行定量评价。评价创业机会既可以从“收益—成本”角度评价创业机会的价值创造潜力，又可以从“个体—创业机会”角度评价是否有实现价值的可能性，还可以把这几者结合起来进行一个综合的评判。

（1）量本利评价法。从财务上进一步判断选定机会是否符合创业目标，一般是通过量本利分析法进行。

第一，市场需求量的预测。通过市场需求量的预测，可以了解该机会所面临的市场状况及市场潜量（前提），这是进行经济效益分析的基础。市场需求量的预测可以运用一定的数学方法来进行，主要方法有：趋势预测法、因果预测分析法、市场调查分析法、判断分析法等。

第二，成本分析。成本分析主要研究利用该机会所需付出的代价。应从投资成本、生产成本、营销成本三个方面分析，可采用专门的成本预测方法，如直线回归法、趋势预测法等。

第三，利润分析。在市场需求量、成本预测的基础上，进行利润测算，一般可采用损益平衡模型、现金流量模型、简单市场营销组合模型、投资收益率等分析方法。

（2）蒂蒙斯创业机会评价模型。蒂蒙斯教授提出了一个比较完善的创业机会评价模型，该模型共包含八类分项指标，在国内外的创业研究中，涉及创业机会评价时，所参考和引用的也主要是这一评价模型。尽管蒂蒙斯也承认，现实中有成千上万适合创业者的特定机会，但未必能与这个评价模型相契合。该模型是目前包含评价指标比较完整的一个体系。该评价模型提供了一些量化方式，创业者可以对行业和市场问题、竞争优势问题、经济结构和收获条件、管理团队、致命缺陷问题进行判断，明确这些要素加起来是否可以形成一个有足够吸引力的商机。2002 年清华大学创业中心的姜彦福和邱琼向中国高级管理者发放问卷对该模型进行了实证研究，提出了适合中国创业者进行非正式评价或投资人在进行尽职调查前快速评估创业机会的关键指标序列。蒂蒙斯创业机会的评价模型，具体如表 5-3 所示。

表 5-3 蒂蒙斯创业机会评价模型

行业和市场	1. 市场容易识别，可以带来持续收入 2. 顾客可以接受产品或服务，愿意为此付费 3. 产品的附加值高 4. 产品对市场的影响力高 5. 将要开发的产品生命长久 6. 项目所在的行业是新兴行业，竞争不完善 7. 市场规模大，销售潜力达到 1 000 万～ 10 亿元 8. 市场成长率在 30% ～ 50%，甚至更高 9. 现有厂商的生产能力几乎完全饱和 10. 在五年内能占据市场的领导者地位，达到 20% 以上 11. 拥有低成本的供货商，具有成本优势

续表

经济因素	12. 达到盈亏平衡点所需要的时间在 1.5 ～ 2 年以下 13. 盈亏平衡点不会逐渐提高 14. 投资回报率在 25% 以上 15. 项目对资金的要求不是很大，能够获得融资 16. 销售额的年增长率高于 25% 17. 有良好的现金流量，能占到销售额的 20% ～ 30% 以上 18. 能获得持久的毛利，毛利率要达到 40% 以上 19. 能获得持久的税后利润，税后利润率要超过 10% 20. 资产集中程度低 21. 运营资金不多，需求量是逐渐增加的 22. 研究开发工作对资金的要求不高
收获条件	23. 项目带来的附加价值具有较高的战略意义 24. 存在现有的或可预料的退出方式 25. 资本市场环境有利，可以实现资本的流动
竞争优势	26. 固定成本和可变成本低 27. 对成本、价格和销售的控制较高 28. 已经获得或可以获得对专利所有权的保护 29. 竞争对手尚未觉醒，竞争较弱 30. 拥有专利或具有某种独占性 31. 拥有发展良好的网络关系，容易获得合同 32. 拥有杰出的关键人员和管理团队
管理团队	33. 创业者团队是一个优秀管理者的组合 34. 行业和技术经验达到了本行业内的最高水平 35. 管理团队的正直廉洁程度能达到最高标准 36. 管理团队知道自己缺乏哪方面的知识
致命缺陷问题	37. 不存在任何致命缺陷问题
个人标准	38. 个人目标与创业活动相符合 39. 创业者可以做到在有限的风险下实现成功 40. 创业者能接受薪水减少等损失 41. 创业者渴望进行创业这种生活方式，而不只是为了赚大钱 42. 创业者可以承受适当的风险 43. 创业者在压力下状态依然良好
理想与现实的战略差异	44. 理想与现实情况相吻合 45. 管理团队已经是最好的 46. 在客户服务管理方面有很好的服务理念 47. 所创办的事业顺应时代潮流 48. 所采取的技术具有突破性，不存在许多替代品或竞争对手 49. 具备灵活的适应能力，能快速地进行取舍 50. 始终在寻找新的机会 51. 定价与市场领先者几乎持平 52. 能够获得销售渠道或已经拥有现成的网络 53. 能够允许失败

资料来源：姜彦福，邱琼．创业机会评价重要指标序列的实证研究 [J]. 科学学研究，2004（1）.

对于上述的53项问题，做出简单的“是”“否”判断，然后将回答为是与否的问题分别相加，求得两者的比值，比值越大，意味着机会价值与可行性越高。在现实的创业活动中，创业者可能不会严格按照创业模型对创业机会进行评价，而只会选择他认为比较贴近和容易理解的若干要素进行评价，从而使得评价结果较为主观。

5.4.3 市场调查

如果要对创业机会进行评价，对市场进行调查是必须要做的功课。

美国和日本著名的创业企业在经营活动中，对市场分析的重视程度远超出我们的想象。

在美国每个人每月平均吃几个汉堡、几个热狗、几个鸡蛋、几公斤酸奶酪、几公斤花生酱；美国人通常每天花几分钟做饭、几分钟吃饭，每年花几亿美元买解酸剂帮助消化；家中的婴儿平均要换几次尿布；美国人喜欢用方形手纸还是用圆形手纸等问题，有关调查机构和企业都有详尽的数据。这些企业甚至还知道：美国人平均每天有多少人头疼，平均每天有多少人擦多少次鼻涕。爱博特实验室发现，每4个美国人中就有一个人有头垢问题。请不要忽视以上这些消费者个人也无从知晓的小资料，它们在竞争中有时会引导制造商研究设计生产出更好的产品。

日本厂商对市场调查的“细致”程度比起美国的厂商来，更是“有过之而无不及”。十几年前，日本厂商把中国电视机市场情况摸了个“透”：中国电压系统与日本的不同，必须将110伏改为220伏；中国某些地区电力不足，电视机须有稳压装置；为适应中国人的消费习惯，电视耗电要低，音量却要高，电视机频道要适应中国的情况。此外，对定价策略、销售渠道、广告宣传等，也都做了详细的策划。日本厂商通过周密的市场调查，迅速占领了中国电视市场。

当然，对于一个初创企业来说，调查也许做不到那么详尽全面，但这也说明了它的重要性。那么如何做市场调查呢？在市场调查分析中，你首先要清楚自己进行调查分析的目的，你要弄清自己能从市场调查和分析中获得什么。一般来说，成功的市场分析和市场调查包含了对目标市场的消费者、竞争对手的分析。当然，最重要的是你要通过对外在因素的分析得出自己的企业所拥有的资源、优势、弱点。通过这些分析，你就能明确企业在市场上的定位，进而能够在以后的经营活动中确立有利的营销策略。以下是几个如何开展市场调查的例子，有助于你领悟如何有效地进行市场调查。

创业聚焦 5.8 ▶▶

某市轿车需求与用户反馈调查方案

1. 问题的提出

轿车经销商 A 在 C 市从事轿车代理经销多年，有一定的经营实力，商誉较好、知名度较高。但近两年，C 市又新成立了几家轿车经销商，这对经销商 A 的经营造成了一定的冲击，轿车销售量有所下降。为了应对市场竞争，经销商 A 急需了解 C 市居民私家车的市场普及率和市场需求潜力，居民对轿车的购买欲望、动机和行为，以及现有私家车用户有关轿车使用方面的各种信息，以便调整公司的市场营销策略。为此，经销商 A 要求市场调查部门组织一次关于 C 市居民轿车需求与用户反馈为主题的市场调查。

2. 调查的目的与任务

目的在于获取居民轿车需求与现有用户使用等方面的各种信息，为公司调整、完善市场营销策略提供信息支持。任务在于准确、系统地收集该市私家车市场普及率、市场需求潜力、购买动机与行为、用户使用状况等方面的信息。

3. 调查对象和调查单位

调查对象为该市的全部市区居民家庭，不包括市辖县的居民家庭。调查单位为每户居民家庭。

4. 调查内容与项目

（1）被调查家庭的基本情况。项目包括户主的年龄、性别、文化程度和职业；家庭人口、就业人口、人均年收入、住房面积、停车位等。

（2）居民家庭是否拥有私车。如果有，则包括私车的类型、品牌、价位、购入时间等。

（3）理解用户车况与使用测评，主要包括节能性能、加速性能、制动性能、外观造型、平稳性、故障率、零件供应、售后服务等满意度的测评。

（4）私车市场需求情况调查，包括第一次购车或重新购车的购买意愿、何时购买、购买何种品牌、价位、购买目的、选择因素、轿车信息获取等方面的测评。

（5）经销店商圈研究，包括本经销店顾客的地理分布、职业分布、收入阶层分布、文化程度分布、行业分布及商圈构成要素等项目。

（6）竞争对手调查，包括竞争对手数量、经营情况和经营策略等。

5. 调查表和问卷设计

（1）居民私车需求与用户调查问卷。

（2）经销商商圈研究调查表。

（3）竞争对手调查提纲。

6. 调查时间和调查期限

时间：私车拥有量的调查标准时点为本月末，私车需求量的调查时距为近 3 年内。

期限：从本月1日到下月30日共60天完成，包括调查策划、实施和结果处理。

7. 调查方式和方法

（1）方式：居民私车需求与用户调查采用抽样调查方式，样本量为1 000户。

本经销店商圈研究采用本经销店建立的用户信息库做全面的调研分析。

（2）方法：居民私车需求与用户调查采用调查员上门访问（问卷测试）。

竞争对手调查采用现场暗访调查及用户测评等获取相关信息。

居民私车的社会拥有量和普及率通过走访统计局、交通大队等了解。

居民的消费收支情况及社会经济发展状况通过统计年鉴来了解。

利用本经销店的用户信息库进行分类统计和信息开发。

8. 资料整理方案

（1）用户数据的整理方案，包括编制用户特征分布数列；私车类型品种分布数列；价位、购入时间分布数列；私车使用满意度测评数列等。

（2）需求数据的整理方案，包括编制需求者特征、购买欲望、购买动机、购买行为、购买时间、购买选择、信息获取等分布数列。

（3）编制本经销商商圈层次划分数列、客户的分类统计数列等。

（4）对定性资料的分类归档。

（5）对居民私车市场普及率统计，市场需求潜量的测定和市场占有率测定。

9. 资料分析方案

（1）进行用户分布及满意度分析。重点揭示用户的特征，为调整营销目标提供信息支持；用户满意与否的分析是为改进营销工作提供依据的，也作为选择供应商提供依据。

（2）需求潜力、需求特征、需求分布、需求决定因素研究，这是为市场营销策略的制定、调整和完善提供信息支持的，应重点揭示向谁营销、营销什么、怎样营销的问题。

（3）本经销店竞争优势与劣势研究、提高市场竞争力的策略研究。

（4）编写市场研究报告。重点揭示调研所得的启示，并提出相应的对策建议。

10. 确定市场调查进度

（1）调查策划、确定调查目标5天。

（2）查询文字资料3天。

（3）进行实地调查20天。

（4）对资料进行汇总、整理、统计、核对及分析20天。

（5）市场调查报告初稿7天。

（6）调查报告的修改与定稿3天。

（7）调查报告完成、提交2天。

11. 调查组织报告

（1）由市场营销教研室全面负责规划与实施。

（2）使用训练有素的市场营销专业大学生30名作为访员。

（3）由市场营销教研室教师对访员的访问质量进行抽查并及时审核。

12. 撰写调查计划书

5.5 机会开发与实现

创业者对评估后的创业机会进行开发和精炼，进而得到最终产品或服务，这个过程即机会的开发与实现过程。对源于商业机会的产品或服务进行有效地（efficient）、全方位（full-scale）地生产和运营，是投入全部资源创办有效的生产系统和商业系统的过程。

创业者的机会开发过程遵循“探索—开发—退出”的逻辑路径。机会探索包括“机会发现—信息搜寻—资源评价—机会选择”四个过程。如果创业者发现的机会只是主观想象而非现实可行的机会，或是创业者缺乏开发机会的资源禀赋时，他们常常会选择退出，否则，进入机会开发阶段；机会开发又包括组织、协调、战略更新和学习四个阶段。开发过程中可能出现两种情况：一是创业者从中发现了新的创业机会，便同时进行已有机会的开发和新机会的探索两项工作，即通常所讲的组合创业者；二是创业者专注于一项创业机会，并在机会开发结束后退出创业。

大多数创业者所经历的阶段为观察和寻找创业机会、评估创业机会以及等待实施创业机会，而寻找和评估创业机会的过程是比较漫长的，很多人最终没有能够创业，原因就是在一个个观察、找寻与评估的过程中错失了机会，没有能够等到创业机会的实现。而善于实践的创业者却通常更早地融入创业机会实践中，并在这个实践中逐步实施创业机会。识别出的机会不经过开发，就永远称不上创业。

市场中的机会既包括从已有信息中识别未被开发的机会（柯氏机会，Shane，成功识别到这些创新信息的人就算发现了创业机会），也包括通过变革创造此前未有的新机会（熊式机会，熊彼特，技术、政治和社会变革产生了新信息，率先捕捉到这些信息的人将成为创业者。而这些变革信息通常就是创业者创造的，他们是通过自己的实践创造了新信息，再去开发这些创业机会）。创业机会从发现到实现既取决于创业者的意愿、意图，也取决于制度和环境的促发，更包括创业实现技能的把握。

5.5.1 培训创业者

1. 提升承担不确定性的能力

创业与创新并肩而行，而创新蕴含的不确定性决定了创业的不确定性。1755 年，法国经济学家理查德·康梯龙将企业家精神定义为“承担不确定性”；奈特（Frank H. Knight）的风险理论认为，创业者获得利润主要来自他们对不确定性的承担。因此，提升创业者承担不确定的能力，是培育企业家精神的重要路径，也是创业活动的重要组成，更是企业未来重要的利润之源。

一方面，“知识走廊”（knowledge corridor）理论表明，通过相关知识学习、经验积累和信息获取，那些模糊的不确定因素会逐渐变得明晰和明确，创业者对未来的预测能力、判断能力逐渐增强，进而承担不确定性的能力增强。另一方面，无论多么完美的创业计划，创业者也无法规避所有不确定性，这就要求创业者要提升容忍不确定性的心理承受能力。随着心理承受能力的提升和创业过程中的经验积累，创业的不确定性会与创业活动友好相处，这既是创业活动的一个特征，也是创业者综合能力的体现。

2. 增强创业意图

意图影响行为的结论已经在社会心理学领域被充分证明。而创业是一种“实践创业者意图的有计划的行为”。计划行为理论认为，三个反映创业者态度的因素可以解释意图为什么会产生，它们分别是对行为结果的感知（attitude toward the act）、主观规范（subjective normal）、行为可行性（perceived feasibility）。

创业者对创业行为的态度取决于对创业结果的感知，在实证研究中可通过测量创业期望值和其发生的概率来度量。通常乐观主义的创业者对新创企业有着更高的期望，由于对自己的知识和能力有信心，乐观的创业者也会对未来企业的顺利发展有着较高的信心，所以会认为自己期望的结果发生的概率更高。

主观规范是指创业者周围环境对于创业行为的看法，比如说是更期望当事人成为医生、律师，还是支持其自己创业。在实证研究中，主观规范要测量创业者家人、亲属、朋友等创业网络对创业的评价。

行为可行性是创业者对自我效能的评价，它用于度量创业者对自己控制能力的主观感知。当创业者感知到具有较高的控制能力时，就更倾向于开创自己的企业；反之，会阻碍其创业意图的产生。

3. 学会“明智失败”

1999年麦格拉（McGrath）教授应用实物期权理论讨论了创业失败问题，第一次将实物期权理论引入创业研究，明确指出企业创新是一种实物期权，创业者可以通过阶段性投资降低不利情境下的创业损失，获取在未来有利环境下继续投资的机会，因此这类创业者可以通过执行实物期权获取创业租金。实物期权视角下的创业行为要求人们重新审视创业失败，虽然失败并非是一件好事，但是有一类“明智失败”却可以通过降低不确定性带来期权价值。首先“明智失败”增加了企业的知识累积，最大限度地降低了曲解、滥用等创业行为；其次，通过失败中的学习所得，填充进企业知识库，有利于减少后续创业中的不确定性；最后，失败中累积的知识奠定了企业再次探索机会、开发机会的基础。

5.5.2 创业环境的支持

创业环境是创业过程中多种因素的组合，包括政府政策、社会经济条件、创业和管理技能、创业资金和非资金支持等方面。大量研究显示，政府政策对于新创企业的形成具有重要影响，主要表现为：一是政府优惠政策；二是政府的财政资助，政府以资金等方式的资助对于新企业形成具有直接的影响。无论是政府指导性支持政策，还是财政形式的资助，都是目前政府影响新企业区位选择的主要手段，对于促进新企业的形成具有重要作用。一个地区的创业文化氛围也会影响新企业的形成。创业文化氛围由两个相互联系的方面组成，一是地方人口的创业导向；二是政府、金融等机构对创业的态度。当创业文化氛围较好时，由于政府和金融机构的支持，新创企业发展的机会也会较多。人们的生活模式是由文化所决定的，当人们的生活模式追求自我雇佣和自我独立时，创业者更会积极地寻求创业机会。一般来说，如果社会对创业失败比较宽容，有浓厚的创业氛围；国家对个人财富创造比较推崇，有各种渠道的金融支持和完善的创业服务体系；产业有公平、公正的竞争环境，都会鼓励更多的人创业。

案例聚焦 5.9 ▸▸

大学生创办视美乐公司

清华大学的学生邱红云和王科于1999年创办了以多媒体超大屏幕投影电视为核心技术的高技术企业——视美乐科技发展有限公司。视美乐的创办起源于清华创业者协会的创业计划大奖赛，并得益于清华大学围绕着创业计划的实施进行的允许学生中断学业去创业的一系列制度创新以及在清华科技园创办的创业孵化器，但这一切，都离不开创业者自身强烈的创业意愿以及较强的创业能力。

创办者之一邱红云擅长发明创新，是公司核心技术发展发明者，他素来精通电子、光学、机械等专业技术，曾在清华大学“挑战杯”课外科技作品比赛中获得过一次特等奖，两次一等奖，被誉为“清华爱迪生”。另一创办者王科曾就职于巴黎国民银行、麦肯锡咨询公司等外资企业，并曾担任新东方学校的GRE教师，具有比较丰富的社会工作经验和金融知识。

但他们创业之时，创业的制度环境和配套服务尚处于起步阶段。那时候在校生休学创办企业在国外屡见不鲜，在国内却并无先例，有关部门也无该方面的相关规定。庆幸的是，当时的清华大学校方和其他各界给予了他们大力支持。清华大学表示：学校允许一些自身条件优越的学生暂时中断学业去创业。

更为幸运的是，1999年8月，视美乐公司顺利入驻清华科技园下属的创业园，成为首批入驻企业之一。在那里，视美乐公司能够享用优良的硬件设施、中介机构的咨询和管理服务，并获得了上海市第一百货商店股份有限公司5 250万元的风险投资，首期到位250万元，主要用于投影电视新产品开发的尝试。在技术攻关过程中，产品技术得到进一步研发和完善，企业的管理也逐渐规范化，队伍不断壮大。2000年3月，视美乐公司取得了生产许可证。同年 4 月在二期融资方面又获重大进展，澳柯玛集团以 3 000 万元的价格购买了“视美乐”多媒体超大屏幕投影电视的全部知识产权，并由澳柯玛集团和视美乐公司各出资 1 500 万元组建澳柯玛集团——视美乐信息技术有限公司，从事该产品的生产和推广。

5.5.3　掌握新产品开发流程

我们可把新产品开发分为产品构思阶段、概念形成与测试阶段、初拟营销规划阶段、商业分析阶段及市场测试阶段。

1. 产品构思阶段

新产品的构思是产品开发的第一个步骤，是所有后续步骤的前提和基础。任何新产品均产生于某种构思，即使在后来的开发过程中，原来所构思的初步方案发生了一定的变化，也不会改变新产品开发以构思为基础的事实。当原来的构思已被证明难以实现或不适宜时，开发工作便陷于停顿，必须通过重新构思，提出新的设想方案来推动开发工作。一般来说，新产品开发的其他后继步骤，往往是完善构思和使之便于实现的过程，构思的优劣会直接影响开发工作的进程和质量，并且在很大程度上决定着新产品开发成果的质量和前途。 新产品开发的实践和统计表明，新产品开发成功与否，70% ～ 80% 取决于第一阶段即战略规划阶段，由此可见必须对新产品构思给予极大的重视。

一般来说，新产品的构思来源有多种：市场调查、顾客、科研人员、竞争者、营销管理人员、技术信息报纸杂志、互联网信息及高层决策人员等。通过市场调查、询问顾客，了解竞争对手的产品，往往可以找到最理想的产品构思；企业也可以通过科研人员获得新产品构思，因为科研人员熟悉新技术的进展情况及有关替代技术，同时也了解现有产品在哪些方面有待进一步改进；企业的销售人员和经销商由于比较了解顾客需求，因而常常可以产生好的产品构思。

2. 概念形成与测试阶段

新产品构思经筛选后，需进一步发展更具体、明确的产品概念。产品概念是指已经成型的产品构思，即用文字、图像、模型等予以清晰阐述，是指在顾客心目中形成的一种潜在产品形象。

一个产品构思能够转化为若干产品概念。每个产品概念都要进行产品定位，以了解同类产品的竞争状况，优选最佳的产品概念。选择的依据是未来市场的潜在容量、投资收益率、销售成长率、生产能力以及对企业设备、资源的充分利用等，可采取问卷方式对目标市场有代表性的消费者群体进行测试、评估。产品概念的问卷可以包括以下问题：你认为这种产品与一般产品相比有什么优点？该产品是否能够满足你的需求？与同类产品比较，你是否偏好此产品？你能否对产品属性提供某些改进的建议？你认为价格是否合理？产品投入市场，你是否会购买（肯定买、可能买、可能不买、肯定不买）？

3. 初拟营销规划阶段

在选择了最佳的产品后，必须制定把这种产品引入市场的初步营销规划，并在未来的发展阶段中不断完善。初拟的营销计划包括三个部分：

（1）描述目标市场的规模、结构、消费者的购买行为、产品的市场定位以及短期的销售量、市场占有率、利润率预期等；

（2）概述产品预期价格、分配渠道及第一年的营销预算；

（3）分别阐述较长时期的销售额和投资收益率以及不同时期的市场营销组合等。

4. 商业分析阶段

商业分析是指从经济效益分析新产品概念是否符合企业目标，包括两个具体步骤：预测销售额和预算成本与利润。

预算新产品销售额可以参照市场上类似产品的销售发展历史，并考虑各种竞争因素，分析新产品的市场地位、市场占有率等。这时，创业者可能还会用到一些运筹学中的决策理论。例如，在一个假设的营销环境下，对几种不同销量和产量下的盈利率进行估计，运用不同的准则计算出可能的报酬率及概率分布。对那些全球市场开发的新产品来说，进行这些工作可能更加复杂，因为需要考虑的潜在顾客和市场范围更大。

5. 市场测试阶段

在产品开发阶段，需要确定消费者对产品或服务的反应，确定顾客的偏好，通常可以采用市场测试的方法，将产品或服务拿到真实的市场中进行测试。在这个阶段经常使用的方法是把产品发给一组潜在的消费者，让他们对产品使用情况加以记录，并对其优缺点加以评论。

尽管产品开发阶段的结果提供了一个最终营销计划的基础，但市场测试增加了企业成功的可能性。市场测试与市场调查不完全相同，询问一个消费者是否想购买和是否实际购买很多时候是两回事。市场测试阶段可以提供实际销售结果，表明消费者对产品的接受程度，测试结果表明产品成功进入市场及创办企业的可能性。雀巢咖啡为打开中国市场，选择在一些城市向住户投递小袋包装的咖啡就是一种市场测试，这为雀巢咖啡在中国市场的开拓做了最有效的市场测试。

5.6 实训案例

大众点评网 CEO 张涛：用大众智慧来实现创业

2003 年，张涛没有工作，用从他太太每个月工资里挤出来的钱做起了大众点评网站，当时周围的人都认为这个事儿一文不值，公司估值为零，投资人也不认可它的价值。2006 年，他的网站获得第一笔融资资金，公司估值达百万美元。2011 年，他的网站被评为“年度最具投资价值的公司”，估值接近10亿美元。

一、历练

1990年，高中毕业的张涛没有选择高考，在上海商业文化的熏陶下，他萌生了“创业”的念头，但对那时的他来说，这是一个不成熟的想法，于是在家人的劝告下，他最终做出了出国留学的决定。

张涛选择留学的国家是美国，当时留学手续十分难办，为了获得签证，他一直不停地递交各种申请，却屡屡遭拒，每次失败后他总会纠结一阵子，但却从未放弃，即使别人不停地劝阻，他仍旧咬牙坚持，这样的状态持续了将近4年。正是这份坚持，成就了他人生路上的第一次创业历练。

在申请出国留学的这段时间里，他得到了人生的第一份工作，在上海当地的一家贸易公司打工。当时，上海的贸易行业发展很快，人才紧缺，但却没有一个像样的中介机构，很多中小企业苦于招不到实习生，而很多在校大学生却愁于找不到合适的兼职机会，这给了张涛很大的启发。

他试着将工作中接触到的兼职信息进行简单整合，然后介绍给在校大学生并收取一部分佣金。通过这种简单的商业尝试，张涛体会到了创业的乐趣，并开始认识到中介服务平台中蕴藏着的巨大商机，就这样，他开始培养独立的商业思维模式。后来大众点评网的成功，在很大程度上得益于他这种独立思考的延续。

二、积淀

1994年，张涛到美国留学，在那里，他待了将近10年。

10年间，张涛经历了从学习到工作的转变，读过MBA，干过IT顾问，学业事业虽然都算不上突出，但经过美国商业文化的熏陶，他的商业嗅觉更加敏锐，思维模式也更加成熟，他的内心有了丰富的沉淀，这为他后来创业提供了强劲的精神支撑。

在美国生活期间，热爱美食的张涛无意间发现了一本名为*ZAGATSURVEY*（《查氏餐馆评鉴》）的小书，上面有当地餐馆非常详细的介绍与评价信息，有了这本小书，他可以很轻松地遍寻美食。后来，这本书很自然地成为了他的生活必备工具。正是这本书，成为他后来创办大众点评网的灵感来源。

2003年，张涛回到上海，原先熟悉的餐馆已经不见了，而又没有类似*ZAGATSURVEY*的美食信息，他发现这个城市变得陌生了。一番苦恼后，张涛的创业激情开始迸发，他决定创建一个系统地介绍本地美食的指南，既能够帮助商户营销，又能为广大美食爱好者提供方便。

利用他在国外从事IT职业期间积累的丰富经验，同时在国外见证了互联网的飞速发展，张涛很快就确定了利用互联网创业这条道路，而网站的运营模式则完全参照*ZAGATSURVEY*，即运用第三方的自由评论，针对餐馆进行点评，由此给其他人一些消费参考，这正是后来全球最风靡的Web2.0概念。

2003年4月，一个人，一个域名，一个服务器，一个破旧的办公室，大众点评网的雏形就这样诞生了。

三、薄发

大众点评网刚成立时，互联网在国内尚未普及，网站的受众面很窄，而大众点评网运营的精髓在于通过用户产生内容，没有用户就没有点评，没有点评就没有内容更新，就不会带动流量增长，那个年代，“无流量 = 无广告 = 无收益”，网站从一开始就陷入了“三无”的境地。

当时所有人都不看好大众点评网，但张涛却没有放弃，他坚信只要保持专注，就一定能够成功。

当时上海的商业环境相对比较发达，网民众多，而民众对餐饮资源又都有着比较强烈的欲望，这让张涛更加坚定了自己的想法。

为了营销用户，他先是发动身边的人写点评，然后通过朋友、同事进行传递推广，甚至在报纸上发布小广告，通过一定时间的口碑营销，到 2003 年 10 月，网站已经形成了第一批核心用户，为了巩固核心用户群，他积极营造网站的社区氛围，让用户群越来越大，网站运营终于成功迈出了第一步。

随着口碑营销模式的成功，张涛慢慢有了底气。他摸索总结出第三方点评模式的成功经验，并加以复制，将网站的点评范围拓展到美容美发、婚庆、健身休闲等本地生活消费的其他方面，然后又将地域拓展到除上海之外的其他城市。

2004 年年底，大众点评网已经覆盖了全国 20 多个主要城市，这时的大众点评网，已经积累了庞大的线下商户资源与线上用户资源。

四、转机

从 2003 年到 2004 年，大众点评网成功度过了初创时期，网站的流量已经相当可观，但张涛却有了更多的想法。大众点评网首创了中国城市生活消费类网站的运营新模式，如果只是一味地追求流量，就失去了特色，况且同互联网主流网站相比，大众点评网在流量竞争上并不具备优势。

为了将大众点评网的特色转化为盈利，张涛开始思考新的商业模式，他坚持最初创办网站时的定位，即为商户做营销、为用户找优惠，同时努力寻找网站盈利的最佳切入点。他的这种思考，带动大众点评网在此后进入了一个“质”的发展时期。

2005 年 5 月，通过一番调研，张涛终于构思出了第一种盈利模式——会员卡业务。这成为大众点评网发展的转折点。当时很多商户都发行折扣卡，但都面向很小一部分群体，以大众点评网为主体统一发行的会员卡，既能够帮助合作商户扩大营销，消费者持会员卡还能获得一定的优惠折扣，而网站除了获得部分佣金收入外，还能实现收集和管理消费者及商户信息的功能，网站、商户、用户实现了共赢。

会员卡业务成为网站运营的一大突破，凭借着这个项目，大众点评网获得了第一笔风投资金，100 万美元，虽然数额不大，但正是因为有了这笔资金，大众点评网才有了新的开始。

用这笔资金，在不到一年的时间里，大众点评网发行了几千万张会员卡，业务量级从几十万变成了几百万。这项业务收入成为了当时网站的主要盈利来源。

随着业务规模的逐渐扩大，会员卡业务的弊端开始显现。会员卡携带不方便、商户运营不稳定导致管理困难，张涛认识到会员卡业务已经达到了规模上限，而网站要想有新的发展，必须要构思新的盈利模式。

张涛总结了会员卡模式的经验和教训，他坚信将网站、商户、用户融为一体的思路是对的，只是融合方式可以更简单。正是沿着这样的思路，一种新的盈利模式诞生了。

五、飞跃

2006年，大众点评网果断停止了新增会员卡业务，并迅速推出了电子优惠券业务。

电子优惠券的推出让大众点评网成功摆脱了线下业务的拖累，同时简单有效地将商户、用户联系在一起，实现了线上线下资源的成功对接。在这项业务的推动下，大众点评网成功蜕变，直到今天，电子优惠券仍然是网站的重要盈利来源。

同一年，按照同样的思路，大众点评网又推出了关键词推广业务，以帮助用户快捷搜索商户信息，并获取佣金，这很快成为网站的第二盈利点。当这两项业务推出后，其他网站开始效仿跟进，但这时的大众点评网已经凭借先发优势稳稳站住了脚跟。

2007年，大众点评网迎来了第二次的400万美元融资，网站的品牌效益日益扩大。2008年，正当张涛计划第三次融资的时候，金融危机爆发了，而这次意外却造就了大众点评网飞跃式发展。

面对金融危机，张涛的融资计划破灭了。经过一番思考，他进行了一个简单的转变。他深知网站的根基在于用户优质的点评信息，而这是不需要充足的资金就可以营销的，资金融不到，就在用户营销上下功夫。

经过长年耕耘，大众点评网已经积累了足够的口碑，只要继续做好网站的社区氛围，加大品牌营销，张涛相信资本的寒冬过后，大众点评网将会有更强劲的爆发。正是这个转变，让大众点评网成功应对危机，并将竞争对手远远甩在了后面。

2008年年底，大众点评网在国内众多Web2.0企业中率先实现盈利，这让张涛有了足够的资本进行下一步的思考。他沿袭最简单的思路，专注于网站的定位，寻找更适应市场趋势的新业务，从2009年开始，先后切入了移动平台和团购业务领域。

2011年，在城市生活消费领域精耕细作了8年之后，大众点评网完成了第三次融资，融资额超过1亿美元，而投资机构对大众点评网的估值已经接近10亿美元。

截至2011年年末，大众点评网的月活跃用户数超过4 200万，点评数近2 000万条，收录商户数超过150万家，覆盖全国近2 300个城市。

在过去的多年时间里，从最大众化的饮食领域，到最原始的发动群众的手段，再到最简洁的商业模式，张涛一直在用大众的智慧来诠释创业。在别人不愿涉足的领域，他凭借着简单的专注，把一个无人问津的小玩意变成现代生活的一种习惯。取之于民、用之于民，这或许就是创业哲学的精髓所在吧。

资料来源：陈健美．张涛：用大众智慧诠释创业 [J]. 创新时代，2012（8）.

讨论题

1. 大众点评网的机会类型和来源是什么？
2. 为何张涛能发现这一商机？其影响因素是什么？
3. 请运用书中模型对大众点评网的商业机会进行评价。
4. 张涛是如何开发、利用这一创业机会的？请分析其实现条件和路径。

【**在线测试题**】扫码书背面的二维码，获取答题权限。

扫描此码 自我测试

第6章　创业资源

引导案例　罗振宇的资源整合

2013年年底，《罗辑思维》节目在优酷平台上一经推出，备受关注。

《罗辑思维》是一档打着“有种、有趣、有料”宣传语的知识型视频脱口秀节目，每期节目平均五六十分钟。视频中罗振宇分享个人读书心得，介绍一些优秀作者，也推荐一些被大众市场所忽略的“老书”，畅游古今、点评当下，为当时略显平淡的知识分享类节目带来了新鲜感，这些视频每期平均点击量都在百万以上。另外，在开通了同名微信公众号后，罗振宇本人会在每天清晨雷打不动地发布一条长度60秒的语音，推荐好书、好文章，也分享自己的看法和思考。这一切在他看来，不过是一个有经验、有知识积累的人，在擅长的领域做着自己喜欢的事罢了。

经过半年的发展，“罗辑思维”通过在微信公众号上设置会员互动专区、领嫁妆、会来事以及微商城板块，逐渐延伸成长为一个全新的互联网知识社群品牌。在此期间，“罗辑思维”前后完成两次“史上最无理”的会员招募，第一次在半天时间内募集到160万元，而第二次则在一天时间内募集资金达800万元，从而彻底引爆了外界的关注，进而被视作自媒体变现的“标杆”。

但显然，罗振宇并不满足于“自媒体”这一标签，会员费的募集也远不是他梦想中的商业模式，在完成了3期会员招募，会员数积累到6万多人后，“罗辑思维”停止了会员招募。通过会员制，“罗辑思维”从庞大的用户基数中筛出了一批核心用户群体，也得以将松散的粉丝固化为忠实的会员，从而提升了黏性和活跃度，这批具备良好消费能力的会员为此后社群化发展带来了很大的帮助。

如果说一开始做知识型脱口秀视频和运营微信公众号，只是在为这个时代的人群提供知识服务，那么，当“罗辑思维”真正开始卖书时，它作为知识运营商的角色才更加清晰明朗起来。2014年6月17日，一个至今仍被图书行业津津乐道的事件发生了——“罗辑思维”做了一个“忐忑”又“癫狂”的特别图书包实验：一个图书礼包，内置六本完全不知道内容的书，价格是499元，预定8 000套，并只通过微信公众号一个渠道售卖。让人瞠目结舌的是，一个半小时内，8 000套全部卖完，销售额近400万元，而这正是“罗辑思维”第一次真正与卖书扯上关系。

这次实验的成功，在原图书策划人，参与特别图书包实验执行的方希看来，验证了他们最初的一个假设——社群内销售的成功，可使社群购买者成为新的传播源，向圈外传播。她在后来写的图书开箱报告里说："《神似祖先》在图书包销售之后一个月的发货量增长了17.5倍，六、七月份《心外传奇》的销量是前两个月的9倍。张宏杰先生的《中国国民性演变历程》在图书包推出之前在亚马逊图书总榜上排名400开外，推出之后的最佳排名蹿升到总榜第42位。《精子战争》是箱内唯一的首发书，已经频现盗版了。"

"这样令人震惊的成绩之所以会发生在'罗辑思维'这个微信小店上，根本原因还是和罗振宇长期以来勤勤恳恳'死磕图书'的精神分不开，消费者其实也是在对他的信任埋单。""罗辑思维"副总裁，图书板块负责人李倩告诉记者。据李倩介绍，在"罗辑思维"的用户构成中，有相当一部分属于所谓的"中产阶级"群体，"这个群体是目前社会的中坚力量，他们有知识焦虑，也有消费能力，就是缺少时间，市场有责任为他们提供更高品质的书。而这，也是'罗辑思维'进入图书电商领域的动力之一，我们就像一个靠谱的买手，一个知识服务提供者。"

在书箱事件大获成功之后，这种在第三方垂直社群平台销售图书的商业模式被证明是可行的。此后，"罗辑思维"陆续为出版业"救活"了一批库存书，在完全不打折的条件下，带来了一次次令人惊叹的销售业绩。

转引自：张玉利，等. 创业管理 [M]. 北京：机械工业出版社，2018.

案例启示

从资源基础理论到资源拼凑、复合资源基础理论等都强调了创业过程中资源的重要作用。而且极为重要的是，不是你所拥有的资源多少，而是你能利用和掌控的资源有多少。在产权体系不断细分的情况下，产权主体的合作形式更加丰富，这为创业者整合创业资源提供了更多的空间。引例中，具有丰富主持人、制片人经验的罗振宇拥有良好的传媒知识和社会网络，走入自媒体行业是他对创业机会识别的结果，他利用微信公众号平台聚集了大量的粉丝，聚合了"中产阶级"、出版商，成功地实现了创业起步阶段的资源整合，通过推出知识系列的产品，最终将粉丝转化为了消费者。其实，现实生活中，优秀的创业者所表现出的卓越创业技能之一便是创造性地利用资源。那么，创业者通常要利用的资源有哪些，创业者如何创造性地整合资源，又该如何提升自己资源整合的能力呢？

本章知识结构图

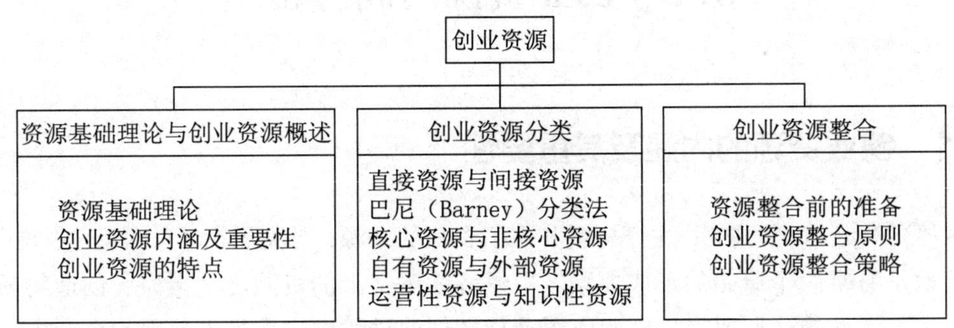

6.1 资源基础理论

资源基础理论（resource-based theory，RBT） 是人们研究创业企业资源问题的重要理论之一。沃纳菲尔特（B. Wernerfet）于 1984 年在战略管理杂志（SMJ）上发表了《公司资源基础学说》，他提出组织内部资源和环境对组织的发展和竞争优势的建立具有重要意义，强调了公司资源的重要作用。此后，库尔（Karel Cool）、温特（Kathleen R. Conner）、柯利斯（David J. Collies）等学者也指出，对于组织而言，组织外部环境无法控制，组织能做的只有把握自身资源和能力，形成自身独特的竞争优势。这种聚焦于组织内部资源、强调独特竞争优势的导向逐步发展成为资源基础理论。该理论提出，创业本身就是一个识别机会，利用自身资源进而产生行动的过程。每个企业的资源和能力都是不同的，都具有价值性、稀缺性和不可替代性，因此企业拥有自身独特的资源基础是企业维持长久发展的基本前提。此外，在创业过程中，企业的资源差异最终会在企业绩效上有所体现，因此要想获取高质量的创业绩效，企业就必须投入多种契合创业活动的资源。

雪伦·阿尔瓦兹和洛厄尔·布森尼兹运用资源基础理论，解释了企业资源与创业之间的内在关系。他们在《战略管理》杂志中提到，创业活动的本质就是将现有资源进行前所未有的组合以产生新的异质性资源。在此过程中，异质性是创业领域和资源领域的共同之处，因此二者之间的联系也必然增多。此外，创业活动可以分解为创意产生、机会识别、机会评价和机会开发等过程，而这些过程均需要考虑到组织资源是否能够满足上述过程之一。此外，创业者可以借助组织资源来对上述活动进行综合评价和考虑，进而筛选出更符合组织自身发展的创业行为。

6.2 创业资源内涵与特点

6.2.1 创业资源的内涵及其重要性

《辞海》定义“资源”：生产资料和生活资料的来源。马克思在《资本论》中说：“劳动和土地是财富两个原始的形成要素。”经济学意义上的资源，是指为了创造物质财富而投入生产活动的一切要素。创业资源是指在创业过程中先后投入使用的企业内部外部各种有形的和无形的资源总和。哈佛大学霍华德·史蒂文森（Howard Stevenson）认为：“企业在各个阶段都会努力争取资源推进企业进展，他们需要的不是拥有，而是控制。”美国俄亥俄州立大学管理与人力资源系首席教授杰恩·巴尼（Jay B. Barney）认为，创业资源是指企业在创业的全过程中先后投入和利用的企业内外的各种有形的和无形的资源总和。

创业资源是指在创业活动中帮助企业创造价值的特定资产，包括有形与无形的资产，并通过对不同资源的整合和利用，使其发挥最大的效益。能否获取到所需的创业资源，决定了创业者能否把握住创业机会。

创业资源是创业活动开展的一个重要前提，资源与创业者的关系就如同颜料、画笔与艺术家的关系。如果创业者获取不到创业所需的资源，创业机会对创业者而言则毫无意义。创业资源对创业绩效具有显著的预测作用，这为提高创业企业的绩效提供了明确的努力方向：需要获取更多数量、更高质量的创业资源。一般而言，有形的资源有助于提高企业的生存绩效，促进创业企业可持续生产；无形的资源有助于提高创业企业的成长绩效，带动创业企业可持续成长。

在获取创业资源的过程中，创业资源整合更为重要。由于创业过程中利益关联者较多、资源形式也更丰富、资源的产权体系分类更为细致，所以创业资源整合利用显得更为重要。当前，共享经济模式多是资源成功整合的结果。从创业过程观察，创业前半部分在于创业者能否判断和选择足够的资源来支持可能的企业活动，后半部分在于创业者对创业资源系统地进行理性整合。新创企业的成长过程不断消耗着创业资源，同时也不断生长出新的创业资源，这些资源一方面会被创业者用来投入到新的创业活动中；另一方面又可能通过外溢互补的方式为外部所用。

在企业初创期间，企业资金有限、人才缺乏，为了能够获得企业生存，作为企业的创始人，需要通过向潜在的合作伙伴与核心员工展示创业前景、给予股份、高职位等方式吸引更多优秀人才加入，以企业未来的利益获取人才资源。当企业处在成长期时，技术、市场以及社会资本更为重要，为了适应快速的市场变化，企业要持续获得技术支持，以满足消费者需要；为获得更高的市场份额，企业需要塑造企业文化、创建品牌，实现企业发展的基业长青。

6.2.2 创业资源的特点

与一般资源相比，创业资源具有以下特点。

1. 创业资源的外部性

在起步阶段，初创企业普遍投入大、市场小，企业社会美誉度低，所以创业资源十分匮乏，难以支持创业活动的推进，需要不断地从外部获取创业资源，将外部资源创造性利用，以满足创业需要。资源依赖理论也指出，企业无法生产发展所需的所有资源，需要通过与外部环境中的其他组织或者个体进行接触、互动，从而获取企业所需的信息、技术、资本等资源（贝克，1990）。这就需要创业者具有良好的资源整合能力和社会网络构建能力，与政府机构、供应商、金融机构、竞争对手和顾客等建立普遍的信任关系，通过利益交换、情感交换等方式获取创业所需资源。

2. 创业资源的异质性

资源基础理论认为企业的竞争优势源于企业拥有的异质性资源。所谓异质性，是指资源具有价值性、稀缺性、难以替代性，从而形成企业的竞争优势，具体包括创业过程中形成的有形资源和无形资源，其中无形资源特别珍贵，包括创业者能力、创业精神、商业模式等。

3. 创业资源能用的动态性

资源价值来自资源属性的效用，但资源价值效用随着使用方式和社会进步不断得以开发。如山区，从农业发展方向评价，土地资源禀赋差，不利于耕种，如果进行传统种植类或养殖类的农业，则不是好的资源，但如今实施乡村振兴战略，青山、绿水却是无价的生态资源。以前破旧的民居，看似没有什么价值，如今修葺规划以后作为民宿酒店，备受市场追捧。从理论上看，最初发现资源的人，能把资源进行开发使用，形成商品或服务，以此获得资源增值的过程，就是创业过程（Sarasvathy & Dew，2007）。

6.3 创业资源分类

6.3.1 直接资源与间接资源

林强等人（2007）按照资源要素对企业战略规划过程的参与程度，把创业资源分为间接资源和直接资源。财务资源、管理资源、市场资源、人才资源是直接参与企业战略规划的资源要素，可以把它们定义为直接资源；政策资源、信息资源、技术资源这三类资源要素对于创业成长的影响更多的是提供便利和支持，而非直接参与创业战略的制定和执行，因此，对于创业战略的规划是一种间接作用，可以把它们定义为间接资源。根据上述分析，创业资源的概念模型如图 6-1 所示。

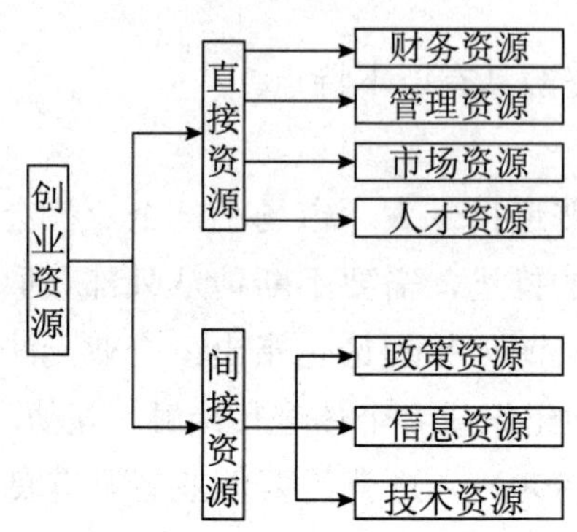

图 6-1　林强等人的创业资源细分模型

财务资源。财务资源主要是指企业要用的资本，包括资金、资产、股票等。所谓“巧妇难为无米之炊”，财务资源对于创业者而言，就好比米之于巧妇。创业需要资金，无论是有形资源的购买、租赁，还是无形资源的获取，都需要大量的资金投入，否则再完美的创意只能是纸上谈兵。对于大部分创业企业来说，往往是因为资金缺乏而陷入创业困境。创业企业获取资金的途径主要有股权融资和债权融资两种，股权融资包括使用个人存款、向亲友借款、与人合伙创办有限责任公司、获取风险投资等；债权融资包括各种形式的借款，也包括民间金融的借贷行为。当然，股权融资与债权融资各有优缺点，创业者要根据自己的实际情况衡量对比。

管理资源。管理是建立现代企业的核心要素之一，管理资源是一种能把潜在生产力转化为现实生产力的无形资源。管理资源是对其余的人力、物力、资金等资源进行有效的配置，从而增加企业产量、产值和利润。很多创业者，尤其是技术类创业者，忽视了管理的重要性，没有合理分配各项资源，最终导致了资源的浪费或低效配置，严重阻碍了企业的发展，甚至最终导致了创业失败。这就要求创业者，一方面通过学习获取管理知识和技能，另一方面通过自身经验积累形成管理风格，从而形成独具特色的适合创业企业发展的管理资源。

人力资源。德鲁克于 1954 年在《管理的实践》中首次提出了“人力资源”的概念，他指出人力资源与其他所有资源相比，唯一的区别在于其是人，拥有其他资源所没有的素质，即协调能力、融合能力、判断力和想象力，他认为人力资源是所有资源中最有生产力、最有用处、最多产的资源。人力资源是第一生产力，对于创业企业而言，人力资源也是创业活动得以开展的起点和基础。美国钢铁大王卡耐基（Dale Carnegie）曾说过：“即便现在剥夺了我的全部资产，如果还让我拥有原班人马，那么，四年以后，我将还是一个钢铁大王。”可见，人才对于企业的生存与发展起着决定性作用。获取人力资源的途径包括：①凭借个人魅力吸引人才聚集；②发布招聘信息，选聘适合人才；③通过社会网络关系的推荐，获得适用人才；④用高薪、高职位、股权等吸引优秀人才等。

创业聚焦 6.1 ▶▶

惠普以人才兴业

惠普公司的成功，得益于休利特两条有趣的“管理公式”。

公式之一：人才＋资本＋知识＝财富

1983年，《财富》杂志对全美700多名企业经理、管理人员进行调查，并给各企业评分，惠普获最佳企业的“亚军”。在吸引、留住和培训人才方面，得分最高。

作为公司老板的休利特认为，当今时代是信息时代，电子仪器公司不同于传统工业，是应用最新科学技术最多、最快的工业部门。这样的企业对知识的渴求，远远大于其他企业。只有占据人才优势，才能在激烈竞争中处于积极主动的地位；只有通过人才竞争，知识才能发挥作用，产生威力。

休利特说：“本公司发展的主要经验，就是寻求最佳人选。”

为了获得人才，惠普公司十分重视员工的培训，经常选派工程师到高等院校去学习、深造，月工资照发；鼓励青年技术人员参加各种半脱产学习，公司为他们支付学费，报销路费，甚至于在住宿方面给予补贴；公司开展全员培训，每年举办上千个学习班。

惠普公司还十分重视吸纳人才。公司成员大多数是工程技术人员，但他们每年都派出一批知人善任、有管理经验的技术管理干部前往有名的高等学院，了解应届毕业生中的佼佼者，再由公司出路费，请他们到公司来当面考评、优选慎聘。

公式之二：博士＋汽车库＝公司

这条公式的内涵较为丰富。休利特尊重每一个员工，认为大家都是惠普的“博士”。休利特所坚持的信念是：“不论男女，大家都想有一份富有创造力的工作，有好的工作环境。惠普公司的传统是设身处地为员工着想，尊重员工，认定员工的个人成就。这听起来像陈词滥调，其实不然。每个员工的尊严与价值是惠普极其重要的构成部分。”

“汽车库”式的方针，反映在惠普公司新产品开发的密集型战略上。公司每年用于新产品开发的费用占销售收入的8%～10%，但从不离开公司原有的技术专长，而是围绕已有的骨干技术和骨干产品进行系列开发。

资料来源：李家华，郑旭红，张志宏．创业有道——大学生创业指导[M]. 北京：高等教育出版社，2011.

市场资源。市场资源是指企业所控制或拥有的与市场密切相关的资源要素，主要包括品牌、销售渠道、关系网络、客户资源、顾客忠诚度等。随着市场竞争越来越激烈，产品严重同质化，顾客需求多样化，准确把握顾客需求日益成为企业成功的关键，而拥有更多的市场资源有助于企业了解市场信息，把握顾客需求的变化趋势。获取市场资源的重要途径在于与外界供应商、顾客、竞争对手等建立良好的网络关系，了解顾客的真实需求、竞争对手的动向、行业最新的变化等。

政策资源。“扶上马，送一程”，说的便是政策资源的重要作用。政府支持也是全球创业观察项目（GEM）中创业环境的一项重要构成。初创企业政策资源指的是政府提供的各项优惠扶持政策，包括财政扶持政策、融资政策、税收政策、科技政策、产业政策、中介服务政策、对外经济技术合作与交流政策、政府采购政策等。政策资源对于创业者而言是极其重要的创业助推器。掌握并充分整合创业的政策资源，可以发挥政策叠加的协同力，帮助创业者少走许多弯路，达到事半功倍的效果。例如，大学生创业者可以在当地申请入驻创业基地、获取创业初始资金的支持；农民创办合作社，可以获得农产品销售订单税费减免。获取政策资源的途径主要有四种：①上政府公开网站进行查询；②到咨询服务公司进行政策咨询；③与相关部门保持密切的沟通；④派专人负责收集相关的政策信息。

信息资源。信息资源是企业生产及管理过程中所涉及的一切文件、资料、图表和数据等信息的总称。当然，文件、资料这些都只是信息的表现，最主要的资源还是信息内容本身。俗话说“信息灵，百业兴”，在这个“快者为王”的时代，商界普遍认为，得信息者得天下，一个信息闭塞的创业者不可能抢占市场的先机。创业过程的每个阶段，从创业机会识别，到资源渠道获取、创业团队组建、创业企业开办、创业企业管理等，都离不开信息的支持。一般而言，创业企业获取信息资源的渠道主要有两种：一是创业者或创业团队通过问卷、访谈、座谈、观察等方式获取一手信息，这类信息针对性强，有效性高，但获取成本高；二是通过公开数据库、图书馆、咨询公司、文献库等渠道获取二手资料，这类数据信息量大，存在真伪，需要创业者具备较强的信息甄别能力，但获取成本低。需要注意的是，移动互联网时代，海量的信息数据库中，信息数量爆发式增长，如何从这一信息海洋中，获取对创业有用的信息资源，依然是创业成功路上的考验。

技术资源。技术资源是企业开发新产品所运用到的软件和硬件知识，包括研发资源、产品制造技能、生产工艺、过程创新能力以及技术变革预测等，这类资源可以使创业企业成功地研发新产品、有效地进行技术扩散，并且企业可获得技术领先优势和超额利润。伴随知识经济的兴起、竞争环境的动态化和技术生命周期的不断缩短，新产品开发已成为创业型企业的核心战略，对于新创企业的生存和发展起着举足轻重的作用。获取技术资源的途径有很多，包括：①与高等院校、科研机构合作；②从拥有技术的组织或个体购买或者获得授权；③自身通过学习、研究积累获得；④招聘拥有相关技术的人才等。

6.3.2 巴尼分类法

从巴尼（Barney）的分类出发，创业时期的资源就其重要性来说，可分为：组织资源、人力资源、物质资源。由于企业处于新创期，组织资源无疑是三类资源中较为薄弱的部分；而人力资源是创业中最为关键的因素，创业者及其团队的洞察力、知识、能力、经验及社会关系会影响整个创业过程。同时，在企业新创期，专门的知识技能往往掌握在创业者等少数人手中，因而此时的技术资源事实上和人力资源紧密结合，并且上述两种资源可能成为企业竞争优势的重要来源。在物质资源中，创业时期的资源最初主要是财务资源和少量的厂房、设备等。细分后的创业资源经过重新归纳，主要分为以下三种：①人力和技术资源，包括创业者及其团队的能力、经验、社会关系及其掌握的关键技术等；②财务资源，即以货币形式存在的资源；③其他生产经营性资源，即在企业新创过程中所需的厂房、设施原材料等。

巴尼认为，并不是所有的企业资源都能够产生和维持竞争优势，能够产生并维持竞争优势的资源，必须具备有价值性（value）、稀缺性（rareness）、不完全模仿性（imitability）和不可替代性（non-substitutable）4个特征。有价值性：当资源能够使企业制定和执行提高效率和效果的战略时，它们就是有价值的，有价值的资源必须能够使企业利用外部机会或减少外部威胁。稀缺性：如果为数众多的竞争企业拥有同一资源，则这一资源就没有稀缺性；反之，如果少数企业拥有的独特性资源，则稀缺性极为明显。不完全模仿性：若要使得竞争优势能够持续，资源还必须是难以模仿的，不完全模仿性包括两层意思，一是该资源所带来的优势根本不能模仿；二是虽可模仿但成本极高，使得模仿变得没有价值。不可替代性：是指资源不存在战略替代物，如果某高效资源存在战略替代资源，而该战略替代资源的供应又是不受限制的，那么该高效资源将没有任何优势可言。

6.3.3 核心资源与非核心资源

根据资源基础论，创业资源可分为核心资源与非核心资源。核心资源是指难以模仿、有超额价值、难以替代的异质性资源，是企业获取竞争优势的关键；非核心资源是除了核心资源以外的资源，同样会对企业的生存与发展产生影响。

核心资源主要包括人力、管理和技术资源。这几类资源涉及创业机会识别、机会筛选和机会运用等创业活动的主线。必须以这几类要素资源为基点，扩展创业企业发展外延。人力资源对于企业来说，主要是一种知识财富，是企业创新的源泉。高素质人才的获取和开发是现代企业可持续发展的关键。管理资源又可理解为创业者能力资源。创业者的学习能力、资源获取能力、领导能力对机会的识别和把握，机会的开发、利用都具有重要的影响。技术资源是高新技术类企业创业成功的关键，往往决定了创业的高度。对于新创企业来说，核心资源决定了企业成长的速度与边界，也是企业成长差异性的主要来源。

非核心资源主要包括资金资源、场地资源、环境资源等。如何有效地吸收资金资源，并保持稳定的资金周转率，实现预期盈利目标，是创业成功与否的关键。场地资源指的是高科技企业用于研发、生产、经营的场所。良好的场地资源能够为企业大幅降低运营成本，提供便利的生产经营环境，短期内累积更多的顾客或质优价廉的供应商。环境资源作为公共性的外部资源，则影响着创业企业的发展。

识别核心资源，立足核心资源，发挥非核心资源的辐射作用，形成创业资源的最优组合，是创业资源运用机制的基本思路。

6.3.4 自有资源与外部资源

从资源的获取渠道来看，可以分为自有资源和外部资源。自有资源主要是指，创业者在创业活动开始前通过自身积累的原始资源；外部资源是指，创业者自身缺乏，通过与外界组织和个体进行沟通、互动、合作获取的企业发展所需的资源。

自有资源主要包括创业者自有的创业资金、所处的社会地位、拥有的技术、获得的创业机会信息、自建的营销网络、控制的物质资源、具备的管理才能等。对于创业企业来说，自有资源是创业活动的起点，也影响着企业外部资源获取的渠道、难易程度、数量多少等。自有资源的获取主要来源于创业者过去的社会经历。

外部资源包括从亲戚朋友等私人关系，以及从政府、供应商、金融机构、竞争对手和顾客等商业关系中获取的资金、技术、信息、管理、人才等资源。不同于自有资源，外部资源更多来自于外部机会发现，而外部机会发现在创业初期起着决定性作用。创业者在开始创业的初期，往往面临的一个重要问题即资源不足。一方面，企业的创新和成长必须消耗大量的资源；另一方面，企业自身还很弱小，无法实现资源自我积累和增值。因此，企业只有识别机会，从外部获取充足的创业资源，才能实现快速成长，这也是创业资源有别于一般企业资源的独特之处。对创业者来说，运用外部资源，是一种非常重要的方法，在企业的创立和早期成长阶段尤其如此。

自有资源的拥有状况将在很大程度上影响甚至决定我们获取外部资源的结果。例如，一个高校教师，其本身若拥有很强的技术知识，那么他的技术优势就能够让很多的人才信服他，并且愿意与他一起创业。“打铁还需自身硬”，立志创业的人首先要致力于扩大、提升自有资源。自有资源的拥有状况（特别是技术和人力资本）可以帮助我们更好地获得和运用外部资源。

6.3.5 运营性资源与知识性资源

从资源的类型来看，可分为运营性资源和知识性资源。运营性资源指的是能够为企业创造财务绩效，企业能够获取，并在短期内加入到企业经营与生产活动中的有形资源；

知识性资源是指建立在知识和信息技术基础上，能够为企业带来财富增长的无形资源。

运营性资源主要包括以厂房、装置、设备等为主的物质资源，技术资源、资金以及人力资源等，是企业生产与经营所必须的资源。运营性资源作为有形资源，投入即能够在短期内获得回报，其获取方式主要有三种：一是自身原始积累所用的资源；二是通过向供应商、中介机构等购买所需资源；三是通过不拥有资源的所有权，而只拥有使用权等方式获取资源。对于创业企业来说，自身拥有的资源有限，且资金难以满足企业发展所需，越来越多的创业企业选择第三种获取方式，通过租借、股份组合、合作等方式，借用资源为企业所用，最终将运营性资源的所有权归还给资源拥有者。

知识性资源主要包括技术、新产品或服务开发、市场营销、顾客服务、管理和开发新市场等知识和技能。虽然运营性资源是企业生产与运营不可缺乏的资源，但是企业发展同时也需要各种信息、管理经验等知识性资源。随着经济的发展，当前的市场经济竞争越发激烈，知识经济已经成为主流，知识性资源也逐渐成为企业生产与发展的关键因素。

运营性资源是企业生产与经营的必备资源，可夯实企业发展根基；知识性资源是推动企业不断发展、走向新高度的关键。总体来说，两者互为促进，对于创业企业而言，两者都十分重要。

6.4 创业资源整合

6.4.1 创业资源整合前的准备

在现实生活中，有些人有很好的创意，但找不到实现创意所需的资源；有些人虽自己没有资源，但凭借自己的专业、信息和技术优势，以及自己的个人信用和人脉关系，总能一次次幸运地找到资源实现自己的创业梦想。“机会总是眷顾有准备的人”，创业资源整合不只是一个技术问题，还是一个社会问题。

在创业资源整合前需要做好以下工作，才更有利于创业资源的整合，这些工作包括：建立个人信用、积累人脉资源、编写商业计划书、确定资源来源和资源整合谈判。

1. 建立个人信用

李嘉诚先生在谈自己的成功之道时曾感慨：“生意人最紧要的是讲信誉、守信用，一个人不讲信誉、不守信用，谁还愿意和他做生意呢？”如今，市场经济是一种信用经济，信用对国家、企业、个人都是一种珍贵的资源。在整合创业资源时，信用发挥着诚信符号的作用。创业者因为具有创业精神和创新意识，在思维方法和实际行为上会各有不同，显示出异质性人才资本的特征，但信用具有同质性和普适性。在市场经济中，诚信是一种市场规则，谁违背了信用，那么他就会在社群内通过口碑传播而臭名远扬，而创业最初的资源往往来自亲人、朋友和同事，如果口碑太差，信任度过低，资源整合难度就会加大。中国人民银行征信系统建立了企业信用信息基础数据库和个人信用信息基础数据库，截至2015年年底，该数据库收录自然人数共计8.7亿人，所以创业者应该保持一份良好的信用记录。

2. 积累人脉资源

要想做成大事，必定要有做成大事的人脉资源和人脉支持系统。根据辞典里的解释，"人脉"是"经由人际关系而形成的人际脉络"。不论做什么行业，人人都要使用人脉资源。创业者的人脉资源是新创企业重要的社会资本，企业社会资本是指企业通过社会关系攫取稀缺资源并由此获益的能力。按照西方社会学的研究，人脉也即社会网络。美国斯坦福大学的格兰诺维特（Mark Granovetter）教授提出了弱关系社会网络理论，他表示异质性较强的弱关系社会关系网络能够带给人们重要的信息资源，而西安交通大学的边燕杰教授根据中国情景研究发现，强关系的社会关系网络能够带给人们更多的资本、人力支持。需要注意的是，我们不应该把积累人脉资源等同于所谓的"拉关系""走关系"等寻租行为，而是基于正常的社会经历建立的诸如师生、同学、朋友、同事等人际关系。

3. 编写商业计划书

商业计划书是获得资源整合的重要凭证。例如，马云（阿里巴巴）、张朝阳（搜狐）、陈天桥（盛大网络）、沈南鹏（携程）、李彦宏（百度），他们都曾凭借创业计划书实现了资源的整合，编写一份有说服力的、体现创业前景的商业计划书也是创业者及其团队的重要工作。一般而言，商业计划书要突出"我是谁，我要做什么，我要怎样做，我需要什么，我能做到"这些关键点，这样能够显著提升获得创业资源的概率。

4. 确定资源来源

首先，创业者需要对自己的人脉关系进行一次详尽的排查，初步确定可以成为资源来源的各种关系或渠道；其次，需要收集各方面可能关系的信息，包括金融机构、供应商、技术服务商、物流服务商、人力资源提供者等，尽可能的精准定位其能够提供资源的类型和合作方式；最后，确定资源整合方式。同样的资源，不同的整合方式，带来合作效果和经济效益的差别是非常大的。以制造业创业为例，投资额度较大的机械设备，可以通过设备供应商购买获得，也可以通过租赁获得，后者虽然不能拥有设备的所有权，但可以获得使用权，租金的支付数额也较小。

5. 资源整合谈判

无论多么完美的商业计划书，都需要通过最终的谈判才能获得资源。因此，创业者的谈判表现十分重要。首先，谈判前创业者要做好充分准备，提前预测谈判方可能提到的问题，通过情景模拟法，模拟可能出现的情况，做到运筹帷幄，灵活应对各种情况；其次，谈判中创业者要表现出信心，陈述时抓住重点、条理清楚，考虑充分资源提供者的利益；最后，选择恰当的谈判时机与场合。例如，选择一个对方心情愉悦的时刻，如对方企业获得了一项重要荣誉或者签订了一份重要合同。谈判地点可以选择在环境优雅的花园式酒店，而且谈判中的生活性细节都要做好充分准备。

6.4.2 创业资源整合原则

根据熊彼特（Schumpeter）的观点，“创业者的功能就是实现新组合”。因此，创业资源的优化配置是创业者实现成功创业必须仔细斟酌的问题。贾里洛（Jarillo，1989）也曾经通过经验分析得出结论，“创业的精髓在于使用外部资源的能力和意愿”。可以说，创业成功并不需要100%拥有所有资源，整合资源的能力远胜于拥有所有创业资源。马云本人并不完全具备一切创业所需的资源，但是他能通过自身的能力，将一些适用的资源（人力、物力）整合在一起并合理的运用，形成了一个强有力的资源团队，因此他获得了成功。

1. 识别利益相关者

既然资源与利益相关，要整合外部资源显然要关注有利益关系的组织或个人。利益相关者是组织外部环境中受组织决策和行动影响的任何相关者。要更多地整合外部资源，首先要尽可能多地找到利益相关者，同时这些组织或个体和创业者想要做的事情有利益关系，利益关系越强、越直接，整合资源的可能性就越大，这是资源整合的基本前提。识别到利益相关者后，还要逐一分析每一个利益相关者所关注的利益。

2. 寻找共同利益

对于在长期合作中获益，彼此建立起信任关系的合作伙伴，特别是受到资源约束的创业者来说，建立供应机制需要智慧。让对方看到潜在的收益，为了获取收益投入资源，这是基本规律。创业者在设计共赢机制时，既要帮助对方扩大收益，也要帮助对方降低风险，降低风险本身也是扩大收益。

3. 维持信任、长期合作

社会学家尼克拉斯·卢曼（Niklas Luhmann）将信任分为人际信任和制度信任，他认为人际信任建立在熟悉度以及人与人之间感情联系的基础上，而制度信任是利用诸如法律一类的惩戒式或预防式的机制来降低社会交往的复杂性。创业者要区分不同的信任关系，充分认识信任的重要性，尽快从早期的家族信任过渡到泛家族信任，进而建立起更广泛的信任关系，获取更大规模的社会资本。

6.4.3 创业资源整合策略

常见的创业资源整合策略有以下三种：

1. 步步为营策略

哈佛大学教授霍华德·史蒂文森致力于研究成功创业者利用资源的独特方法，他指出创业者在企业成长的各个阶段都会努力争取尽量少的资源来推进企业的发展，他们需要的不是拥有资源，而是要整合利用这些资源。

多数创业者由于受到可用资源的限制而寻找创造性的方式开发机会创建企业，并促使企业成长。学术界用“bootstrapping”一词描述这一过程中创业者利用资源的方法，主要是指在缺乏资源的情况下，创业者分多个阶段投入资源并且在每个阶段或者决策点投入最少的资源，也被称为“步步为营”。美国学者杰弗里·康沃尔（Jeffrey Cornwall）在2010年出版的《步步为营，白手起家之道》一书中指出，步步为营不仅是一种做事最经济的方法，还是在有限资源的约束下获取满意收益的方法，不仅适合于小企业，同样适用于高成长、高潜力企业。步步为营活动策略可以描述为：创业者在资源受限的情况下，寻找实现企业理想和目标的途径，最大限度地降低对外部融资的需要，最大限度地发挥创业者投在企业内部资金的作用，以实现现金流的最佳使用。

步步为营策略首先表现为节俭，设法降低资源的使用量，降低管理成本，这和后面陈述的拼凑策略有很多相似之处。但过分强调降低成本会影响产品和服务质量，甚至会制约企业发展。因此，节俭重要，但更重要的是实现目标。

本着“保持节俭，但要有目标”的原则，创业者在实施步步为营策略时所采取的方法多种多样。为了降低运营成本，创业者们采取外包的方式，让其他人承担运营和库存的开支，减少固定成本的投资防止沉没成本过高降低自身的灵活性，利用外包伙伴已形成的规模效益和剩余能力为自己降低成本，有时甚至可以利用外国的低成本优势。PPG建筑涂料公司就是因为采取外包策略才使自身具备了“轻”公司的特色。牛根生在创建蒙牛时也采取了几乎同样的策略。这些策略与单纯的节俭显然不同。

步步为营策略还表现为自力更生，减少对外部资源的依赖，目的是降低经营风险，加强对所创造事业的控制。

2. 资源拼凑策略

“拼凑”（bricolage）一词最早于1967年由人类学家列维·施特劳斯（Claude Lévi Strauss）提出，以说明早期人类对现实世界的理解是一个递进的过程，在已有的神话元素基础上，不断替换其中的一些要素，形成新的认识。这样的思维方式称为“修补术”或“打零活”，中文翻译为“修修补补”。

拼凑还包含了以下三层意思：一是通过加入一些新元素，实现有效组合，结构会因此改变；二是新加入的元素往往是手边已有的东西，也许不是最好的，但可以通过一些技巧或窍门组合在一起；三是这种行为是一种创新行为，会带来意想不到的惊喜。

（1）资源拼凑的关键要素。创造性拼凑有三个关键要素，内容如下：

①手边的已有资源。善于进行创造性拼凑的人常常拥有一批“零碎”，它们可以是物质，也可以是一门技术，甚至是一种理念。很多创业者都是拼凑高手，将手边的“破铜烂铁”高效利用，改造为早期的设备。联想集团的早期掌门人柳传志毕业于军校，专业是和计算机没有任何关系的雷达系统，但在中科院计算机研究所工作期间积累的一些相关知识，成为了他今后掌舵联想的重要基石。

②整合资源用于新目的。拼凑的另一个重要特点是为了重新整合已有资源。市场环

境日新月异，整合手边已有的资源，快速应对新情况，已成为创业的利器。拼凑者要有一双善于发现的眼睛，洞悉手边资源的各种属性，将它们创造性地整合起来，开发新机会、解决新问题。这种整合大多不是事前仔细计划好的，往往是具体情况、具体分析，“摸着石头过河”的产物。

③将就使用。出于成本和时间的考虑，拼凑的载体常常是手边的一些资源。将就使用这种办法在资源使用上经常和次优方案联系在一起，也许是不合适的、不完整的、低效率的、不全面的、缓慢的，需要在某种程度上舍去缺陷、阻碍和无用的成分。

（2）拼凑的类型。①全面拼凑。所谓全面拼凑，是指创业者在物质资源、人力资源、技术资源、制度规范和顾客市场等诸多方面长期使用拼凑法，在企业现金流步入稳定后依然没有停止拼凑行为。这种行为导致企业在内部经营管理上难以形成公正有力、符合标准的规则章程，在外部拓展市场上也会因为采用低标准资源遇到阻力，使企业无法走上正轨。②选择性拼凑。选择性拼凑与全面拼凑的表现和效果大不相同。顾名思义，选择性拼凑是指创业者在拼凑行为中有一定的选择性。在应用领域上，往往只选择在一到两个领域内进行拼凑，以避免全面拼凑的那种自我加强循环；在应用时间上，只在早期创业资源紧缺的情况下采用拼凑，随着企业的发展应逐渐减少拼凑，直至最后完全放弃拼凑。

迅雷早期创业历程就是选择性拼凑的一个典型案例。2002 年迅雷创始人程浩和邹胜龙共同创业，不久公司陷入困境，两人商量转型。程浩发现，在互联网 5 大应用（门户、邮箱、搜索、即时通信、下载）中，唯独下载没有主流提供商。于是程浩和邹胜龙决定研发迅雷。迅雷采用基于网格原理的多资源超线程技术，下载速度奇快。为了产品能用最快的速度发布，程浩在研发过程中放弃了对产品其他各种细节的完善，只关注目标消费者最关心的特性。

6.5 实训案例

盒马鲜生，你靠什么逆势增长？

盒马鲜生是什么？

继“学区房”“地铁房”火了以后，“盒区房”又火了。

“盒区房”，是指盒马鲜生门店附近 3 公里范围内的房子。

盒马鲜生，是从 2016 年 1 月诞生的品牌，它以生鲜类产品为主，占比达 50%，定位于平民化的高端食材。消费者觉得食材难处理、不会做的，都可以在盒马鲜生店面购买、加工和烹饪，享受美食和 DIY 的乐趣，具备超市、餐饮、菜市场和物流等功能。

它既是一家生鲜超市，又是便利店与餐饮店，也能直接从线上选购送货到家，用创始人的说法就是“四不像”，因此它被称为生鲜零售新物种。

这只看上去笨拙的“盒马”，成长速度飞快。2016年1月开设第一家门店，截至2018年7月31日，盒马鲜生已拥有64家门店，覆盖14座城市，累计服务超1 000万消费者。单店日均销售额超过80万元，线上销售占比超过60%，均远超传统超市。

盒马创始人

侯毅，是马云和刘强东都看上的人才，原京东物流的老大，离职创业震惊业界，还没说干什么，就被马云看中。侯毅给人的感觉是，中年微胖大叔，为人低调，温和亲民。

盒马模式的灵魂：精准定位

第一，我们的消费者是谁？从盒马鲜生来讲，我们80%的消费者是“80后”“90后”，他们是互联网的原住民，是改革开放以后富裕起来的新一代消费者，他们更关注品质，对价格的敏感度不高。

第二，盒马鲜生是基于场景定位的，围绕“吃”这个场景来构建商品品类。而我们吃的商品品类的构成远远超越其他超市卖场，所以在吃这个环节上，盒马鲜生一定能够给消费者满意的服务。

目标消费群定位：越是精准定位，越能吸引目标顾客，增强与目标顾客的黏性。

场景定位：要让目标顾客一入店马上深刻感受到，这个店是为他开的，有他需要的商品和服务，是他想要的购物感觉和购物体验，进而对门店产生依赖。

盒马模式的核心：商业的本质依然是不断满足顾客的消费需求。

侯毅说：“基于当前消费的需求特点，盒马鲜生重新设计了一套消费价值观。”

第一，新鲜每一刻。

我们认为新的生活方式就是买到的商品都是新鲜的，每天吃的商品都是新鲜的。

我们认为消费者追求的是新鲜的生活方式，所以盒马鲜生里面买的所有商品仅供你吃一顿饭。因此，我们认为将来冰箱就已经不需要了，你需要什么就买什么，盒马鲜生会快速地送到你家。

盒马鲜生把所有的商品都做成小包装，今天买、今天吃。不追求原来所谓的大批量、大包装，所有的商品只用一次就够了。

第二，所想即所得。

当你在上班，没有时间去买菜的时候，可以在盒马鲜生下单，在下班途中也可以下单，商品会和你同步到家。线上、线下的高度融合为消费者提供了随时随地，全天候的便利消费，比如说下雨天盒马鲜生的线上销售非常火爆。盒马鲜生提供的线上商品和线下商品是同一品质、同一价格。因此，新零售满足了消费者随时随地、不同场景下的需求，所想即所得，让消费者的生活更加方便。

第三，一站式购物模式。

利用互联网技术来扩大盒马鲜生的品类，于是我们有了B2C的频道。盒马鲜生有门店，但面积、SKU有限，同时扩建了绿色频道来满足稀有商品的消费需求。消费者可以在盒马鲜生买到5 000元一条的野生黄鱼，这些高档食材原来在超市根本就买不到。盒马鲜生是围绕“吃”来定位的，满足消费者所有吃的需求，所以一站式服务使我们具备巨大的商品竞争能力。

第四，让吃变得快乐，让做饭变成一种娱乐。

盒马鲜生不断推出了各种各样的活动让消费者参与，在整个店里面设置了大量的分享、DIY、交流平台。让“吃”这件事变得娱乐、变得快乐，从而使消费者产生强烈的黏性。

盒马模式的关键：新零售模式改变了这些传统零售模式

侯毅说：盒马鲜生是新零售，与传统超市有本质区别。

第一，是门店的定位。

盒马鲜生是基于场景定位的，围绕“吃”这个场景来构建商品品类。而我们吃的商品品类的构成远远超越超市、卖场，所以在“吃”这个环节上，盒马鲜生能够给消费者更满意的服务。

第二，在商品结构方面。

盒马模式改变了传统超市、卖场的品类组合原则，使整体的品类组合更浅、更加扁平化。

盒马追求的是：不是为顾客提供简单商品，而是提供一种生活方式，期望以往在家庭完成的事情放到店里完成，盒马放弃了客单价的理论，由以自我为中心的经营理念，转向以消费者为中心的经营理念。

第三，餐饮与超市的融合。

餐饮不单单是我们的体验中心，更是流量中心，带来了消费者的黏性。餐饮就是盒马鲜生里面的加工中心，它可以提供更多的半成品、成品在网上销售。餐饮跟超市融合而成的加工中心，为盒马鲜生提供了所需要的半成品和成品服务。

第四，超市功能＋餐饮功能＋物流功能＋企业与粉丝互动的运营功能。

盒马模式不是一个简单的超市模式，已形成了一个强大的复合功能体。特别是它基于经营顾客、粉丝互动建立的运营功能、物流功能、餐饮功能，已经颠覆了传统的零售模式。

第五，新的门店组织架构，奠定了线上、线下的高度融合。

盒马鲜生有餐饮副店长、物流副店长和线上运营副店长。从门店组织架构来讲，盒马鲜生绝对不是一个O2O的企业，因为大部分销售来自于线上而不是线下。

第六，强大的物流功能。

盒马最大的特点是快速配送，门店附近3公里范围内，下单后30分钟送达。拣货3分钟，出库3分钟，包装3分钟，这样一来，3公里范围内，配送员还有21分钟。

从定位、商品结构来看，盒马已彻底改变了传统零售以商品为中心的经营模式，走向以场景为中心的商品组织模式。盒马已打破传统零售的品类概念，实行的是以场景为中心的商品组织。由于其追求的是为消费者提供便利、有品质的生活方式，超市的许多品类会发生重构，品类管理的模式会也发生改变。强大的复合功能，特别是突出的餐饮功能、物流功能、粉丝运营功能必将会冲击目前零售单一的买卖功能，真正体现互联网环境下零售商业模式生态化重构的方向。

新零售不是颠覆传统零售，本质依然是顺应消费升级的需求，提升消费者的生活品质。这才是新零售变革的核心内容。

讨论题

1. 盒马鲜生的创业机会来源于什么？
2. 盒马鲜生开发创业机会中运用了什么资源整合策略？
3. 如何理解新零售？

【**在线测试题**】扫码书背面的二维码，获取答题权限。

扫描此码 自我测试

第7章 创业计划书的编制

引导案例 创业失败后改写创业计划书引来400万元风投

2013年，24岁的林茂从香港理工大学人文学院硕士毕业回到重庆，寻思着自己干点什么。个头高高、身材结实的林茂，在位于重庆北部新区光电园附近的“王见木榨”果汁店里，向重庆晚报记者袒露创业初衷。

林茂和留学回国的同学几经商议，决定开个鲜榨果汁店。于是，两人凑齐30万元。2013年12月，林茂的鲜榨果汁店在渝中区临江门洪崖洞开业。“开店前，他们认为鲜榨果汁模式正好能填充国内市场的空白。可想法太高端，实际操作时，小店却无法吸引人气。”林茂为了提升销量多接几单外卖，便不断在微信上宣传，还亲自带着水果到写字楼去现榨建立起信任。林茂小店的订单量开始有所提升，但仍然难抵高昂的装修和租金等成本。于是，第4个月，30万元创业资金便花完了，小店自然也就关门了。

融资：计划书一周搞定风投

虽然洪崖洞的小店关门了，但林茂对这门生意的前景却没怀疑。“我们总结了经验，微信预售订单开始推广后，销售额明显提升，说明市场前景也不错，只是市场来得晚了点，店面关门主要还是租金成本太大。”林茂说。于是，他想到了找风投。

经过大量调查求证，林茂与合伙人写出了一份50页的商业计划书。没有风投公司的人脉，于是他们选择了广撒网的方式。先是在网上搜索“中国风投排名”“中国天使投资”，获取国内风投公司的联系方式。随后，向200多家风投公司投送了商业计划书，最终回信的有21家，约谈的有5家，结果还不错。

2014年3月，英飞尼迪基金公司两次找到他们长谈。对方在看过商业计划书后表现出浓厚兴趣，前后1周左右，就把事情定了下来：总共投资400万元，分四期投入，首期投资50万元。2015年1月，最后一笔200万元资金到账。

在林茂看来，之所以短时间就能打动投资人，靠的还是他们的商业计划书，这一点也得到了英飞尼迪基金投资经理许琳的证实。创业计划书里林茂与合伙人，从项目的财务预期、盈利模式、管理框架、产品本身四个方面，详细分析了果汁店的经营方式。

能写出这份成熟的商业计划书，林茂将其原因归结为，他和合伙人都曾有在上海的知名咨询管理公司工作的实践经历。当然，洪崖洞小店的创业经历，也为他们能拿出实际又准确的市场数据提供了支撑。

再开店：最终目标是上市

有了资金支持，他们在江北区观音桥（人流量大）和北部新区光电园（年轻人多）开了两家实体店，前者10多个平方米，后者面积达200平方米，卖的还是鲜榨果汁。两家店每月营业额共计4万多元，同时，他们还在北部新区光电园附近建立了一个中央工厂，用于为微信等渠道的写字楼预售客户进行鲜榨果汁配送。

林茂的生意已基本实现盈亏平衡，准备要在主城区多开几家店，还要进军成都等外地市场。林茂说："按照跟风投公司的约定，我们的最终目标是上市，所以压力不小，真是一刻也不敢放松啊。"

资料来源：http：//cq.cqnews.net/jjxw/2015-06/18/content_34529976.htm?open_source=weibo_search.

案例启示

创业计划书已被认为是创业者实施创业的一种重要工具。一份成熟的创业计划书能够让投资机构明确清晰地认识到你要创办企业的现状和未来发展方向，看到你的商业逻辑所在，从而有助于其更快地进行决策。林茂团队的商业计划书包括财务预期、盈利模式、管理框架和产品本身四个方面，这正是投资人关注的重点。你认为一份成熟的商业计划书应该包括哪些内容？

本章知识结构图

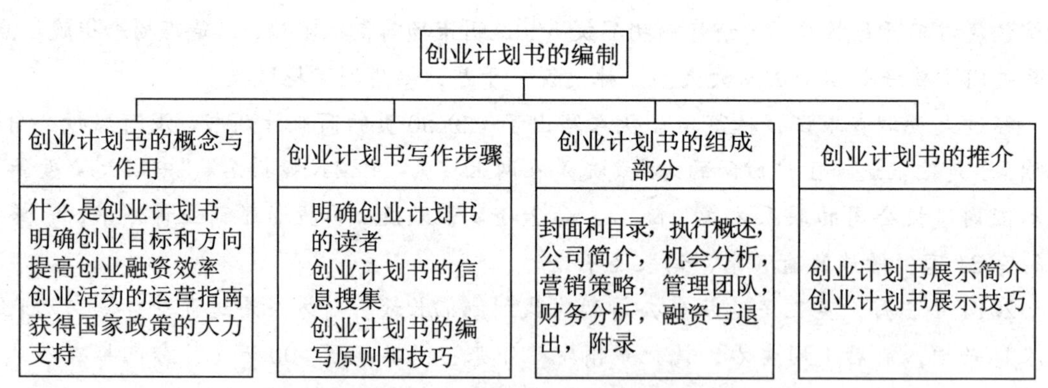

7.1 创业计划的概念

创业计划书（business plan）是详述创业者描绘创业构想的文件，是一份全面说明创业构想及实施这个创业构想的说明书。通常创业计划书是市场营销、财务、生产、人力资源等职能计划的综合，它包括五方面的内容：企业简介及发展规划、企业成本管理、企业营销计划、企业融资计划、企业预期收益。

创业计划书已经被认为是创业者实施创业的一种重要工具，而制订和实施创业计划书则被视为新企业创建过程中的关键一环。创业动态跟踪调查项目（PSED）针对多个国家创业者进行的大规模调查显示，制订创业计划书已是创业者在创业时必须完成的 23 项关键活动之一。因此，不仅要写一份有价值的创业计划书，更应该将创业计划书最终变成一个成功的企业。

自 1999 年团中央、中国科协、教育部、全国学联与清华大学联合举办首届“挑战杯”中国大学生创业计划书竞赛以来，创业计划书竞赛这种创业实践教育模式受到普遍重视。在高校创业教育中，创业计划书竞赛被认为是理论学习和创业实践、高校平台和社会资源结合的重要载体。通过创业计划书竞赛，既可以营造高校创业氛围，也可以培养大学生创新精神、创业意识和创业能力。类似的“互联网 +”“创青春”等项目也是训练创业计划的编制，对提升大学生的创业素质具有重要作用。

7.2　创业计划的作用

撰写一份规范的商业计划书，一方面可以使创业者系统地思考新创企业的各个要素，理清自己的创业思路；另一方面也有助于企业向其他组织或个人介绍创业项目，以获取创业融资、合作机会、市场份额等。创业计划书的具体作用体现在以下几方面。

7.2.1　明确创业目标和方向

无论是创建一家低成本的虚拟企业还是创建一家投资巨大的实体企业，创业计划都是必不可少的工具。创业计划可以促使创业者进行反思，帮助创业者弄清每一个问题：产品或服务是什么？经营成本是多少？怎样为产品或服务定价？销售的目标客户是谁？怎样销售产品或服务？预先想好这些问题，可以使创业者更加清醒地认识到创业过程中将面临的各种困难，对创业的目标和方向以及创业的前景也更加明确。

7.2.2　提高创业融资效率

获得融资是推进创业活动的基础。创业计划书是完整的系统性的创业构想文件，是全方位展示创业项目现状、发展潜力的详细材料，是展示创业项目融资能力、全方位发展的系统性说明。对于初次创业者而言，一份完善的创业计划书能够清晰地展示项目的优势、市场空间、成长潜力、盈利回报等。银行家和投资者看到一份投资潜力巨大的创业计划书，也会更乐意进行投资，这就极大地提高了初创企业的融资效率。

7.2.3 创业活动的运营指南

创业计划书是创业的行动指南和路线图，它需要阐明企业在未来要达成的目标，以及如何达成。创业计划书为创业活动的开展指明了方向，也是创业运营的指南。

具体而言，一份创业计划书包括企业创业的战略规划、发展策略、竞争分析、职能设计等。创业计划书不仅要告诉创业者做什么，也要告诉创业者怎么做。同时，在不断完善创业计划书的过程中，创业项目的愿景、使命、目标也会更加清晰，能够更好地指导创业活动开展。

7.2.4 获得国家政策的大力支持

在国家“双创”政策的推动下，创业活动极为活跃，政府从各个方面给予了大力支持，尤其是对一些科技型中小企业、微型企业，政策支持是保障创业企业成长的重要原因。以创业孵化园区为例，优秀的创业计划书是进入创业孵化园区的必要前提。当企业成长到一定阶段，符合一定的标准后，还可以得到国家和地方各级政府的税收减免、无息贷款等等政策支持。可以说，一份完善的创业计划书是获得政府政策和资金支持的通行证。

创业聚焦 7.1 ▶▶

重庆市就业、创业扶持政策

1. 促进就近就地就业方面

（1）对就业扶贫车间、创业就业示范山村、创业就业示范街等主体吸纳贫困劳动力就业并开展以工代训的，在《重庆市职业培训成本及市场需求程度目录》（以下简称《目录》）或全市特色职业（工种）范围内的职业（工种）培训内的，按照培训成本或公布的培训天数补贴标准给予补贴；《目录》或特色工种之外并报经当地政府批准后实施的，按 100 元 / 人 / 天标准补贴，最多不超过 30 天。

（2）用人单位招用贫困劳动力就业，与其签订劳动合同并按规定缴纳社会保险费的，按规定给予社会保险补贴。

（3）对吸纳贫困劳动力数量较多的就业扶贫基地在申请社保补贴、贫困劳动力就业一次性用工补贴时开辟“绿色通道”。

2. 支持创业带动就业方面

（1）对有创业意愿并有一定创业条件的贫困劳动力，及时开展免费创业培训。

（2）落实税费减免、资金补贴、场地安排、创业担保贷款及贴息等政策。

（3）对创办小微企业或从事个体经营，且所创办企业或个体工商户自工商登记注册之日起正常运营 6 个月以上的贫困劳动力和农民工等返乡下乡创业人员，按 8 000 元 / 户标准给予一次性创业补助。

（4）对入驻创业实体数量较多、孵化效果较好、带动就业人数较多的 14 个贫困区县的市级创业孵化基地，在绩效评估及奖励时予以倾斜。

3. 就业创业培训方面

（1）对组织贫困劳动力参加技能培训的培训机构，按公布的培训成本据实补贴。

（2）对参加人力社保部门组织的技能培训的贫困劳动力提供交通、食宿等方面的便利条件，按实际培训天数给予贫困劳动力 100 元 / 人 / 天的交通食宿补助，一年限一次。

（3）对参加职业技能鉴定的农村贫困劳动力按规定给予职业技能鉴定补贴。

（4）对参加技工院校的建档立卡贫困家庭学生按规定免除学费、发放助学金，支持其顺利完成技工教育并帮助其就业创业。

此外，在公益性岗位托底帮扶方面，进一步完善对公益性岗位过渡安置农村贫困劳动力就业的工作要求。

资料来源：http：//www.cqcb.com/hot/2018-12-20/1323558_pc.html.

7.3　创业计划书的写作步骤

7.3.1　明确创业计划书的读者

获取资源是编写创业计划书的主要目的之一，为了获取不同的资源，创业计划书在制订时应考虑到读者的不同需求。目前，创业计划书的读者主要是掌握资金资源的投资者、具备人才资源属性的合伙人以及制定政策的政府机构等。

其中，资金投资尤为重要。创业计划书主要面向投资者，特别是从事募集资金的风险投资者。因此，我们在本节重点讲解以投资者为读者的创业计划书的构思及编写。通常，投资者在阅读一份创业计划书时一般都遵循以下六个步骤，且每个步骤用时一般不超过一分钟。

第一，判断创办企业所处行业及行业特性；

第二，判断计划的资本结构，了解负债额或投资需求资产净值；

第三，阅读最新资产负债表；

第四，判断企业家才能及其团队，这是最重要的步骤；

第五，确定企业特色，找出本创业项目与众不同之处；

第六，快速从头到尾阅读整个计划，大概翻看整个计划的图、表、例证及其附件。

7.3.2 创业计划书的信息搜集

1. 信息来源渠道

（1）政府公开统计数据。找准创业企业在行业中的位置能够使企业明确自身的差距与不足。可以通过与同行业类似企业进行数据对比来瞄准行业标杆。这些报名可以从行业统计年鉴或者政府机构的公开报名中查询获得。这类数据包括了该行业企业数量、规模、产销量、市场占有率、企业利润率等。

（2）市场调查报告。创业者对准备进入的产品或服务市场需求进行调查，以实现对企业产品或者服务的市场定位。以早教教育创业项目为例，你应调查市场对这种教育的需求量，有无相同或者类似的教育产品或替代品，市场占有率是多少。创业者必须了解市场需求趋势，掌握市场对某种产品或服务项目的长期需求走势，了解该产品或服务项目处于生命周期的哪个阶段。

要了解创业项目的产品或服务在技术和经营方面的发展趋势，需要撰写系统的市场需求调查报告。

（3）新闻媒体。新闻媒体是创业者获取信息的渠道，如今随着互联网和数字媒体的迅速发展，创业者无论是通过日常的报纸、杂志还是利用微信公众号、朋友圈等都可以进行创业项目的信息搜索和研究，甚至可以超越国家、地域的限制，从全球各地了解到和创业项目相关的发展趋势，找出有用的商业信息和数据。

（4）咨询机构及业内专家。专业的管理咨询机构和业内专家了解大量创办企业的常见问题，掌握着高质量创业信息的获取渠道，具有解决初创企业疑难问题的丰富经验，能够为创业者的信息获取提供专业化的服务。创业者可以通过向专业咨询机构或行业内专家寻求帮助，以此来获取有价值的市场信息与发展建议。

2. 信息收集方法

常用的信息收集方法，主要包括以下几种：

（1）问卷调查法 。问卷调查法是根据调查或收集信息的目的，将需要搜集的信息分解为一个个具体的问题，集中在一张调查表上，根据被调查者的回答，整理出能反映市场总体信息的一种调查方式。问卷调查是直接收集市场信息最常用的方法，并且在国内外广泛采用。

问卷调查提供了标准化、统一化的数据收集程序，它使问题的表述和提问的程序更加规范化（具体是指每一个应答者看到、听到文字和问题相同，每一个访问员提出的问题完全相同），因此得到的数据具有可比性。一份结构清晰、问题明确的问卷能够收集到质量非常高的市场信息。

（2）面谈访问法。面谈访问法是指访问者根据收集信息的提纲直接访问被调查者，当面询问有关问题，既可以是个别面谈（主要通过口头询问）也可以是群体面谈（可通过座谈会等形式）。一般而言，个别面谈多用于商品需求、购物习惯等信息的收集；群体面谈是请一些专家就市场价格状况和未来市场走向进行分析和判断。面谈访问法的优点是回答率高，可以通过调查人员的解释和启发来帮助被调查者更好地完成调查任务，甚至可以根据情景、被访谈者的个性与心理扩大或缩小调查范围，以求获得更准确的信息；这种方法的缺点是耗费人力、物力较大，对调查员的素质要求较高。

（3）观察调查法。观察调查法是指收集信息的工作人员凭借自己的感官和各种记录工具，深入被观察者的现场，观察人们的行为、态度和情感，同时在被观察者未察觉的情况下，直接记录被观察者行为，以收集市场信息的一种方法。成功使用观察调查法，一般包括如下条件：首先是，所需要的信息必须是能观察到并能够从观察的行为中推断出来的；其次是，所观察的行为必须是重复的、频繁的或者是可预测的；最后是，被调查的行为是短期并可获得结果的。

（4）焦点小组访谈法。焦点小组访谈法，又称小组座谈法，就是采用小型座谈会的形式，挑选一组具有同质性的消费者或客户，由一个经过训练的主持人以一种无结构、自然的形式与一个小组的具有代表性的消费者或客户交谈，从而获得对有关问题的深入了解。这一方法的作用主要体现为：一是探索知之甚少的问题，能够迅速了解顾客群体对某一产品、服务、计划的印象，得出初步诊断结果，为产品或服务的改进提供针对性信息；二是为后续大规模分析、定量调查提供补充信息。

（5）网络市场调研。网络市场调研又称网上调查或在线调查，是指利用互联网作为沟通和了解信息的工具，对信息和数据系统地进行调查分析。创业者可以使用 BBS 电子公告板进行网络市场调研，网络用户可以在电子公告栏发布消息，BBS 上的信息量虽少，但针对性较强，适合行业性强的企业。

7.3.3　创业计划书的编写原则和技巧

1. 编写原则

创业计划书不仅仅是一种业务构思的策划，也是吸引风险投资的宣传书，更是以后新创企业运作的指导书。为了确保创业计划书能起到良好的作用，在编制创业计划书时应注意以下五个原则。

（1）明确性原则。明确性原则是指要明确创业计划书的读者是谁，撰写的目的是什么。编制创业计划书时一定要明确读者，因为不同的读者感兴趣的内容不同，如风险投资者对创业计划书中的市场增长及盈利感兴趣，创业伙伴主要关注产品或服务、市场、盈利及管理团队的运作能力。因此，为了引起目标读者的阅读兴趣，创业计划书的编写要主题明确，围绕创业产品或服务展开阐述，避免描述与主题无关的内容。

（2）规范性原则。规范性原则是指创业计划书的编写应保证体例规范、内容连贯、排版美观。首先，创业计划书要有索引和目录，以便于读者查阅各个章节，摘要应位于创业计划书的最前面；其次，在具体内容上，产品或服务的描述、行业分析、营销策略、创业团队等应使用管理学专业术语，尽量做到规范化、科学化，财务分析最好采用图表描述，更加形象直观；最后，还应注意创业计划书的排版和校对，拼写和排印错误很可能使创业者失去融资机会。

（3）协调性原则。协调性原则是指撰写工作有机衔接、有序推进。由于创业计划书涉及的内容很多，应事先做好计划，保证写作过程有条不紊地进行。通常要成立一个写作小组，由大家分工协作，各负其责，最后由组长统一协调定稿，以避免零散、不连贯、文风相异等问题。

（4）真实性原则。真实性原则是指市场预测必须建立在对目标市场现有信息分析的基础上，主要包括市场分析的真实性、顾客分析的真实性和竞争分析的真实性，具体表现在数据的真实性和可靠性。例如，市场占有率、财务预测分析、投资报酬率等都应尽可能做到数字准确，不要做粗略估计，更不要过分夸大收益状况与可能的成就，同时对目标消费者市场特性的描述也要有切实的科学依据。为此，需要先做好市场调查研究，并借鉴官方或学术研究机构的客观统计资料。

（5）保密性原则。创业计划书是创业者辛勤的智力劳动成果，其内容往往具有巨大的商业价值，涉及一些技术和商业秘密，因此要求目标读者阅读创业计划书后对其内容保密是合理的，也是必要的。对于机密内容，尽量不要把敏感信息写进创业计划书，但要有充分的阐述令人信服。在创业计划书中处理保密问题有多种办法，如在创业计划书中添加一段保密条款，其内容的多少和复杂程度视情况而异。

2. 编写技巧

根据以上原则，为了使创业计划书脱颖而出，得到投资者青睐，创业者需要做到：有出色的计划摘要，重点关注产品或服务，充分了解竞争对手，拥有自信的管理团队以及明确的行动方针，具体技巧如下。

（1）凝练出色的摘要。创业计划书中的摘要凝练了创业计划的核心内容。摘要必须能让读者有兴趣并渴望得到更多的信息，并将给读者留下深刻的印象。摘要是创业者所写的最后一部分内容，但却是投资者首先要看的内容。摘要将从创业计划书中摘录出与筹集资金最相关的细节，包括对公司内部的基本情况、公司的能力以及局限性、公司的竞争对手、营销和财务战略、公司的管理队伍等情况简明而生动的概括。如果公司是一本书，摘要就像是这本书的封面，做得好就可以把投资者吸引住。

（2）论证独特的产品或服务。在创业计划书中，创业者应提供所有与企业的产品或服务有关的细节。还要对投资者说明的内容包括：该产品（服务）现在正处于什么发展阶段，它与其他产品（服务）相比的独特性，销售产品（服务）的策略，产品（服务）的目标客户，产品的生产成本及定价，企业开发新产品的计划等。创业计划书的目的不仅是要让投资者相信企业的产品（服务）将会在市场上产生巨大的影响，而且也要让投资者相信企业提供的证据是经过充分论证的，创业计划是可行的。

（3）了解潜在的竞争对手。在创业计划书中，创业者应该仔细分析竞争对手的情况。要告诉投资者的内容包括：竞争对手是谁，竞争对手的销售额、利润率及其市场份额。在了解竞争对手的基础上，突出创业企业产品或服务的特点、潜在的竞争优势以及应对竞争的方案。要让投资者相信，本企业将是该行业中一个有力的竞争者。

（4）展示自信的管理团队。把一份创业计划书转变为一个成功的企业，其关键是要有一个强有力的管理团队。投资者深知一个良好的管理团队对企业的重要性。因此，在创业计划书中要向投资者展示你的创业团队。要描述一下管理团队中每位成员的职责，每位成员将对企业作出什么样的贡献，以及为什么要聘用他们来担任这一角色。

（5）制订可行的行动方案。再具有创意的创业计划也要通过行动才能实现。为了顺利开展创业活动，创业计划书中应该明确回答下列问题：从供应链角度而言，企业如何把产品推向市场，如何设计生产，企业生产需要哪些原料，怎样得到原料等；从利益相关者而言，企业应该如何处理好与股东、投资者、政府、合伙人之间的关系。

创业聚焦 7.2 ▶▶

风险投资最爱看到的商业计划

风险投资公司每天从各种渠道收到的商业计划书都很多，每天能用来看商业计划书的时间却是有限的。因此，我建议第一次给投资人的商业计划书，最好用 PPT 的形式。一方面 PPT 图文排版更方便、表现力更丰富，方便讲清楚创业项目；另一方面 PPT 一般是按页查看，让人更有耐心去了解。PPT 的内容大概在 20 页左右，不要刻意控制页数，重在把每块内容说清楚。

第一部分（2 ～ 3 页）：What——讲清楚你要做什么

用 2 ～ 3 页 PPT 讲清楚你准备干一件什么事。不要整页 PPT 都是大段文字，你要做的事应该是一两句话就能说清楚的。最好能配上简单的功能示意图，让人对项目一目了然。

第二部分（4 ～ 6 页）：Why Now——行业背景、市场现状

用 4 ～ 6 页 PPT 讲清楚行业背景、市场发展趋势、市场空间。要说明你在正确的时间做正确的事，而且市场空间大。

市场大，不代表有需求。要描述在目前的市场背景下，你的项目抓住了用户的一个痛点或者你的项目可以为用户带来更高性价比的产品或服务。尽量列出与竞争对手的对比分析，表明当前的商业机会。

第三部分（5～10 页）：How——如何做，以及现状

用 5～10 页 PPT 讲清楚商业模式实现的具体方案，包括产品的研发、生产、市场、销售策略。这里应描述这个项目是如何实施的，以及最终达成的效果。建议多研究一下精益创业。产品规划和创业步伐要小步快走，并进行阶段性验证，调整产品思路和商业模式。

第四部分（2～3 页）：Who——你的团队

用 2～3 页 PPT 讲清楚团队的股份和分工。团队要有合理分工，需要介绍团队主要成员的背景和特长。强调个人的能力适合该岗位，团队的组合适合创业项目。

项目是靠人来执行的，不同的团队发挥的效果不同。要让投资人知道你不是一个人在战斗，有没有团队也从侧面说明了你的个人领导力。

第五部分（1～2 页）：Why you——优势

用 1～2 页 PPT 讲清楚你的项目和团队优势。“事为先、人为重”，让投资人相信你要做的事非常有前景，而且你们团队很适合这个项目。回答好两个问题：“为什么是现在做这个项目？”“为什么你们能做成功？”

第六部分（2～3 页）：How much——财务预测与融资计划

用 2～3 页 PPT 讲清楚前三年的财务情况，以及后三年的财务预测。早期项目的盈利不重要，投资人主要对高增长性感兴趣。应表明你的融资计划，需要多少资金，准备稀释多少股份。

资金需求一般需做一年的规划，阐释这一年内项目要达成什么目标，达成这个目标需要多少钱。稀释的股份要少于 30%，稀释太多你就失去了控制权，稀释太少投资人可能不太感兴趣。

很多投资人会从商业计划书的准备情况来判断创业者的综合素质。因此，商业计划书是创业者给投资人的第一印象！

资料来源：http：//www.sohu.com/a/217670406_100055181.

7.4 创业计划书的组成部分

7.4.1 封面和目录

创业计划书的封面应该是专业、条理、富有吸引力的，一般包括四部分内容：

（1）有公司名称在内的创业计划书字样；

（2）公司的标识和宣传口号；

（3）创业者的姓名及联系方式；

（4）撰写商业计划书的日期信息。

创业计划书的目录应该足够详细，便于投资者快速找到其希望阅读的内容，但也不需要过分详细，占用计划书的太多页面，给人烦冗拖沓的印象。一般而言，在详细程度上列至二级目录即可。

7.4.2　执行概述

创业计划书的执行概述必须全面、精练、突出重点，投资者都希望能在计划书中看到一个富有吸引力、反映重点的概述。一般执行概述的编写放在最后，在整个创业计划书完成后才编写，这样在最终总结时才能与每部分的描述相一致。由于执行概述都是放在计划首位，因此，概述如果不能很好地吸引投资者，他们往往不会再继续看下去。概述必须要体现出整个创业计划的质量。

精选的执行概述需要回答：谁将管理新企业？新企业准备做什么？新企业所有的要求是什么？创业计划何时实施？新企业如何取得成功？执行概述就像个鱼饵，如果写得精彩，投资者将会一直读下去。

7.4.3　公司简介

1. 公司描述

首先，需要简要描述公司相关行业背景、发展历史，解释到目前为止公司已经做了什么，创建公司的动机是什么，公司是哪种法律组织形式等。其次，应该连同公司未来的发展潜力、竞争优势进行详细描述。

2. 愿景使命和核心价值

愿景（vision）是一幅描绘企业期望成为什么样子的图景，从广义上讲，就是企业最终想要实现什么。愿景指明了企业未来的前进方向，它能够帮助企业员工了解自身在企业中的职责，同时员工也会面临相应的压力和挑战。

公司使命（mission）比愿景更加具体，指明了一家企业在经济发展过程中所承担的角色和责任。它是企业的根本性质和存在的理由，说明了企业的经营领域、经营思想，为企业目标的确立与战略的制定提供了依据。

企业价值观（value）是指企业及其员工的价值取向，是指企业在追求经营成功过程中所推崇的基本信念和奉行的目标。从哲学上说，价值观是关于对象对主体有用性的一种观念。而企业价值观是企业全体或多数员工一致赞同的关于企业意义的终极判断。简而言之，企业的价值观就是企业决策者对企业性质、目标、经营方式的价值取向所进行的选择，是被员工所接受的共同观念。

创业聚焦 7.3 ▸▸

著名企业愿景和使命

企　业	愿　　景	使　　命
西门子	成为行业标杆	为消费者和股东创造价值
华为	丰富人们的沟通和生活	聚焦客户的挑战和压力，提供有竞争力的通信解决方案和服务，持续为客户创造最大价值
绿城集团	理想生活综合服务商	为员工创造平台，为客户创造价值，为城市创造美丽，为社会创造财富
联合利华	让可持续生活成为常态	每一天，我们都致力于创造更美好的未来； 我们的优质产品和服务，使人心情愉悦，神采焕发，享受更加完美的生活； 我们将激发人们：通过每天细微的行动，积少成多而改变世界；我们要开创新模式，在将公司规模扩大一倍的同时减少我们对环境的影响
英特尔	超越未来	成为全球互联网经济最重要的关键元件供应商，包括在客户端成为个人电脑、移动计算机的杰出芯片的平台供应商；在服务器、网络通信和服务等方面提供领先的关键元件解决方案

资料来源：https：//www.yuwenmi.com/biaoyukouhao/344948.html.

7.4.4 机会分析

1. 环境分析

创业环境分析是发现创业机会的基础，是进行创业可行性分析的前提。创业环境的动态性、复杂性甚至敌对性，能给创业者带来机遇，也能给创业者造成威胁。创业者必须清楚宏观的、微观的、行业的等各种环境因素及其发展趋势，判断对具体行业、企业的影响是限制性的还是促进性的，只有这样，创业者才能抓住机遇，避免严重威胁，成功创业。在评价创业环境时，常用的评价依据是全球创业观察中的 9 个方面，分别包括：金融支持、政府政策、政府项目支持、教育与培训、研究开发转移、商业和专业基础设施、进入壁垒、有形基础设施、文化与社会规范。宏观环境分析也可采用 PEST（politics，economy，society，technology）分析法，微观环境采用 SWOT（strengths，weaknesses，opportunities，threats）分析法。

2. 竞争分析

竞争分析是机会分析的一个重要组成部分，一般应提供如下内容：一是通过识别竞争者、潜在进入者，来评价竞争强度，构建竞争优势；二是通过解释新产品或技术的竞争地位与当前市场的动态匹配性，来展示团队的能力和知识。在这一过程中，存在两方面的挑战：一方面，是商业计划必须说明在企业潜在顾客并没真正埋单的情况下，如何有效竞争；另一方面，是在现有企业构筑竞争屏障的情况下，如何参与竞争。竞争分析包括的因素很多，如地理位置、产品选择、核心技术、资源获得、成本财务、管理团队等。创业者在进行竞争分析时，很多会使用迈克尔·波特（Michael E.Porter）的五力竞争分析模型，这五种力量分别为：同行业内现有竞争者的竞争能力，潜在竞争者进入的能力，替代品的替代能力，供应商的讨价还价能力，购买者的讨价还价能力。

7.4.5 营销策略

通过对企业的市场状况进行调查，可了解目标市场、市场规模、市场人群特征、顾客需求、顾客特征、竞争对手等信息，从而提出有效的营销策略。营销策略一般可分为两种，传统的“4P”策略、“4C”策略，以及基于互联网时代诞生的创新性营销策略，如口碑营销、社区营销等。

传统的“4P”策略主要是从企业的角度出发，即产品、价格、渠道和推广；“4C”策略主要是从顾客的角度出发，即消费者、成本、便利和沟通。由“4P”到“4C”也是企业从以产品为中心向以顾客需求为中心的转变。当前，也有专家提出了“7P”，主要是在原有基础上增加了行业展示、流程和人员。

随着互联网技术的发展，许多创新性的营销策略也随之诞生，如口碑营销、社区营销等。口碑营销主要是指由生产者以外的个人通过明示或暗示的方法，不经过第三方处理、加工，传递关于某一特定或某一种类的产品、品牌、厂商、销售者，以及能够使人联想到上述对象的任何组织或个人信息，从而导致受众获得信息，改变态度，甚至影响购买行为的一种双向互动传播行为。其中，比较典型的案例是小米手机，小米手机就是通过“米粉”这一群体不断传播好口碑，从而引爆营销的。社区营销是指以互联网为场所，如知乎、脉脉、社群、论坛等，通过互联网传播企业产品或服务的营销方式。

企业要充分了解自己的顾客，根据顾客群体的特征，制定合适的营销策略，从而让企业的产品（服务）有效触达目标顾客。

市场分析包括市场证据调查和目标市场细分两部分。市场证据调查，主要是为了证明该创业项目是存在市场机会的。这个证据应该表明市场规模，包括数量和价值两方面。目标市场细分应该是将某些具有共同特征的群体划分为一个子市场，包括人口统计特征、心理、年龄或者地域特征。

7.4.6 管理团队

许多投资人一般首先会阅读商业计划书中“管理团队”这一部分。甚至有的投资人宁愿投资具有二流创意的一流团队，也不愿意投资具有一流创意的二流团队。实质上，它表达的意思是，创业企业中卓越的创业团队对于企业的成功极其重要。也就是说，管理团队是影响投资决策的首要因素。

具体来说，这一部分应该包括以下内容：

（1）确定高层管理者和核心顾问。内容应该包括相关人员的经验、经历及其证明。很多情况下，都要以附录形式进行呈现；

（2）确定董事会成员（如果有的话），并提供相关个人背景或提供 1 ～ 2 页的个人简历；

（3）识别管理团队能力的不足，应该包括企业是否希望增加新雇员来弥补这些不足的有关信息；

（4）确定积极支持企业发展的顾问；

（5）确定管理团队的组织结构。

7.4.7 财务分析

创业计划书的财务分析部分是创业计划书内容的数字化展示。这部分应该使用财务数据展示创业成功的可行性。投资者经常在阅读创业计划书其他内容之前直接审阅执行总结和财务计划。如果财务数据看起来不错，他们才有可能阅读创业计划书的其他内容。因此，财务估计必须尽可能真实，不要进行一些不切实际的估计，这样会让潜在的投资者和借款人拒绝投资该创业项目。财务数据既要符合一般的市场状况，也要符合创业计划书中提到的实际情况。

1. 资金来源与使用

这部分是创业启动成本的数字化表现，以及用文字描述的资本要求。这部分需要说明期望的资金来源和如何使用资金。尽可能地列出完整、详细的成本清单是非常关键的。

2. 现金流量表

现金流量表所表达的是在 3 ～ 5 年内，新创企业的现金增减变动情形。现金流量表的出现，主要是要反映出资产负债表中各个项目对现金流量的影响，并根据其用途划分为经营、投资及融资三个活动。现金流量表有助于投资者分析该项目的财务潜力和风险。

3. 资产负债表

资产负债表，将表示新创企业在 3 ～ 5 年内的财务状况。资产负债表利用会计平衡原则，将合乎会计原则的资产、负债、股东权益交易科目分为“资产”和“负债及股东权益”两大块，在经过分录、转账、分类账、试算、调整等会计程序后，以特定日期的静态企业情况为基准，浓缩制成一张报表。其报表功用除企业内部核算、经营方向调整、防止弊端外，还可让投资者在最短时间内了解企业的经营状况。

4. 利润表

利润表是反映新创企业在 3 ～ 5 年内生产经营成果的会计报表。一般新创企业在创业初期的几个月至几年内都会是亏损状态，这主要取决于企业的类型。创业初期企业出现亏损是正常的，但是必须将企业亏损和企业所处标准进行比较。创业计划书中利润表的编写必须显示最准确的估计，且应该建立在详细的销售、定价、成本及其他数据基础上，这才有助于把企业收入最好情况、最差情况和期望情况展示给投资者。

5. 盈亏平衡分析

盈亏平衡分析是通过盈亏平衡点分析项目成本与收益平衡关系的一种方法。各种不确定因素，如投资、成本、销售量、产品价格、项目寿命期的变化都会影响投资方案的经济效果，当这些因素的变化达到某一临界值时，就会影响方案的取舍。盈亏平衡分析的目的就是找出这种临界值，即盈亏平衡点，让投资者判断投资方案对不确定因素变化的承受能力，从而为决策提供依据。（盈亏平衡点 = 固定成本 / 单位毛利）

6. 比率分析

比率分析是利用新创企业的财务信息，预测它能不能达成未来的利润预估值。比率分析包括资产负债表项目和利润表项目之间的比率，其常常能对初创企业的风险水平、创造利润的能力等方面提供独特的参考视角。

7. 财务风险

财务风险是指由初创公司财务结构不合理、融资不当使公司可能丧失偿债能力而导致投资者预期收益下降的风险。财务风险是初创企业在财务管理过程中必须面对的一个现实问题，创业者只能采取有效措施来降低财务风险，而不可能完全将其消除。创业企业常用的防范财务风险的措施有：

（1）建立财务预警分析指标体系；

（2）建立短期财务预警系统；

（3）确立财务分析指标体系；

（4）树立风险意识，健全内控程序。

7.4.8 融资与退出

1. 创业融资策略

创业计划书应该凭借创业财务计划说明自身的资金需求。创业融资要通过谈判达成，需要创业者准备组织这部分内容，写明期望的融资条款，若需要出让部分股权或者寻找合作伙伴，还可以咨询法律顾问，制定一份合适的协议。在不同的情况下，融资策略也有所不同，具体内容如表 7-1 和表 7-2 所示。

表 7-1　按创业阶段划分的融资策略

种子期	自有资金、亲朋借贷、天使投资、政府扶持
创建期	股权性的机构风险投资
生存期	负债融资、融资组合
扩张期	债务融资、增资扩股
成熟期	首次公开上市

表 7-2　按其他要求划分的融资策略

资金额度	小额	员工集资、商业信用、典当
	大额	权益投资、银行贷款
需求期限	短期	短期拆借、商业信用、民间借贷
	长期	银行贷款、融资租赁、股权转让
成本承受能力	弱	股权转让、银行贷款
	强	短期拆借、典当、商业信用融资

2. 创业退出策略

创业投资退出是指投资机构在其所投资的创业企业发展相对成熟后，将所投的资金以股权形态转化为资金形态。退出策略是创业计划书中的一项重要内容，包括产业退出、市场退出、股权退出等。退出策略的时机选择、方式选择体现了科学性和艺术性，尤其需要专业的分析方法和工具。对于科技型企业的创业者而言，主要有以下三种退出方式。

一是首次公开上市（IPO）：这是创业投资退出最重要的渠道之一，但由于存在“投资规模巨大而 IPO 规模有限”的矛盾，所以这一方式所占比例最小。二是转售：转售就是创业家将所持股份卖给另外的投资者。三是被收购：科技型创业企业可以选择在公司未来投资收益的现值比公司的市场价值高时把公司出售给收购者。

7.4.9　附录

附录主要用来解释创业计划书中不能详述的例子和细节，可以增强创业计划书的说服力。附录部分可以包括创业者和创业团队的简历、产品设计样本与图解、财务计划细节、市场调查报告、政府政策文件、合作者基本情况等。为了提高检索便利性，每一个附录内容都应该编号并根据正文位置排序。内容丰满而又整齐有序的附录，既能让投资者认同创业计划书的可行性，也为后续创业提供了丰富的素材。

7.5　创业计划书的推介

创业计划书准备就绪后，接下来的任务是将创业计划书展示给投资者、创业投资协会等。

7.5.1　创业计划书展示简介

在创业计划展示前，除了要做足充分的材料准备，还需要进行预先演练，模拟展示过程中会出现的各种情况，保证展示过程的顺利、流畅、专业。

创业者在展示自己的创业计划书时，可采用概述性的陈述方法，重点突出那些吸引投资者兴趣的地方。一般的创业计划展示会被限制在 5 ～ 20 分钟内，而点睛之笔应该限制在 15 ～ 30 秒。因此，需要创业者精准把握投资者最感兴趣的点，并在展示中的短时间内通过合理的方式，准确地传达给投资者。

同时，创业者还需要做好被投资人挑剔、质疑、拒绝的准备和勇气。投资人对创业计划书会进行各种提问，有时甚至会表现得咄咄逼人，创业者要理解投资者的心理状态，及时调整好自身心态，准确把握投资人的核心问题，并用得体、严谨的方式回答，做到双方信息的对称。如果能够获得投资人的青睐最好，不能也不要过度失望，积极争取给投资人留下好印象，获得下一次的机会。

7.5.2　创业计划书展示技巧

合适的展示技巧能够大大提高投资人对创业者的印象，使投资人更准确、明晰地了解创业者到底要做什么？有什么市场前景？投资的回报和风险在哪？创业者有什么独特的人格品质和创业特质？一般来说，创业者的展示技巧包括时间、观众、展示风格、展示内容和后续工作五个方面，具体内容如表 7-3 所示。

表 7-3　创业者的展示技巧

时间	• 准时、按时开始 • 合理安排时间，提高时间使用效率
观众	• 了解你所面对的观众并相应调整你的展示 • 与观众建立互信的关系
展示风格	• 着装得体并保持职业化的行事方式 • 充满热情，但不做作、傲慢 • 使用正确的语言和语调
展示内容	• 设计一个“诱饵”快速吸引观众 • 抓住关键，但不要过多讨论细节 • 突出重点、简明扼要，同时避免使用专业技术术语及缩略语 • 使用视觉帮助，以强化所要传递的信息，吸引观众注意 • 强调机会收益，这样观众才会完全理解机会 • 结束展示时要向观众致谢
后续工作	• 估计并准备回答问题 • 回答问题要深思熟虑、态度积极 • 接触每一个观众以使他们对你的目标感兴趣

资料来源：Steve Mariotti，Caroline Glackin.Entrepreneurship：Starting and Operating a Small Business[M]. Pearson Prentice Hall，2006.

7.6 实训案例

估值百亿的 Airbnb 的商业计划书：教科书级别的 BP

Airbnb 是一个做共享空间的公司，与优步齐名。它把全球很多民宅、民宿共享出来给游客。

经过不到十年的发展，它的市值目前已经超过许多全球的酒店业，可能已经是目前全球市值第二位的公司，仅次于万豪和 SPG 喜达屋集团。

Airbnb 早期的 BP（商业计划书）简单明了，只有 14 页 PPT，但却清晰地阐明了商业模型和能够解决的问题。而现在的创业公司动辄数百页的 BP，文字繁多，条理不清，让投资人看得云里雾里。

这个 BP 来自于早期的 Airbnb，2011 年之前 Airbnb 天使融资使用的 BP，融资需求为 50 万美元。正是凭借着成功的天使轮，Airbnb 发展成为如今 250 多亿美元市值的公司。这个 BP 写得非常的精炼，仅 14 页 PPT，但它却是非常标准的。

一、封面

第一页，就以一句话的形式呈现出“我们是干什么的”。我们是“Air Bed&Breakfast”，这是第一点。

二、痛点

第二页，直接陈述目前这个市场存在的一些需求和痛点。

目前，游客出行住宿的时候存在的问题：价格方面比较高；我们住的酒店都是统一的标准，很难体验到当地的风土人情；很多房东有很多闲置的房屋，他们怎么样去产生价值。

因为这是双边的需求，所以双边都存在痛点。

三、解决方案

那第三页就告诉大家，“我是怎么样解决这个问题的”。

通过这个解决方案可以让游客省钱，也可以让房东赚钱，然后在旅游的过程当中游客还可以体验到当地的风土人情和文化。

四、市场规模

那展示了这个需求和解决方案之后，还要告诉大家的内容是这个市场的规模到底有多大。

接着用两页 PPT 告诉大家，这个市场的规模以及自身对未来的展望。

五、产品

然后，再详细陈述自身的产品形态。

同时，也会告知投资者我们是怎样赚钱的，我们的商业模式是怎么样的。同时，非常好的商业预期、未来的推广方案和计划也逐一呈现。

六、竞争对手

分析企业在这个市场当中的竞争对手有哪些？跟他们相比，我们的特点和优势在哪里？

七、团队

我们这个团队由哪些人构成？他们分别负责哪个模块？他们自己的经验是什么？对于我们实现这个项目的价值在哪里？

除了这个运营的数据之外，还可呈现一些媒体对我们的报道，以及用户的反馈。

接下来，还要向投资者说明要达到这个目标，我们想要融多少钱，以及具体的融资条件。

以上，就是一个非常清晰和简单的商业计划书的全部内容。

资料来源：http：//www.sohu.com/a/211899183_177694.

讨论题

1. 一份优秀的商业计划书包括哪些内容？
2. 为什么 Airbnb 仅凭 14 页 PPT 就能够获得投资人的青睐？
3. 请为你的创业构思撰写一份创业计划书。

【在线测试题】扫码书背面的二维码，获取答题权限。

第8章　创业融资

引导案例　**今日头条融资故事：得到的与错过的**

SIG（海纳亚洲创投基金）

2012年春节，大年初七，张一鸣在咖啡馆给王琼在餐巾纸上画出了他心中的产品原型。字节跳动在2012年3月12号注册，SIG在2月份就给了A轮的TS，同年年底时又追加了100万美元的A+轮，给了100万美元的过桥贷款。今天字节跳动占据中国互联网用户的总时长超过10%，SIG依然是头条最大的机构股东。中国VC发展这些年，能够在单一项目上赚到最高回报的（数百亿美元），一定是SIG。

DST（总部位于俄罗斯的投资公司）

DST是数据驱动的VC，投资主要围绕着一个人如何生活，以及互联网如何改变了人们的生活。DST认为头条取代了看新闻，这种现象验证了强需求存在的公司，会变得越来越强。代表DST投资头条B轮的人是周受资，他当时看好头条的原因有三：①创始人非常强；②对大方向看得极其清楚；③数据非常好看。

新浪和360

冷启动是推荐引擎的重大门槛，“头条”想要优化推荐就必须获得更多数据，所以2014年“头条”曾经找过新浪、360、小米和凤凰融资，期望获取他们更多的用户数据来帮助推荐完成冷启动。

新浪在“头条”只有50人的时候来聊过，但没投资，觉得它不是个大项目。后来在“头条”5亿美元那轮经各方牵线搭桥投了资，但当时依然觉得VC要价太狠、太贵，只拿了很少一部分股份。在60亿美元那轮之前，新浪就退出了。当然，有个时间背景是2015年起微博复兴，彼时新浪应该已经意识到跟“头条”是直接竞争关系了。

至于360，张一鸣曾经为了要微博和360的数据，接受了投资。但后来360的董事会劝说周鸿祎把“头条”的股份全卖掉，他本人非常后悔这个决策。

天使投资人

360错过了“头条”，但从360出来的刘峻没有。刘峻是“头条”第一个天使投资人。《腾讯没有梦想》一文激起腾讯和“头条”冲突讨论后，“头条阵营”中也是刘峻最初出来发文《腾讯的七条命》，指出腾讯依然是想象不到的强大。

在天使阶段投过“头条”的还有以太资本的周子敬。2012—2013 年的张一鸣经常找他的投资人聊天，从他们身上吸取营养。张一鸣对于这些在他成长路上帮了点小忙的投资人们，也都非常慷慨地给予了回赠。

曹毅曾经在 B 轮时在红杉内部推过“头条”，但没被通过。后来他离开红杉出去做了源码资本，成了张一鸣唯一个人投资的公司。在“头条”5 亿美元那轮，源码资本报了 500 万美元，这也是它的第一笔投资，后来有机会曹毅都会追加对“头条”的投资。曹毅跟张一鸣也有很好的私交，“头条”5 周年大会中曹毅好像是唯一的外部嘉宾，他当时在中航的食堂就说过，“一鸣就是中国的扎克伯格，头条应该是千亿美元级别的公司”。

今日头条在早期的融资中，经历了得到与错过，不管怎么说，如今字节跳动（今日头条母公司）的发展已经直逼“BAT”，是中国互联网行业中不可忽视的存在。

资料来源：https：//m.huxiu.com/article/268415.html?f=app_android_friends.

案例启示

创业者面临的最大困难是什么？“2018 全球青年创业者大会”上，不凡商业面向服务的上万名创业者进行了一次问卷调查，目的是了解创业者的生存现状。调查结果显示：74% 的创业公司表示受到市场寒冬影响，60% 的创业公司遇到融资困难，64% 的创业公司在当年没有完成业务目标。

融资困难是创业企业普遍存在的问题。今日头条以算法为主，智能推荐用户所需信息，这与传统资讯行业以内容为主不同，因此起初并不被看好，众多资本大咖并没向其投资，但后来却获得了 SIG、DST 等投资机构的支持，发展成为了直逼“BAT”的大型互联网集团公司。因此，创业者在融资过程中，并非一帆风顺，很多都是在经历了各种曲折后才获得成功，这就要求创业者时刻做好准备，规划好企业的发展方向，当融资机会来临时才能够把握住。

本章知识结构图

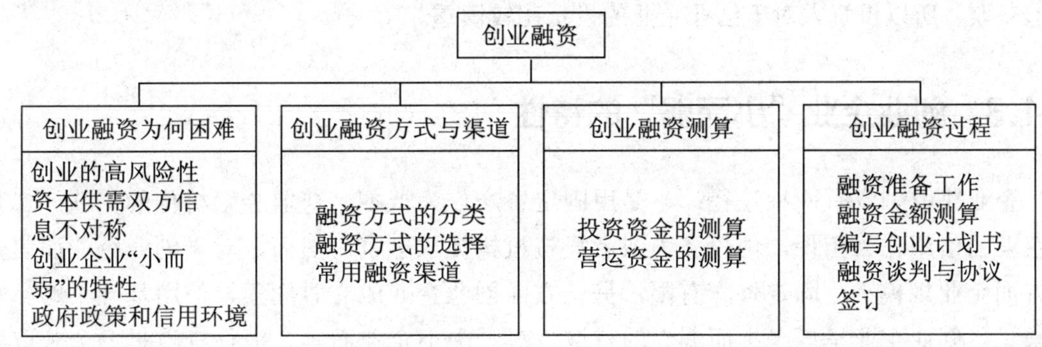

8.1 创业融资为何困难

8.1.1 创业企业的高风险性

创业本身就是一种伴随着机会与风险的活动。虽然有的创业者能够成功，从小企业成长为大企业，不仅实现了个人价值，而且创造了社会价值。然而创业成功者毕竟是少数，在中国创业失败率更是高达 95%，创业企业的平均寿命不超过 3 年。正是创业本身的高风险性，导致了创业企业的融资困难。对于创业者而言，由于市场的不确定性，很可能因为一个错误的决策判断，最终使得企业破产。在千变万化的市场环境中，创业者很难判断创业机会的可行性和经济性。对于投资者而言，投资的主要目的是为了赚取利润，而创业的高风险性，使得投资人进行投资决策时，考虑非常多的因素，因此也会十分谨慎。创业企业的高风险性也使得投资人更加谨慎，相应地增加了创业企业融资的难度。

8.1.2 资本供需双方信息不对称

相对于投资者，创业者对于所选项目、自身能力、创新水平与市场前景等信息的认识处于优势地位。投资人对于不同创业者的了解程度有差异，他们会根据自己的认知来判断是否投资。有些创业团队可能素质一般、技术有缺陷、市场前景也不明朗，但他们将数据与材料包装成精美的 PPT，加之编制了一个生动感人的好故事，让投资人误以为这是一家十分有前景的企业，因而获得了投资。而有些真正优秀、有前景的企业，有可能因为在这一方面做得不够到位，而被投资人忽视，因而没有获得投资。这就是所谓的逆向选择问题。被投资的创业者往往是具有大股东优势的经营管理者，他们有可能通过改变资金用途、关联交易、股权稀释、给自己过高的报酬等，对投资人的利益造成侵害，然而投资人对此却很难监控。创业企业的基本信息大多都是内部化的，很难通过一般的渠道获取，所以投资人对于创业企业的投资比较慎重。

8.1.3 创业企业“小而弱”的特性

企业获取融资有两种途径：一是用固定资产作为抵押，获取金融机构的贷款；二是以企业的信用作为担保，由投资人或者投资机构提供融资。然而，对于创业企业而言，一方面企业规模小，固定资产有限，另一方面创业企业成立时间短，信用基础不够。总的来说，创业企业呈现“小而弱”的特性。对于中小企业而言，银行贷款是一个获取融资的理想渠道。然而，国有商业银行一般只做“锦上添花”的事，偏向于给拥有国家信用担保、短期风险较小、综合收益较高的大企业、大项目发放贷款；而新创企业本身风险就高，再加上“小而弱”的特性，既缺乏固定资产抵押，又没有足够的信用作担保，出于规避风险的考虑，银行往往不愿意向创业企业提供融资。因此，创业企业自身的特性与投资人规避风险的心理矛盾，使得融资变得更加困难。

8.1.4 政府政策和信用环境

1. 宏观制度体系不健全

政府在宏观管理方面制度不健全，管理体制滞后，导致对初创企业发展的外部支持较弱。政府在宏观管理方面的滞后性是我国初创企业在创业初期面临的最主要难题。政府对于初创企业的管理分属于不同的机构和部门，不同政府部门管理规则和方法不尽相同，通常会在管理过程中发生口径不一致的状况，导致政府宏观管理的低效率和初创企业的艰难发展。

2. 金融市场法律法规不完善

金融市场法律体系的不完善，致使资本市场投资风险增大，主要资金往往流向看似风险度更低的大企业。虽然国家近几年已经实行了有利于初创企业融资的相关政策、法规，但是由于司法部门还尚未形成一套完整的融资法律体系，初创企业的融资难度依然较大。

3. 社会信用建设缓慢

良好的信用是融资的通行证。由于中国人口众多、行业类型丰富，但是目前尚未能建立完善的社会信用数据库，整个社会信用体系的不健全和不完善直接制约了初创企业贷款融资和生产活动的开展。这在一定程度上导致了创业者无法通过个体信用获得融资。

4. 担保体系不健全

由于抵押贷款或信用贷款对初创企业存在“歧视性”偏见，所以创业企业更多倾向于担保贷款。一般金融担保企业在为其他企业承担担保责任时，都需要在保证自身利益不受损害的前提下进行。部分发展不够均衡的中小型金融担保机构由于缺乏良好的贷款后监管机制，所以不愿意为创业企业担保，而大型商业性质担保机构更偏爱于大型企业，所以也不愿为创业企业提供担保。

8.2 创业融资方式与渠道

创业融资的方式有许多种，从不同的角度可以有不同的分类。从资本属性，可将其分为股权融资与债权融资；从融资来源，可将其分为内部融资与外部融资；从融资活动是否有金融机构介入，可将其分为直接融资与间接融资；从融资期限，可将其分为长期融资与短期融资。

8.2.1 融资方式的分类

企业的融资方式主要有股权融资与债权融资两种。

股权融资也叫权益融资，即创业者用未来企业的部分股权换取创业融资，股权投资者成为企业的部分所有者，即股东。债权融资对于创业者来说主要是商业信贷，通过向商业银行贷款获得资金，而银行对贷出的款项要求必须按期还本付息。

一般来说，不管是新创企业还是已建企业，如果创业者不想过度分散自己的股权但又想获得充足的运营资金，则企业不仅要采取股权融资，还要采取债权融资。表 8-1 为股权融资和债权融资的优缺点对比。

表 8-1 股权融资和债权融资优缺点的比较

融资类型		优　点	缺　点
股权融资	使用个人存款	独享全部利润 减少债务数额	可能损失自己的现金 需要个人或家庭付出很多 丧失了存款用于其他投资的收益
	建立合伙企业	宽松的现金来源 较小的压力和制约	有私人关系破裂的风险 可能增加企业运作的复杂性
	建立有限责任公司	可筹集较大量的资金 分散财务风险 降低法律风险 降低税赋	让出部分利润 让出企业部分所有权和控制权
	获得风险投资	这类资金就是为了帮助小企业 有利于获得融资	只注重资本增值
债权融资	各种形式借款	比较容易获得 企业所有权和控制权得以维护 可自主选择有利时间偿还 可以节约自有资金 借款成本可在税前列支 通货膨胀益于降低借款成本	创业初期偿还本息资金压力较大，要承担未来利润不足以偿还利息的风险 可能导致滥用和浪费资金 贷款机构可能会附加限制条款

8.2.2 融资方式的选择

创业融资不只是在创业初期筹集启动资金，同时也包含了整个创业过程的所有融资活动。在创业企业的融资过程中，融资结构十分重要。融资结构是指创业者从不同渠道获取的资金之间的构成及比重关系，即创业者的资金中股权融资与债权融资的比重。对于不同性质的企业来说，融资结构也相应不同。如何选择融资方式，有以下几方面因素需要考虑。

1. 创业阶段

在创业企业的不同阶段，资金的需求量及风险程度存在差异，而且不同的融资方式获取的资金也不同，创业者在融资时应当考虑到企业所处的阶段。在种子期和启动期，企业处于高度的不确定性中，投资机构很少介入，融资十分困难，主要依靠自我原始积累或者亲戚朋友支持，以及从外部投资者获取天使投资。因此，建立在血缘以及信任关系基础上的个人资金是初始阶段的主要融资渠道。在成长初期，创业企业已经拥有前期的经营基础，对于资金的需求量也逐渐增大，前期的个人投资已经不能满足企业发展所需。而企业积累不够，难以获得债务融资，即使获得，高昂的预定利息也是一笔沉重负担。因此，处于成长期的创业者更倾向于通过股权进行融资，一方面不需要支付利息，另一方面即使失败了也不需要背负债务。在成长后期，企业表现出良好的成长性，也具备了一定的资产规模，对于资金的需求量进一步增大，稀释股权不再合适，可以选择银行贷款、商业信用等债务融资方式。因此，进入成熟期，债券、股票等资本市场可以为企业提供丰富的资金来源。

2. 融资成本

融资成本是企业为筹集和使用资金而付出的代价。融资成本越低，融资收益越好。由于不同融资方式具有不同的资金成本，为了以较低的融资成本取得所需资金，企业自然应分析和比较各种筹资方式的资金成本高低，尽量选择资金成本低的融资方式及融资组合。债务性融资的成本主要表现为获取债务资金所需支付的利息，金额固定；股权性融资的成本表现为投资人获得企业部分股权，按股权比例获取企业未来的潜在收益，由于未来的不确定，所以股权融资的成本也不确定，且股权融资会影响到创业者对企业的控制权，影响创业者的决策，甚至影响企业的发展。一般来说，股权融资的成本要高于债务融资。

3. 创业企业特征

创业企业的初始资源、所处行业、盈利能力与发展前景各不相同，在融资方式的选择上也应当考虑到企业的特征，选择适合企业发展的融资方式。首先，应考虑初始资源是否丰富。对于原始资本较多的企业而言，融资的依赖性不高，再加上资源禀赋丰富，可采取抵押方式获取银行贷款；若初始资源缺乏，则可通过股权融资，缓解前期资金压力。其次，应考虑创业企业所处行业。企业所处行业的竞争激烈，且整个行业的获利能力呈下降趋势时，则应考虑用股权融资，慎用债务融资；企业所处行业的竞争程度较低，且企业的销售利润在未来几年能快速增长时，则可考虑增加负债比例，获得财务杠杆利益。最后，还应考虑企业的盈利能力与发展前景。企业的盈利能力越强，发展前景越好，越有能力承担财务风险，债务融资是一个不错的选择；而企业盈利能力下降，发展前景欠佳，企业应尽量少用债务融资方式，以规避财务风险，企业可选择股权融资或者两者结合的融资方式。

与此同时，还应该考虑国家的政策支持，如对战略型新兴产业给予贴息贷款，对农业的政府担保贷款等。国家的经济发展趋势也要考虑，如果处在通货膨胀率较高阶段，则可考虑债权融资，抵消通胀压力。

8.2.3 常用融资渠道

了解资金筹集的各种方式及特点，有利于创业者充分利用各种资金筹集渠道，筹集创业所需资金。从我国的现实情况来看，创业者可以利用以下渠道筹集资金。

1. 财政资金

财政资金体现了国家对新创企业特别是高新技术企业的扶持，包括财政补贴、税收优惠、财政担保、设立基金以及建立新创企业发展园区等多种形式。根据中小企业和项目的不同特点，财政资金支持方式主要如下。

（1）贷款贴息，对已具有一定水平、规模和效益的创新项目，原则上采取贴息方式支持其使用银行贷款，以扩大生产规模。

（2）无偿资助，主要用于中小企业技术创新中产品的研发、开发及测试阶段的必要补助、科研人员携带科技成果创办企业进行成果转化的补助，资助额一般不超过100万元。

（3）资本金投入，对少数起点高，具有较高创新水平并有后续创新潜力，预计投产后有较大市场，且有望形成新兴产业的项目，采取资本金投入方式。

创业聚焦 8.1 ►►

无锡尚德的融资路

中澳合资无锡尚德太阳能电力有限公司是一家集研发、生产、销售为一体的高新技术光伏企业，主要从事晶体硅太阳电池、组件、光伏系统工程、光伏应用产品的研究、制造、销售和售后服务。公司的技术和产品水平已达到甚至超过国际光伏行业先进水平。

2001年在澳大利亚度过了14年生涯的施正荣博士，带着自己10多年来在多晶硅薄膜电池领域取得的科研成果回到家乡无锡创业。当无锡市有关领导得知施正荣的名声和他的太阳能晶硅电池科研成果在国内尚属空白时，立即拍板要扶持这位科学家做老板。在市经委的牵头下，无锡市政府联合当地几家大国企投资800万元，组建了无锡尚德太阳能电力有限公司。有了政府资金的鼎力支持，尚德公司有了跨越式发展，仅仅3年时间销售额已过亿元，很快成为业界明星企业。

2. 担保贷款

《中华金融辞库》一书中，对“担保贷款”的定义为：以第三人为借款人提供相应的担保为条件发放的贷款，担保可以是人的担保或物的担保。人的担保，是指有偿还能力的经济实体出具担保文件，当借款人不能履约归还贷款本息时，由担保人承担偿还贷款本息的责任。物的担保，是以特定的实物或某种权利作为担保，一旦借款人不能履约，银行可通过行使对该担保物的权利来保证债权不受损失。具体到银行的贷款业务中，又表现为抵押贷款、信用贷款、担保贷款和贴现贷款等多种形式。对于初创企业，由于缺乏抵押物，所以信用贷款、担保贷款较为常见，如地方政府成立的贷款担保公司，主要是为了解决小微企业融资难的问题。

创业聚焦 8.2 ▶▶

香港船王靠“借钱”致富

在中国运航史上，有两个“船王”靠“借钱买船”发财。其中一个是香港船王包玉刚。他开始创业的时候，就是向伴侣借的钱。他借钱先买一条破船，然后，用这条船去银行典质贷款，贷来了款，再买第二条船。然后，再用第二条船作典质，去买第三条船。他就是采用这类“典质贷款”的方法发展起来的。有一次，他竟然两手空空，让驰名的汇丰银行为他买了一艘极新的汽船。他是如何操纵的呢？他跑到银行，找到信贷部的主任说：“主任，我在日本订购了一艘新船，代价是100万元。同时，我又在日本的一家货运公司签署了一份租船协定，每一年的租金是75万元，我想请贵行支持一下，能不能给我贷款？”信贷部主任说：“你这个点子不错，但你要有担保。”他说：“可以，我用信用状担保。”什么是信用状？就是“货运公司”从银行开出的信誉证明。很快，包玉刚到日本拿来了信用状，银行就批准了给他贷款。他就是用这类“转动式”的“典质贷款”谋划法，在大洋里越滚越大，成为航运之首。

3. 非银行金融机构资金

非银行金融机构主要有信托投资公司、证券公司、租赁公司和创业投资基金、互联网金融机构等。它们能够为创业者提供融资融物、承销证券以及其他融资服务。随着我国金融市场的不断发展和金融体系的日益完善，非银行金融机构为创业者提供的金融服务将更为广泛。例如，希望金融是新希望集团旗下农村互联网金融平台，为个人、三农及小微企业用户提供优质高效的网络贷款，解决了农业创业领域的融资难题。

4. 创业者的自有资金

尽管有些创业者没有动用个人资金就办起了新的企业，但这种情况很少。这是因为从资金成本或企业经营控制的角度来说，个人资金成本最为低廉，而且在试图引入外部资金，尤其是获得银行、私人投资者以及创业投资基金资金的时候，必须投入个人资本。例如，返乡农民工创业，多是通过务工积累的第一笔原始资金，开始自己的创业之路。

5. 企业资金

企业在生产经营过程中，往往会存在暂时闲置的资金，有些企业为了提高资金的利用效率、拓宽经营范围、进行战略性投资，会考虑对新创企业进行投资，或者对科技成果转化提供资金支持，或者与其他机构联合设立创业投资基金，这些都是新创企业创业资金筹集的重要渠道。例如，目前百度、阿里巴巴、腾讯设立的投资资金。

6. 私人资金

许多创业者在创业初期，都是依靠亲戚、朋友或熟人的财力，以及天使投资。这些资金可以采取借款和产权资本的形式。这种以亲情、友情为纽带，不以赢利为目的的资金融通方式，就是在我们身边广泛存在的民间借贷。根据世界银行所属的国际金融公司（IFC）对北京、成都、顺德、温州 4 个地区的私营业主调查发现，我国私营企业中 90% 的初始资金都是由业主、主体创业团队和家庭提供的。

创业聚焦 8.3 ▶▶

天使投资

天使投资（angel capital）是权益资本投资的一种形式。此词源于纽约百老汇，1978 年在美国首次使用，是指具有一定净财富的人士，对具有巨大发展潜力的高风险的初创企业进行早期的直接投资。简而言之，天使投资实际上是风险投资的一种特殊形式，是对高风险、高收益的初创企业最早介入的外部资金。

根据新罕布什尔大学创业中心（CVR）报告，截至 2016 年年底，美国共有 29.78 万活跃的天使投资个人，同比下降 2.3%。2016 年的总投资额为 213 亿美元，同比下降 13.5%，平均投资金额为 715 万美元，同比下降 11.4%。同期活跃天使投资人总数为 297 880 人，同比下降 2.3%。由于中国互联网的浪潮和国家对创业的支持，中国的天使投资发展迅速。2016 年前 11 个月，中国天使投资机构新募集 125 只天使基金，总计共募得 168.30 亿元，排名前五位的天使投资机构分别为：真格基金，创新工场，险峰华兴，联想之星，隆领投资。

7. 外商资金

外商资金是外国投资者以及我国香港、澳门和台湾地区投资者投入的资金。我国自改革开放以来大量引进外资，特别是 20 世纪 90 年代以来，美国国际数据集团、华登国际等国外机构开始进入中国从事创业投资，外商资金已经成为我国创业资金的一个重要来源。

8. 风险投资

创业投资也叫“风险投资”（venture capital，VC），是指在企业发展初期投入风险资本，待创业企业发育成熟后，通过市场退出机制将所投入的资本以股权形态转化为资金形态，以收回投资，取得高额风险收益。世界上第一家风险投资机构“美国研究与发展公司（ARD）”于1964年成立，随后VC机构在中国、俄罗斯等地迅速发展。近年来，中国的VC投资机构逐渐成熟，表8-2列出了中国部分代表性的VC机构。

表8-2 中国部分知名VC投资机构

公司名称	知名合伙人	成立年份	主要投资领域	投资公司
IDG技术创业投资基金	熊晓鸽	1992	移动互联网	百度、腾讯、搜狐、三只松鼠、河狸家、蘑菇街等
经纬中国	张颖	2008	移动社交、互联网金融、智能硬件	安居客、暴风影音、积木盒子、美丽说、拍拍贷、饿了么、陌陌等
达晨创投	刘昼	2000	B2B类的大数据、消费行业、智能智造	蓝色光标、华数电视、爱尔眼科、同洲电子、四维传媒等
深圳市创新投资集团	倪泽望	2002	IT、通信、新材料、生物医药、能源环保、高端服务	潍柴动力、同洲电子、中材科技、科陆电子
红杉资本中国基金	沈南鹏	1972	电商、旅游出行、O2O和垂直社区、互联网金融	奇虎、大众点评网、聚美优品、途牛网、京东、360、麦考林、唯品会等

资料来源：根据网络数据，作者整理得到。

8.3 创业融资测算

正确测算创业所需资金有利于确定筹资数额，降低资金成本。

从办理营业执照起，各种支出“花钱似流水”。新创企业投入运营之后，为了保证公司在启动阶段业务运转顺利，在公司经营达到收支平衡之前，创业者必须准备足够的资金以免“资金链”断裂，造成创业中途失败。因此，创业者必须慎重、科学地测算创业所需资金。创业所需资金包括投资资金和运营过程所需资金。

8.3.1 投资资金的测算

对创业投资资金进行估算，需要丰富的企业管理经验，以及对市场行情的充分了解。为了较为准确地估算出自己的创业投资资金，需要分类列表，而且是越详细越好。一个聪明的办法就是集思广益，列出你所需要的一切，从有形的商品（如场地、库存、设备和固定设施）到专业的服务，分门别类，逐项测算创业启动所需要支付的费用。

测算范围：包括新创企业开业之前的固定资产、流动资金以及开办费等多项投入，如表8-3所示。

表 8-3 某打印店创业投资资金估算表 单位：元

类 别	项 目	数量	单价（元）	金额（元）
固定资产	房屋装修改造	2 间	700	1 400
	复印打印一体机	1 台	8 000	8 000
	激光打印机	1 台	2 700	2 700
	彩色喷墨打印机	1 台	1 600	1 600
	电脑	3 台	1 200	3 600
	裁纸刀	1 把	120	120
	工作台	1 个	300	300
	办公桌	2 个	120	240
	工作椅	4 个	50	200
	电话机	1 部	100	100
	小计			18 260
开办费	登记注册和营业执照费			200
	市场调查、咨询费			300
	培训费、技术资料费			100
	小计			600
流动资金	物业管理费		80/ 月	240
	纸张、墨盒等耗材		3 224.55/ 月	9 673.65
	创业者 2 人的工资		2 000/ 月人	12 000
	职用员工（1 名）工资		1 500/ 月人	4 500
	兼职人员（1 名）工资		600/ 月人	1 800
	水电费		120/ 月	360
	保险费		20/ 月	60
	社会保险费（公司部分）		720/ 月人	6 480
	维修费		30/ 月	90
	市场营销和宣传费用		230/ 月	690
	电话和宽带费		130/ 月	390
	治安卫生费		20/ 月	60
	小计			36 343.65
	合计			55 203.65

注：①该创业项目获得创业园区提供的 1 年免费使用场地，故未计算房子租赁费；

②该项目预计 3 个月内能实现盈亏平衡，流动资金按 3 个月计算。

测算细分：固定资产包括场地、建筑、设备（包括企业所需的机器、工具、工作设施、车辆、办公家具、装潢装修费等）；开业之前流动资金包括办公用品、员工工资、业务开拓费、广告费、物业费、水电、电话等；开办费包括金额较大的培训费、加盟费、技术转让费等。其中，固定资产及开办费要考虑其长期性，不能依靠短期资金解决，以免日后陷入“拆东墙补西墙”的困境。

8.3.2 营运资金的测算

1. 营运资金含义

营运资金是指新创企业开业后到盈亏平衡前，为保证日常正常运转所必不可少的周转资金。广义的营运资金又称总营运资本，是指一个企业投放在流动资产上的资金，具体包括现金、有价证券、应收账款、存货等占用的资金；狭义的营运资金是指某时点内企业的流动资产与流动负债的差额。流动资金通常在一个运营周期内就可以收回，可以通过短期资金解决，一般至少要准备企业开办头六个月所需的流动资金，营运资金的估算需要依据企业未来的销售收入、成本和利润情况来确定。

2. 营运资金测算步骤

（1）测算新创企业营业收入。测算营业收入是制订财务计划、编制财务报表的基础。新创企业没有既往销售业绩可供参照，只能依据市场调查、专家咨询，甚至同类创业企业销售量等，预测企业年度的销售量，再根据定价估算出营业收入。

（2）编制预计利润表。利润表又称为损益表，是反映企业在一定时期内经营成果的会计动态报表，该表以“收入－费用＝利润”的会计方程式为理论依据。把企业在某时期的所有收入、成本费用进行对比，从而计算出该期的营业利润和净利润。一般而言，创业企业在实现收支平衡之前，预计利润表应当按月编制，在达到收支平衡之后，可以进行半年或者年度编制，以表 8-3 中打印店为例，若该店于 2013 年 3 月开业，3 月至 12 月的成本与预计利润见表 8-4。

表 8-4 中，销售收入可根据销售预测、业务规模进行测算；销售费用可根据市场调查和创业计划书中的营销组合策略进行估算；管理费用可根据计划的企业业务规模和经营过程中可能的各项管理费用进行估算；财务费用可根据预计选择的融资渠道和相应融资成本进行估算；再根据行业的税费标准对可能的营业税费、所得税进行估算，据此就可计算出每个会计期间的营业收入、利润总额和净利润。

（3）编制预计资产负债表。资产负债表亦称财务状况表，是反映企业在一定时期内资产、负债和所有者权益的财务报表，是企业经营活动的静态体现。根据“资产＝负债＋所有者权益”这一会计方程式，依照一定的分类标准和要求编制而成，是会计上重要的财务报表，其最重要的功用在于确切反映企业的运营状况和企业所需外部融资的数额，如表 8-5 所示。

表 8-4　成本与预计利润表

单位：元

项目	月份	3	4	5	6	7	8	9	10	11	12
销售收入	含税销售收入	6 955.00	8 281.52	10 014.08	14 538.60	24 640.20	10 403.20	14 929.80	14 579.00	18 984.60	34 329.40
	增值税	202.57	241.21	291.67	423.45	717.68	303.01	434.85	424.63	552.95	999.89
	不含税销售收入	6 752.43	8 040.31	9 722.41	14 115.15	23 922.52	10 100.19	1 4494.95	14 154.37	18 431.65	33 329.51
成本	耗材	2 010	2 010	2 010	2 010	2 010	2 010	2 010	2 010	2 010	2 010
	黑白纸张	493.50	579.00	748.50	1 138.50	1 723.50	913.50	1 288.50	1 093.50	1 303.50	2 038.50
	彩色打印纸	48.00	48.60	59.40	93.00	141.00	36.00	69.00	75.00	108.00	147.00
	工资	6 100	6 100	6 100	6 100	6 100	61 000	6 100	6 100	6 100	6 100
	物业管理及治安费	100	100	100	100	100	100	100	100	100	100
	营销和促销	230	230	230	230	230	230	230	230	230	230
	折旧和分摊	446.09	446.09	446.09	446.09	446.09	446.09	446.09	446.09	446.09	446.09
	水电、电话、宽带费	250	250	250	250	250	250	250	250	250	250
	保险费	20	20	20	20	20	20	20	20	20	20
	维修费	30	30	30	30	30	30	30	30	30	30
	总成本	9 727.59	9 813.69	9 993.99	10 417.59	11 050.59	10 135.59	10 543.59	10 354.59	10 597.59	11 371.59
附加税费		24.31	28.95	35.00	50.81	86.12	36.36	52.18	50.96	66.35	119.99
利润		−2 999.47	−1 802.32	−306.58	3 646.74	12 785.81	−71.76	3 899.18	3 748.82	7 767.71	21 837.94
企业所得税		0	0	0	0	1 278.58	0	389.92	374.88	776.77	2 183.79
企业净利润		−2 999.47	−1 802.32	−306.58	3 646.74	11 507.23	−71.76	3 509.26	3 373.94	6 990.94	19654.15

备注：利润＝含税销售收入－增值税及附加税费－总成本

应纳营改增税额＝月销售额 ×3%

应纳城市维护建设税和教育费附加、地方教育费附加＝应纳营改增税额 ×（7%+3%+2%）

应纳企业所得税额＝企业年利润 ×10%

表 8-5 预计资产负债表

单位：元

资　产	1	2	3	4	…	n	负债及所有者权益	1	2	3	4	…	n
流动资产：							流动负债：						
货币资金							短期借款						
应收账款							应付款项						
存货							应交税费						
其他流动资产							其他应付款						
流动资产合计							流动负债合计						
非流动资产：							非流动负债：						
固定资产							长期借款						
无形资产							其他非流动负债						
非流动资产合计							非流动负债合计						
资产总计							负债合计						
							所有者权益：						
							实收资本						
							未分配利润						
							负债和所有者权益合计						
外部融资额 = 资产总计—负债和所有者权益合计													

8.4 创业融资过程

创业融资是一个过程性的活动，主要包括融资准备工作、融资金额预算、编写创业计划书、融资谈判与协议签订等方面。

8.4.1 融资准备工作

创业是一项高风险的活动，投资人以利益回报为主，要想从投资人手中获取融资，就必须做足准备工作，用数据、案例、市场分析等客观材料，以及个人信用、关系信任的感性材料，向投资人证明你能帮他获取更多利益。创业企业在融资前应准备好企业经营业绩、创业团队背景、企业发展目标、企业的商业计划、融资渠道信息收集、评估、选择、创建与投资人对接的社会网络、自身的信用信誉等方面的资料。创业者准备得越充分，投资人越能完整地了解企业，做到双方信息对称，从而提高融资的成功率。市场上创业企业融资需求旺盛，但投资人更为偏好于已了解的、有前景的、风险低的企业，因此，创业企业要想在激烈的市场竞争中获取融资，做好充分的准备工作十分必要。

8.4.2 融资金额测算

创业离不开资金的支持，融资是企业获取资金资源的重要方式。那么，融资金额是多少比较合适呢？融资金额高于企业发展所需资金，则会增加融资的获取成本，造成资源浪费；融资金额低于企业发展所需资金，则需要再次融资，不仅费时、还费精力。因此，科学合理地进行融资金额的测算十分必要。

8.4.3 编写创业计划书

创业计划书是创业全过程的纲领性文件，包含创业的目标、计划、资源获取、市场营销等，是对企业未来发展的战略设计与实践指导。创业计划书是投资人了解创业企业信息的重要途径，也是投资人决定是否投资企业的重要参考，直接关系创业融资的成败。一份好的创业计划书能够让投资人对企业有全面而清晰的了解，感受到创业者的真诚与认真；而一份不好的创业计划书难以让投资人了解企业，容易造成双方信息不对称，甚至会给投资人留下不靠谱的印象。因此，认真编写创业计划书对于融资成功至关重要。

8.4.4 融资谈判与协议签订

融资谈判与协议签订主要围绕创业企业和资金供给方展开。这一步骤特别关键，因为在资金没有到账之前，一切变化都有可能，所以创业者要精心准备。首先，要确定融资谈判的具体内容，主要包括融资额度、使用成本、期限、提供方式、资本退出方式或偿还方式等，尽可能就这些主要参数的调整做好备选方案，并就某个最关键的因素设定创业者能够接受的底线。其次，要组建优秀的谈判团队。由创业者牵头，包括财务、业务、法务(外部顾问)、技术人员等构成的强大阵容，能够就投资方提出的疑问提供专业性解答。最后，投资协议签订。要拟定规范的投资协议或合同，确保合同正本和副本的法律效力，并且就合同备案、公证等细节达成一致，为后续的融资履约打下基础，提高融资效率。

8.5 实训案例

“闪电帖”创业项目

本案例资料取自第四届挑战杯全国大学生创业计划竞赛金奖作品“上海盛旦科技股份有限公司‘闪电贴’创业项目”中的投资与财务分析。

1 投资分析

1.1 股本结构与规模

盛旦科技股份有限公司注册资本800万元。股本结构和规模，如表8-6所示。

表8-6 股本结构和规模

股本结构 / 股本规模	风险投资	盛旦公司	
		技术入股	资金入股
金额	520万元	180万元	100万元
比例	65%	22.5%	12.5%

股本结构中，盛旦公司技术及资金入股占总股本的35%，其余65%的注册资金我们希望能引进一家或几家风险投资公司参股。22.5%的技术入股比例虽略高于常规20%的界限，但从目前国内各高科技企业股本现状来看，仍符合国家政策，具有可操作性。

1.2 资金来源

公司成立初期共筹集资金720万元，其中风险投资520万元，盛旦公司投资100万元，短期借款100万元(金融机构一年期借款，利率5.85%)，用作流动资金。在公司运营的第2、3、4年，我们将在此基础上增加100万元至200万元的短期借款，以此改善现金流动状况并达到较合理的资产负债比。

1.3 成本与费用

资金主要用于购建生产性固定资产（155 万元），以及生产中所需的直接原材料、直接人工、制造费用及其他各类期间费用（565 万元），成本费用如表 8-7 所示。

表 8-7 五年内成本费用估算表 单位：万元

年份 项目	第 1 年	第 2 年	第 3 年	第 4 年	第 5 年
固定资产折旧	15.5	15.5	15.5	15.5	15.5
厂房租金	30	30	30	30	30
水电费	10	10.8	11.7	12.6	13.6
管理人员工资	40	44	48.4	52.2	58.6
市场开拓	150	157.5	45	341.4	910
研发费用	9.4	11.3	28.9	85.3	227.5

购置固定资产 155 万元，原材料 60 万元，水电费用 10 万元，流动资金 155 万元，厂房租金 30 万元，人员工资 40 万元。水电费用按每年增长 8%，人员工资每年增长 10%。第 1 年初期市场调研和市场开拓费用 150 万元左右，第 2 年为 157.5 万元，其后每年销售费用测算为销售额的 20%，研发费用为每年销售额的 5%。

1.4 投资效益分析

（1）净现值（net present value，NPV）。根据净现值公式：

$$\mathrm{NPV}=\sum_{t=0}^{n}(\mathrm{CI}-\mathrm{CO})_t(1+i_0)^{-t}$$

$$\mathrm{NPV}=875.91(\text{万元})$$

式中，CI（cash in）为现金流入；CO（cash out）为现金流出。

银行短期借款（1 年期）利率为 5.85%，考虑到目前资金成本较低，以及资金的机会成本和投资的风险性等因素，i 取 12%（下同），NPV=875.91（万元），远大于零。计算期内盈利能力很好，投资方案可行。

（2）内含报酬率。根据现金流量表计算内含报酬率如下：

$$\mathrm{NPV}(\mathrm{IRR})=\sum_{t=0}^{n}(\mathrm{CI}-\mathrm{CO})_t(1+\mathrm{IRR})^{-t}=0$$

$$\mathrm{IRR}=50.09\%$$

式中，IRR（internal rate of return）为内部收益率。

计算得，内含报酬率达到 50.09%，远大于资金成本率。主要是因为本产品优质低价，使得销售利润率较高，而且，前 5 年内市场增长性很好。

2 财务分析

2.1 主要财务假设

公司设在上海市浦东张江高科技园区，经有关部门认定为高新技术企业，享受两年免征所得税的税收优惠政策，即自公司开始盈利之日起两年内免征所得税，正常税率为 15%。

考虑到目前通货膨胀的经济形势，公司的存货控制采用后进先出的方法。机器设备使用寿命为10年，期末无残值按直线折旧法计算。公司自盈利之年起以净利润的30%分红。

2.2 预计利润表（见表8-8）

表8-8 五年内预计利润表 单位：万元

项目＼年份	第1年	第2年	第3年	第4年	第5年
一、产品销售收入	187.50	225.00	577.50	1 705.20	4 550.00
减：销售成本	45.00	54.00	165.00	487.20	1 560.00
二、产品销售利润	142.50	171.00	412.50	1 218.00	2 990.00
减：销售费用	150.00	157.50	45.00	341.04	910.00
管理费用	40.00	55.25	77.27	81.08	286.10
财务费用	5.85	5.85	11.70	11.70	0.00
三、利润总额	−53.35	−47.60	278.53	784.19	1 793.90
减：所得税	0.00	0.00	0.00	0.00	269.09
四、净利润	−53.35	−47.60	278.53	784.19	1 524.81

2.3 现金流量表（见表8-9）

表8-9 现金流量表 单位：万元

项目＼年份	第1年	第2年	第3年	第4年	第5年
一、经营活动产生的现金流量					
会计利润	（52.35）	（47.60）	317.71	879.56	1 524.82
加：应付账款增加额	9.00	1.80	22.20	64.44	214.56
折旧	15.50	15.50	15.50	15.50	15.50
摊销	18.00	18.00	18.00	18.00	18.00
财务费用	5.85	5.85	11.70	11.70	0.00
减：应收账款增加额	9.38	1.88	19.69	60.41	136.15
经营活动产生的现金流量净额	（14.38）	（8.33）	365.43	928.79	1 636.73
二、投资活动产生的现金流量					
购建固定资产所支付的现金	155.00				
投资活动产生的现金流量净额	（155.00）				
三、筹资活动产生的现金流量					
吸收权益性投资所收到的现金	620.00	0.00	0.00	0.00	0.00
借款所收到的现金	100.00	100.00	200.00	200.00	0.00
现金流入小计	720.00	100.00	200.00	200.00	0.00
偿还借款所支付的现金		100.00	100.00	200.00	200.00
偿付利息所支付的现金	5.85	5.85	11.70	11.70	0.00
偿付股利所支付的现金	0.00	0.00	81.56	235.26	457.44
现金流出小计	（5.85）	（105.85）	（207.01）	（475.57）	（657.44）
筹资活动产生的现金流量净额	714.15	（5.85）	3.58	（275.57）	（657.44）
四、现金及现金等价物净增加额	544.78	（14.18）	358.41	653.22	979.28

2.4 资产负债表（见表 8-10）

表 8-10　现金流量表　　单位：万元

资　　产	第 1 年	第 2 年	第 3 年	第 4 年	第 5 年
流动资产：					
货币资金	544.78	530.60	889.01	1 542.23	2 521.51
应收账款	9.38	11.25	30.94	91.35	227.50
存款	53.35	100.95	100.95	100.95	100.95
流动资产合计	607.50	642.80	1 020.90	1 734.53	2 849.96
固定资产：					
固定资产原值	155.00	155.00	155.00	155.00	155.00
减：累计折旧	15.50	31.00	46.50	62.00	77.50
固定资产净值	139.50	124.00	108.50	93.00	77.50
无形资产：	180.00	180.00	180.00	180.00	180.00
减：累计摊销	18.00	36.00	54.00	72.00	90.00
无形资产净值	162.00	144.00	126.00	108.00	90.00
资产合计	909.00	9 108.00	1255.40	1 935.53	3 017.46
负债及权益					
流动负债：					
应付账款	9.00	10.80	33.00	97.44	312.00
短期借款	100.00	100.00	200.00	200.00	0.00
负债合计	109.00	110.80	233.00	297.44	312.00
所有者权益：					
实收资本	800.00	800.00	800.00	800.00	800.00
盈余公积	0.00	0.00	0.00	0.00	0.00
未分配利润	0.00	0.00	222.40	838.09	1 905.46
所有者权益总计	800.00	800.00	1 022.40	1 638.09	2 705.46
负债及所有者权益总计	909.00	9 180.00	1 255.40	1 935.53	3 017.46

资料来源：李时椿，常建坤 . 创业基础 [M]. 北京：高等教育出版社，2015.

讨论题

1. 该项目的融资方案是否可行？
2. 请判断该项目的经济可行性。

【**在线测试题**】扫码书背面的二维码，获取答题权限。

第 9 章　新企业的开办

引导案例

Harlow 汽车旅馆

哈莱（Harlow）家族在 1982 年开办了他们的第一家汽车旅馆。最初旅馆生意并不好，直至 11 个月后才实现盈亏平衡，甚至三年后他们才觉得生意开始好转。1987 年，他们已经把旅馆规模从 28 个客房增加到 50 个，1989 年又增加到 100 个。每天旅馆的入住率都很高，导致他们不得不在 4 月到 9 月的旺季把一些客人拒之门外。其他月份入住率也保持在 85% 左右，按照当时的行业标准，他们的旅馆是全国最成功的旅馆之一。

20 世纪 90 年代，哈罗德（Harold）和贝姬·哈莱（Becky Harlow）决定不再扩建，而是准备在附近购买另一家旅馆。他们打算雇人打理他们现在的旅馆，将更多的时间花费在新买的旅馆上，直到它步入正轨。1992 年，他们将计划付诸行动。和他们的第一家旅馆一样，第二家旅馆在几年之内取得了巨大成功。从此以后，哈莱家族购买了许多新旅馆。到 1999 年，他们拥有七家旅馆，平均每家有 100 个房间。

一直以来，贝姬和哈罗德都自己记账，一年给注册会计师审查一次以结算并准备缴纳他们的收入所得税。当一名新来的会计师问他们准备把这七家旅馆经营多久时，他们告诉会计师，他们喜欢经营并希望再干 10 年，然后将其卖掉退休。

哈罗德承认同时管理所有的旅馆有一定的困难，但他强调有一些优秀的管理者在为他工作。会计师问哈罗德是否会考虑引入公司制，并说："如果引入公司制，你可以出售股票并用这笔钱购买更多的旅馆。此外，你通过保留一些股票来保留对企业的控制权，出售一些股票扩展企业，还可把余下的股票卖掉从而把钱存起来或做一些稳健投资。那样即使事情有变，对你也影响甚微。"这名会计师还向哈罗德和贝姬解释说，就目前合伙企业而言，他们要为企业的所有债务负责，而作为有限公司，他们只需承担有限责任。也就是说，如果公司倒闭了，债权人也不能拿他们的私人资产来抵债。这样的话，他们的资产就会得到保护，而哈罗德出售股票的收益就安全地放入了自己的钱袋中。

哈罗德承认他们以前从未考虑过其他的企业组织形式，他们总认为合伙企业对他们来说是最好的。现在他们打算去调查公司制企业的好处，如果这种组织形式会给他们带来更大的好处，那么他们将继续下去，重组他们的企业。

资料来源：[美] 库洛特克（Kuratko，D.F.），[美] 霍志茨（Hodgetts，R.M.）. 创业学理论、流程与实践 [M]. 北京：清华大学出版社，2006.

案例启示

新企业创办意味着创业计划书的落地，并要考虑公司组织形式、地点选址、工商注册等一系列工作。公司组织形式是公司的神经中枢，决定着企业的运营机制。创办企业的组织形式有多种，包括个人独资企业、合伙企业、有限责任公司、股份有限公司、个体工商户等。Harlow 汽车旅馆是典型的合伙企业，由哈罗德和贝姬·哈莱合伙创办。根据上述案例，你认为合伙企业有什么优缺点？在案例的最后，会计师建议哈罗德引入公司制，你认为哈罗德家是否应该引入公司制？为什么？

本章知识结构图

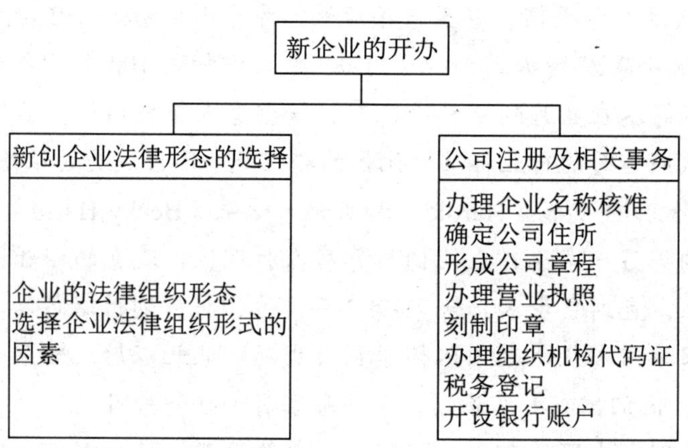

9.1 新创企业法律形态的选择

企业的组织形态是由法律规定的，创业者有权选择设立不同的组织形态。在我国，可选择的企业法律形态主要有：个人独资企业、合伙企业、有限责任公司、股份有限公司、个体工商户和农民专业合作社。创业者应当根据自己的经济实力及其他相关情况，决定自己创办企业的形态。

9.1.1 企业的法律组织形态

1. 个人独资企业

个人独资企业简称独资企业，是指依照《个人独资企业法》在中国境内设立，由一个自然人投资，全部资产为投资人个人所有，投资人以其个人（或者家庭）财产对企业债务承担无限责任的经营实体。个人独资企业不具有法人资格。

（1）个人独资企业设立条件。《中华人民共和国个人独资企业法》第八条规定，设立个人独资企业应当具备下列条件：

第一，投资人为一个自然人；

第二，有合法的企业名称；

第三，有投资人申报的出资；

第四，有固定的生产经营场所和必要的生产经营条件；

第五，有必要的从业人员。

（2）个人独资企业的优劣势分析。

①个人独资企业的优势如下：

第一，企业资产所有权、控制权、经营权、收益权高度统一。这有利于保守企业经营和发展有关的秘密，有利于发扬业主个人创业精神。

第二，企业业主自负盈亏并对企业的债务负无限责任。企业经营好坏同业主个人的经济利益乃至身家性命紧密相连，因此，业主会尽心竭力地把企业经营好。

第三，企业外部的法律法规等对企业的经营管理、决策、进入与退出、设立与破产的制约较小。

第四，不需要缴纳企业所得税，只需要缴纳增值税和个人所得税（增值税和有限公司一样，有小规模纳税人和一般纳税人之分，小规模纳税人按 3% 的税率纳税）。

②个人独资企业的劣势如下：

第一，难以筹集大量资金。因为一个人的资金终归有限，以个人名义借贷款难度也较大。因此，独资企业限制了企业的扩展与大规模经营。

第二，投资者风险增大。企业业主对企业负无限责任，在强化了企业预算约束的同时，也带来了业主承担风险增大的问题，从而限制了业主向风险较大的部门或领域进行投资的机会，这对新兴产业的形成和发展极为不利。

第三，企业经营持久性差。企业是所有权和经营权高度统一的产权结构，虽然这使企业拥有充分的自主权，但这也意味着企业与业主的发展高度相关，业主生病或死亡，个人及家属知识和能力的缺乏，都可能导致企业破产。

第四，企业内部的基本关系是雇佣劳动关系。劳动双方利益目标的差异会引起企业内部组织效率的潜在风险。

2. 合伙企业

根据《中华人民共和国合伙企业法》第二条规定，合伙企业，是指自然人、法人和其他组织依法在中国境内设立的，由两个或两个以上的自然人通过订立合伙协议，共同出资经营、共负盈亏、共担风险的企业组织形式。合伙协议应当依法由全体合伙人协商一致，以书面形式订立。我国合伙组织形式仅限于私营企业。合伙企业一般无法人资格，不缴纳企业所得税，主要包括普通合伙企业和有限合伙企业。例如，著名的黑石集团、红杉资本都是合伙制企业。

（1）设立条件。

第一，有两个及以上合伙人，并且都是依法承担无限责任；

第二，有书面合伙协议；

第三，有各合伙人实际缴付的出资；

第四，有合伙企业的名称；

第五，有经营场所和从事合伙经营的必要条件。

（2）成立程序。

为了避免经济纠纷，在合伙企业成立时，合伙人应首先订立合伙协议（又叫合伙契约或合伙章程），其性质与公司章程相同，对所有合伙人均有法律效力，一般包括以下内容：

第一，合伙企业的名称（或字号）、所在地及地址；

第二，合伙人姓名及其家庭地址；

第三，合伙企业的经营、设定的存续期限；

第四，合伙企业的设立日期；

第五，合伙人的权利和义务；

第六，合伙人的投资形式及其计价方法等。

（3）优劣势分析。

①优势如下：

第一，合伙企业的筹资能力更高，合伙企业可以从众多的合伙人处筹集资本。拥有的固定资产越多，越容易通过银行抵押获取资金，同时合伙人社会网络更加丰富，获取资金的渠道也更多。

第二，与个人独资企业相比较，合伙企业能够让更多投资者发挥优势互补的作用，比如技术、知识产权、土地和资本的合作。由于投资者多，并且事关切身利益，大家会共同出力谋划、集思广益，能有效提升企业综合竞争力。

第三，合伙企业的合伙人均对企业债务承担无限责任，相对于个人独资企业而言，承担债务的能力更强，有助于提升企业信誉。

第四，合伙企业盈利更高。由于合伙企业按照“先分后税”的形式缴纳个人所得税，而不是企业所得税，相对而言，企业的盈利要高。

②劣势如下：

首先，由于合伙企业的无限连带责任，对合伙人不是十分了解的人一般不敢入伙。就算投资者以有限责任人的身份入伙，由于有限责任人不能参与事务管理，这就会产生有限责任人对无限责任人的担心，而无限责任人在分红时，觉得所有经营都是自己在运作，有限责任人仅凭一点资本投入就坐收盈利，也会产生不平衡感。因此，合伙企业是很难做大、做强的。

其次，连带责任在理论上来讲有利于保护债权人，但在现实操作中往往相反。如果一个合伙人有能力还清整个企业的债务，而其他合伙人连还清自己那份债务的能力都没有时，按连带责任来讲，这个有能力的合伙人应该还清企业所有债务。但是，他如果这样做了，再去找其他合伙人要回自己垫付的债款就比较麻烦，这种责任不清的推诿行为会造成债权人的利益损害。

3. 有限责任公司

有限责任公司是指根据《中华人民共和国公司法》登记注册的，由50个以下的股东共同出资，每个股东以其所认缴的出资额对公司承担有限责任，公司以其全部资产对其债务承担责任的经济组织。

有限责任公司的注册资本为在公司登记机关登记的全体股东认缴的出资额。股东应当按期足额缴纳公司章程中规定的各自所认缴的出资额。股东以货币出资的，应当将货币出资足额存入有限责任公司在银行开设的账户；以非货币财产出资的，应当依法办理其财产权的转移手续。股东满足公司章程规定的出资后，由全体股东指定的代表或者共同委托的代理人向公司登记机关报送公司登记申请书、公司章程等文件，申请设立登记。发现作为设立公司出资的非货币财产的实际价额显著低于公司章程所定价额的，应当由交付该出资的股东补足其差额，公司设立时的其他股东承担连带责任。

有限责任公司还需要股东共同制定公司的章程、建立符合要求的组织机构、有固定的经营场所和必要的生产经营条件，还应设立股东会、董事会和监事会，并由董事会聘请职业经理管理公司事务。办理开业登记的手续也较为复杂，但有限责任公司的优点是股东按出资比例分配利润，并以出资额为限承担有限责任，对创业者而言风险较低。

（1）设立条件。我国《公司法》规定，设立有限责任公司，应当具备下列条件：

第一，股东符合法定人数；

第二，有符合公司章程所规定的全体股东认缴的出资额；

第三，股东共同制定公司章程；

第四，有公司名称，建立符合有限责任公司要求的组织机构；

第五，有公司住所。

（2）设立流程如下：

第一，核准企业名称；

第二，递交《企业名称核准登记表》；

第三，向工商局递交资料；

第四，领取营业执照；

第五，刻章；

第六，办理组织机构代码证；

第七，办理税务登记；

第八，开设银行账户；

第九，国税地税落户。

（3）优劣势分析。

①优势如下：

第一，有限公司的股东对企业负有有限责任，在企业失败清盘时，股东只损失他们在企业的投资金额，不必因为企业资不抵债而以个人财产偿还公司债务。

第二，股权分配更加灵活，允许股东在公司章程中，就诸多事项作出不同于《公司法》的个性化规定，如设置“同股不同权”机制（投票权比例、收益权比例与出资比例可以不一样）、规定股权转让的特别限制等。

第三，有限责任公司作为一个独立的法人，其存在不受股东成员的去世、破产或抽走资本的影响，只要公司在，就可以无限地经营下去。

第四，有限责任公司的财务数据是不向市场公开的，更有利于股东对企业的监控，企业经营机密不易泄露。

②劣势如下：

第一，承担更高的税率，个人独资企业需要对其所有净利润承担的所得税税率为15%，而有限责任公司需要承担的所得税税率为17.5%。

第二，相较于个人独资企业与合伙企业而言，有限责任公司受到更多的法律限制。例如，需要每年向政府提交申报表，聘请会计师审核年度财政报表，出售股份时要受到政府的管理，企业合并时亦须符合有关法律的规定等。

第三，相较于个人独资企业与合伙企业而言，有限责任公司需承担较高的维护费用。例如，有限责任公司必须聘请会计师审核年度财政报表及提交周年申报表等，而其他两种公司则无此等开支。

第四，资金筹集方式有限，只有发起人集资这一种方式，且人数受限，不利于资本的大量集中，容易错过许多好的发展机会。

第五，相较于股份有限公司，有限责任公司的股东股权转让受到严格限制，不利于股东通过股权转让的方式来规避风险。

4. 股份有限公司

股份有限公司全部注册资本由等额股份构成并通过发行股票（或股权证）筹集资本，公司以其全部资产对公司债务承担有限责任。其主要特征是：公司的资本总额平分为金额相等的股份，股东以其所认购股份对公司承担有限责任，公司以其全部资产对公司债务负责。对比有限责任公司，股份有限公司克服了有限责任公司股东50人的限制，将整个公司的注册资本分解为小面值的股票或债券，可以吸引数目众多的投资者，特别是小型投资者。

（1）公司特征。股份有限公司有以下特征：

第一，股份有限公司是独立的经济法人；

第二，股份有限公司的股东人数不得少于法律规定的数目；

第三，股份有限公司的股东对公司债务负有限责任，其限度是股东应交付的金额；

第四，股份有限公司的全部资本划分为等额的股份，通过向社会公开发行的办法筹集资金，任何人在缴纳了股款之后，都可以成为公司股东，没有资格限制；

第五，公司股份可以自由转让，但不能退股；

第六，公司账目须向社会公开，以便于投资人了解公司情况，进行选择；

第七，公司设立和解散有严格的法律程序，手续复杂。

（2）设立条件。根据《公司法》，设立股份有限公司，应当具备下列条件：

第一，发起人符合法定人数，应当有二人以上二百人以下为发起人，其中须有半数以上的发起人在中国境内有住所；

第二，发起人认购和募集的股本达到法定资本最低限额；

第三，股份发行、筹办事项符合法律规定；

第四，发起人制订公司章程，采用募集方式设立，经创立大会通过；

第五，有公司名称，建立符合股份有限公司要求的组织机构；

第六，有公司住所。

（3）优劣势分析。

①优势如下：

第一，可以广泛筹集资金，通过对外公开发行股票、债券等方式进行筹资，每股股份金额小，能够吸引大量的小户进行投资，在短时间内广泛地吸收社会上的闲散资金，保证企业有充足的资金作为后援。

第二，上市后股票可以自由转让，股东在遇到资金短缺、对企业经营状况不看好等情况下，可以自由地在股票交易市场上将股权转让出去；在资金丰富、对企业经营状况看好等情况下，也可自由地回购股票。

第三，股东投资风险低，一方面，企业总的资本额度大，抗风险能力更强；另一方面，有可能获得规模经营所带来的高收益。因此，单个股东有可能以较小的投入分享规模经营所获得的高收益。

第四，经营权与所有权分离，股份有限公司虽然拥有大量的股东，但股东只有通过股东大会参与公司的重大决策，大部分股东不参与公司的日常决策与管理，因而经营者有较大的经营自主权。

②劣势如下：

第一，股份有限公司的登记设立程序复杂，审批环节多，整个设立程序下来会造成发起人大量的时间、精力、财力消耗。

第二，企业的经营发展受外界环境的影响。由于企业财务数据向公众公开，企业可能会因市场环境变化、大股东个人信息变动等，导致股东抛售股票，影响企业发展。

第三，公司的经营和财富信息保密度低，企业需要定时定期向公众公开其经营和财务状况，以及各种重要决策信息，导致部分重要信息外流。

第四，企业容易被少数大股东操控，损害小股东利益，导致企业内部矛盾由于利益分配不均而激化，影响企业发展。

5. 个体工商户

如果从事的创业活动主要是以本人或家庭成员的劳动为基础的小商品零售、餐饮、理发、报刊零售等社会服务业，可以申请登记成为个体工商户。个体工商户业主只需一个人或一个家庭，人数上没有过多限制，注册资本也无数量限制，开办手续比较简单。业主只需要有相应的经营资金和经营场所，到工商部门办理登记手续即可。个体工商户还可以根据自己的需要起字号。在经营上，由于全部资产归自己所有，决策程序比较简单，不受他人制约；在利润分配上，全部利润归自己或家庭，但同时对债务要承担无限连带责任。

设立个体工商户，根据《个体工商户条例》，一般要经过以下程序：

第一步：先办理名称预先登记；

第二步：递交申请材料，材料齐全，符合法定形式的，等候领取《准予设立登记通知书》；

第三步：领取《准予设立登记通知书》后，按照《准予设立登记通知书》确定的日期到工商局交费并领取营业执照。

优劣势分析。

①优势如下：

第一，登记简单、不存在严格的管理制约，对于个体工商户创办的人数、身份和经营范围均无要求，同时经营和决策灵活、管理成本低。

第二，政府扶持发展，包括提供信息、取消收费、改进服务，明确规定登记机关办理个体工商户年度验照不得收取任何费用。

②劣势如下：

第一，个体户不能转让。根据 2016 年 6 月修订的《个体工商户条例》第十条："个体工商户变更经营者的，应当在办理注销登记后，由新的经营者重新申请办理注册登记。"个体户的经营者，不能像公司那样转让。

第二，个体户不能开分店，一个个体户只能有一个经营场所，一个人只能注册一家个体户。

第三，个体户的经营都是以个人为经营者且承担无限法律责任，况且个体户没有股份之说，没人愿意合伙、投资一个个体户。

第四，个体户存在的意义主要是改善家庭生计，至于扩展团队发展壮大，乃至成为行业标杆，这不是个体户能够企及的，发展空间有限。

创业聚焦 9.1 ▶▶

微型企业网上申办：以重庆市为例

步骤一：登录重庆微型企业发展网，点击"微型企业网上预申请"。

步骤二：网上预申请。进入重庆工商红盾网"网上办事平台"（未注册用户请先免费注册)，点击“网上登记”“微企预申请”，根据网上的相关要求和说明，如实填报微型企业申请的各项内容，点击“提交”按钮，交由登记机关进行网上预审查。

步骤三：工商所网上预审查。工商所将根据创业申请的先后顺序，在 5 个工作日内进行预审查，预审查结果由信息系统通过手机短信和网络告知。未通过预审查的，根据网上提示进行修改或改正，可重新提交预申请。

步骤四：现场申报。网上预审查通过的，须打印《微型企业创业申请书》，由创业者在相应栏目签字(如是多位“九类人群”创业者申请创办一个微型企业的，每位“九类人群”创业者各提交一份创业申请书，“九类人群”包括大中专毕业生、下岗失业人员、返乡农民工、农转非人员、三峡库区移民、残疾人、城乡退役士兵、文化创意人员、信息技术人员)，备齐其他相关资料，到创业所在地工商所正式申请。

步骤五：工商所审查。提交纸质资料与网上申请信息一致的，工商所受理其创业申请。

9.1.2　选择企业法律组织形式的因素

创业者选择企业法律形式是一件非常重要的事情，关系企业的成长路径与未来发展空间，所以要非常慎重，重点应该考虑以下几个方面的因素。

1. 拟创办企业的规模

企业规模一般常采用注册资本、设计生产或服务能力等来衡量。如果准备开办的企业规模较小，投资人较少，资金较少，所有风险由自己一个人承担，那么就可以选择比较简单的企业形式，如个体工商户、合伙制企业；如果准备开办的企业规模较大，投资人较多，需要的资金较多，为能有效获得资本积累、避免较大的债务风险，可以选择有限责任公司这种法律组织形式。

2. 资金准备情况

合伙企业、个人独资企业、个体工商户对注册资本没有最低限额，创业门槛相对较低。根据 2018 年修订后的《中华人民共和国公司法》将公司注册资本实缴登记制改为认缴登记制，有限责任公司的最低注册资本可以为 3 万元，股份有限公司的最低注册资本为 500 万元。因此，创业者在选择法律形式时要根据自身资金状况，选择合适的公司形式。如果是科技含量高、需要大量投资的企业，则可以选择有限责任公司或股份有限公司等公司形式；如果选择的企业在初期规模较小，待企业发展壮大后，可以再注册新公司。但是，注册资本表明了公司承担责任能力的大小，如果注册资本过低的话，会让客户难以信任。

3. 共同创业人数

投资者如果只有一个，则可以设立一人有限责任公司或者个人独资企业。投资者在两个以上，但人数较少的，可以设立合伙企业或有限责任公司(股东人数上限 50 人)。投资者在两个以上，但人数较多的，可以设立股份有限公司(发起人上限为 200 人)。

4. 技术因素

创业者掌握的专业技术是不同的，而国家和各级地方政府对不同类型企业的支持、优惠政策也不同。例如，创业者在高新技术方面具备优势，注册为高新技术企业，可以充分利用国家对高新技术企业的扶持政策；创业者在文化创意方面具备优势，注册文化创意企业，也可以充分利用国家对文化创意企业的扶持政策；如果创业者是乡村旅游公司，既可以注册为旅游公司，也可以注册为农业类企业，由于目前国家对乡村振兴的扶持力度较大，所以注册为农业类企业公司为宜。

5. 经营风险

企业法律形式不同在经营过程中所承担的风险也不同。合伙企业中的有限合伙人、有限责任公司和股份有限公司的股东以其认缴的出资额、认购的股份为限对公司债务承担责任，即对公司债务承担的是有限责任，风险较小；而合伙企业中的普通合伙人和个人独资企业的投资者对企业债务承担无限责任，风险较大。

6. 税负因素

在制定《税法》时，国家为了鼓励或限制不同行业的发展，分别采取了不同的法律规定。一般新创企业的规模大小不同、行业也不一样，因此企业的税负也不一样。创业者在企业创办初期一定要考虑企业的税负问题。通常情况下，不同的行业需要缴纳不同的税种。根据 2018 年 12 月修订后的《中华人民共和国企业所得税法》第二十八条规定，符合条件的小型微利企业，减按 20% 的税率征收企业所得税，国家需要重点扶持的高新技术企业，减按 15% 的税率征收企业所得税。

9.2　公司注册及相关事务

9.2.1　办理企业名称核准

1. 企业名称预先核准登记

企业名称经预先核准程序，在设立登记前确定下来，可以使企业避免在筹组过程中因名称的不确定性而带来登记申请文件、材料使用名称杂乱等问题，并减少因此而引起的重复劳动、重复报批等现象，对统一登记申请材料中使用的企业名称、规范登记文件材料，均有重要的作用。

2. 构成企业名称的基本要素

企业名称由企业的投资人依法提出申请，企业名称登记管理机关依法核准。无论是企业的申请行为，还是企业名称登记管理机关的核准行为，均应以《企业名称登记管理规定》为依据。《企业名称登记管理规定》第七条规定：企业应当由以下部分依次组成：

字号（或者商号，下同）、行业或者经营特点、组织形式。企业名称应当冠以企业所在地省（包括自治区、直辖市，下同）或者市（包括自治区，下同）或者县（包括市辖区，下同）行政区划名称。这一规定明确了构成企业名称的四项基本要素，即行政区划、字号、行业和组织形式。

例如，重庆（行政区划）力帆（字号）汽车（行业）有限公司（组织形式）。

（1）行政区划。根据《企业名称登记管理实施办法》的规定，公司名称中的行政区划是这个企业所在地县级以上行政区划的名称或地名，可以是省市、县区。例如，重庆市某某企业，重庆市沙坪坝某某企业，也可以是江苏省某某咨询公司等。

（2）字号。字号就是人们一般所说的公司的名字，能够使人们把此公司与其他公司区别开来。企业名称中的字号应当由两个（含两个）以上汉字组成，公司名称是公司的标志，代表着某个公司或公司的产品或服务，公司良好的商业信誉给公司带来的经济效益会无形地转移到公司的名称上，使公司名称具有一定的价值，成为一种独立的财产。因此，公司名称中最显著的部分是字号，最有价值的也是字号，如可口可乐、索尼等。

（3）行业。企业名称中的行业表述应当是反映企业经济活动性质所属国民经济行业或者企业经营特点的用语。名称中的行业特点应与主营行业相一致，如主营生产机械设备，那么名称应以工业或机械生产为行业特点；如主营制药，则名称中应该体现出制药或医药的行业特点。

（4）组织形式。根据我国相关法律规定，企业的组织形式一般分为两大类。第一类，公司制形式。有限责任公司或股份有限公司企业名称中的组织形式必须标明“有限责任公司”或“股份有限公司”字样。其中，“有限责任公司”也可称为“有限公司”，如重庆五斗粮饮食文化有限公司。第二类，非公司制形式。合伙企业、个人独资企业和个体工商户在其名称中不得使用“公司”字样，可以申请用“厂”“店”“部”“中心”等作为企业名称的组织形式。

3. 企业名称登记的程序

企业名称的登记程序分为特殊程序和一般程序。特殊程序是指企业名称预先核准登记程序。一般程序是指企业名称作为企业登记注册的一个法定登记事项，通过企业提出的企业设立登记或变更登记申请来实现企业名称的登记注册程序。除法律法规有特殊规定，企业在申请登记注册前必须经特殊程序将名称登记注册外，其他企业均可直接通过一般程序进行企业名称的登记。

企业应当按照《企业名称登记管理规定》的要求，确定拟设立企业的名称或拟变更使用的企业名称，并将《企业申请开业登记注册书》或《企业申请变更登记注册书》，连同企业设立登记或变更登记的有关材料报送登记主管机关受理。经企业登记主管机关审查，依法核准登记注册并颁发或换发营业执照，企业名称登记同时完成。

9.2.2 确定公司住所

1. 选择公司住所

创办企业要有经营场所，经营场所选址与企业未来的经营发展有很大关系。企业选址是一项长期性投资，相对于其他因素来说，选址具有长期性和固定性。当外部环境变化时，其他经营因素可以随之变化以适应外部环境，但选址一旦确定后难以变动。企业选址决定了企业的运营收益和服务成本，甚至关系企业的成败。

一般情况下，企业选址会从两个方面考虑，一是企业内部因素，主要包括企业发展战略，企业行业性质等；二是企业外部因素，主要包括宏观政治因素、宏观经济因素（税收、关税、汇率等）、基础设施、自然环境和社会环境、市场环境（竞争对手、供应商、客户等）。

例如，商业、服务业，最常用的选址模型有：零售引力模型、中心地模型、饱和指数模型。20世纪90年代GIS技术及其相关技术（如遥感、全球定位系统等）的发展和广泛应用，为现代商业的发展及零售商业网点的选址提供了新的思路和方法。如果是物流服务业或生产制造业，常用的选址模型包括交叉中值模型、精确重心模型、覆盖模型、P-中值模型。

2. 公司住所证明

公司在工商管理部门登记时，必须提供公司住所证明文件，该文件要求：《房屋所有权证》应载明“房屋用途”，未记载“房屋用途”的，还应提交《建设工程规划许可证》或《土地使用权证》复印件。

使用未取得《房屋所有权证》的房产作为住所（经营场所）的，应提交房屋建设行政管理部门出具的证明文件。不能提供证明文件的，提交规划行政主管部门出具的《建设工程规划验收合格通知书》和房屋建设行政管理部门出具的《竣工验收备案表》。《通知书》《备案表》中记载的建设单位与产权单位不一致的，还应提交房屋建设行政管理部门出具的有关证明文件。不能出具《建设工程规划验收合格通知书》和《竣工验收备案表》的，住所（经营场所）位于城镇地区的，应提交区县人民政府或区县规划行政主管部门出具的证明文件，住所（经营场所）位于农村地区的，应提交乡、镇人民政府出具的证明文件。

9.2.3 形成公司章程

公司章程，是指公司依法制定的，规定公司名称、住所、经营范围、经营管理制度等重大事项的基本文件，也是公司必备的规定公司组织及活动基本准则的书面文件。公司章程是股东共同的意思表示，载明了公司组织和活动的基本准则，是公司的宪章。公司章程具有法定性、真实性、自治性和公开性的基本特征。

1. 有限责任公司章程制定

有限责任公司章程由股东共同制定，经全体股东一致同意，由股东在公司章程上签名盖章。修改公司章程，必须经三分之二以上拥有表决权的股东通过。有限责任公司的章程，必须载明下列事项：公司名称和住所，公司经营范围，公司注册资本，股东的姓名和名称，股东的权利和义务，股东的出资方式和出资额，股东转让出资的条件，公司机构的产生办法、职权、议事规则，公司的法定代表人，公司的解散事由与清算办法，股东认为需要规定的其他事项。

2. 股份公司章程制定

股份有限公司章程中应载明下列主要事项：公司名称和住所，公司经营范围，公司设立方式，公司股份总数、每股金额和注册资本，发起人的姓名或者名称、认购的股份数，股东的权利和义务，董事会的组成、职权、任期和议事规则，公司的法定代表人，监事会的组成、职权、任期和议事规则，公司利润分配方法，公司的解散事由与清算办法，公司的通知和公告办法，股东大会认为需要规定的其他事项。

9.2.4　办理营业执照

企业名称预先核准后，就可以进行正式的工商注册登记，申请营业执照。营业执照是指工商行政管理机关发给工商企业、个体工商户的准许从事某项生产经营活动的凭证。其格式由国家工商行政管理局统一规定，主要包括企业名称、企业地址、负责人姓名、注册资本、企业类型、经营范围、营业期限等。没有营业执照的工商企业或个体户一律不准开业，不得刻制公章、签订合同、注册商标、刊登广告，银行不予开立企业账户。

不同性质的企业登记注册时需要提供的资料有所不同。有限责任公司需要提供的资料有：有限责任公司设立登记申请书、指定代表或委托代理人的证明、公共章程、股东（出资人或发起人）的主体资格证明或自然人身份证明复印件、验资证明、股东首次出资是非货币财产的，提交已办理财产权转移手续的证明文件、董事、监事和经理的任职文件及身份证明复印件、经营场所证明（包括房产证和租赁合同）、企业名称预先核准通知书、法律法规要求的其他证明材料。

9.2.5　刻制印章

企业在与外界发生法律关系的过程中或企业内部管理中，印章在形式上起着代表单位或者部门意志的作用。依据盖章认定有关文件的效力进而确定有关权利义务的归属已经成为一个常识，因此为了防范使用印章不当而给企业带来损失与风险，对企业印章的管理与使用应该有一个全面而系统的认知。一般包括公章和专用章两类。

1. 公章

公章的效力。根据《中华人民共和国企业法人登记管理条例》第十六条规定：“申请企业法人开业登记的单位，经登记主管机关核准登记注册，领取《企业法人营业执照》后，企业即宣告成立。”企业法人凭据《企业法人营业执照》可以刻制公章，开立银行账户，签订合同，进行经营活动，因此公章是企业法定必须具备的印章，同时也具有最重要的法律效力。在现行的立法和司法实践中，审查是否盖有法人公章成为判断民事活动是否成立和生效的重要标准。

公章的使用范围：公章是一个企业的印章之首，无论对内对外都具有最高的法律效力，因此公章的使用范围也极为广泛。除法律有特殊规定外（如发票的盖章），均可以用公章代表法人意志，如对外签订合同，以公司名义发出的信函、公文、介绍信、证明或其他公司材料均可使用公章。

公章的管理：公章在各种印章之中具有最高法律效力和最广泛的使用范围，因此公章应由专人妥善保管，公章的使用也应谨慎，应在对使用对象经过全面审查并经有权人员审批后使用。

2. 合同专用章、财务专用章

合同专用章、财务专用章不是一个企业法定必须具备的印章种类，但是根据企业一般业务的实际情况，这两类公章也是正常经营活动中不可或缺的重要印章。合同专用章是在企业对外签订合同时使用，可以在签约的范围内代表企业，企业需承受由此产生的义务，公章可以代替合同专用章使用。财务专用章的用途是办理单位会计核算和银行结算业务等。

9.2.6 办理组织机构代码证

组织机构代码证是社会经济活动中的通行证。代码是“组织机构代码”的简称，它是每个依法注册，依法登记的机关、企、事业单位和群体组织颁发的在全国范围内唯一的、始终不变的代码标识，其作用相当于单位的身份证号。

创业者凭借营业执照去质量技术监督局窗口办理企业代码证书，需要提供的材料如下：

（1）营业执照副本原件及复印件；

（2）单位公章；

（3）法人代表身份证原件及复印件（非法人单位提交负责人身份证原件及复印件）；

（4）集体、全民所有制单位和非法人单位提交上级主管部门代码证书复印件；

（5）单位邮编、电话、正式职工人数；

（6）经办人身份证原件及复印件。

9.2.7　税务登记

1. 税务登记办理

根据 2018 年 6 月修订的《税务登记管理办法》，税务登记自领取营业执照之日起 30 日内办理，办理地点在税务登记机关窗口，需要提供的材料如下（“个体经济”可不报送以下的第（2）（4）（5）项材料）：

（1）营业执照副本原件及复印件；

（2）企业法人组织机构代码证书原件及复印件；

（3）法人代表身份证原件及复印件；

（4）财务人员身份证复印件；

（5）公司或企业章程原件及复印件；

（6）房产证明或租赁协议复印件；

（7）印章；

（8）从外区转入的企业，必须提供原登记机关完税证明；

（9）税务机关要求提供的其他有关材料。

2. 税务登记的管理规定

第一，国家税务局、地方税务局对同一纳税人的税务登记应当采用同一代码，信息共享。一般情况下，从事工商行业的税务登记由国税办理，从事其他行业的税务登记由地税办理。

第二，税务机关对税务登记证件实行定期验证和换证制度。纳税人应当在规定的期限内，持有关证件到主管税务机关办理验证或者换证手续。

第三，纳税人应当将税务登记证件正本在其生产、经营场所或者办公场所公开悬挂，接受税务机关检查。

第四，纳税人遗失税务登记证件的，应当在 15 日内书面报告主管税务机关，并登报声明作废。

第五，从事生产、经营的纳税人到外县（市）临时从事生产、经营活动的，应当持税务登记证副本和所在地税务机关填开的外出经营活动税收管理证明，向营业地税务机关报验登记，接受税务管理。

第六，从事生产、经营的纳税人外出经营，在同一地累计超过 180 天的，应当在营业地办理税务登记手续。

第七，纳税人按照国务院税务主管部门的规定使用税务登记证件，税务登记证件不得转借、涂改、损毁、买卖或者伪造。

9.2.8 开设银行账户

1. 银行开户的基本种类

（1）基本存款账户。基本存款账户是企事业单位的主要存款账户，该账户主要办理日常转账结算和现金收付业务，存款单位的工资、奖金等现金的支取只能通过该账户办理。基本存款账户的开立须报当地人民银行审批并核发开户许可证，许可证正本由存款单位留存，副本交开户行留存。企事业单位只能选择一家商业银行的一个营业机构开立一个基本存款账户。

（2）其他账户。除基本存款账户外，企业银行开户种类还有一般存款账户、临时存款账户、专业账户等。一般存款账户是企事业单位在基本账户以外的银行因借款开立的账户，该账户只能办理转账结算和现金的缴存，不能支取现金。临时存款账户是外来临时机构或个体经济户因临时经营活动需要开立的账户，该账户可办理转账结算和支取符合国家现金管理规定的现金。单把某一项资金拿出来，方便管理和使用，这种新开设的账户叫专用账户，但是开设专用账户需要经过人民银行批准。

2. 开设基本存款账户

根据《银行账户管理办法》，银行账户分为基本存款账户、一般存款账户、临时存款账户和专用存款账户，上述各类账户均有不同的设置和开户条件。这里简要介绍开设基本存款账户。

基本存款账户是指存款人办理日常转账结算和现金收付的账户，存款人的工资、奖金等现金的支取，只能通过本账户办理。

（1）基本存款账户的当事人资格条件。根据《银行账户管理办法》的规定，下列存款人可以申请开立基本存款账户：企业法人，企业法人内部单独核算的单位，管理财政预算资金和预算外资金的财政部门，实行财政管理的行政机关、事业单位，县级（含）以上军队、武警单位，外国驻华机构，社会团体，单位附设的食堂、招待所、幼儿园，外地常设机构，私营企业、个体经济户、承包户和个人。

（2）基本存款账户开立所需的证明文件。存款人申请开立基本存款账户，应向开户银行出具下列证明文件之一：当地工商行政管理机关核发的《企业法人营业执照》或《营业执照》，中央或地方编制委员会、人事、民政等部门的批文，军队以上、武警总队财务部门的开户证明，单位对附设机构同意开户的证明，驻地有权部门对外地常设机构的批文，承包双方签订的承包协议，个人居民身份证和户口簿。

（3）基本存款账户开立的程序。存款人申请开立基本存款账户的，应填写开户申请书，提供规定的证件，送交盖有存款人印章的印鉴卡片，经银行审核同意，并凭中国人民银行当地分支机构核发的开户许可证，即可开立该账户。

需要特别说明的是，印鉴卡片上填写的户名必须与单位名称一致，同时要加盖开户单位公章、单位负责人或财务机构负责人、出纳人员三枚图章。印鉴卡片是单位与银行事先约定的一种具有法律效力的付款依据，银行在为单位办理结算业务时，凭开户单位在印鉴卡片上预留的印鉴审核支付凭证的真伪。如果支付凭证上加盖的印章与预留的印鉴不符，银行就可以拒绝办理付款业务，以保障开户单位款项的安全。

9.3 实训案例

麦当劳三大选址方法

对餐厅而言，选址的重要性毋庸置疑，选址的决策过程复杂，成本高，一旦选定则不易变动。一般来说，如果餐厅位置好，即使经营者能力一般，也相对容易获得成功，通常称之为“傍大款”；如果选址不佳，即使经营者再有能力，也往往难以弥补这一缺陷。国际快餐巨头麦当劳的选址一向以精准著称，以至于很多餐企紧紧跟随，纷纷选址在其周围。到底麦当劳运用哪些方法进行选址呢？下面就介绍几种麦当劳常用的选址方法。

一、塞拉模型法

塞拉模型是由美国俄克拉荷马大学的弗朗西斯·塞拉教授为餐厅设计的。塞拉教授与俄克拉何马餐厅协会签订了为餐厅的经营设计模型的合同，借助计算机来模拟餐厅经营，判断餐厅可能达到的销售额。塞拉认为，他的模型能以 5% 左右的误差预测餐厅的销售额。他的模型最初是为下列五种餐厅设计的：一般餐厅、自助餐厅、路旁餐厅、特种餐厅以及汉堡包餐厅。设计模型所需的信息资料是从俄克拉荷马州居民的各种有关经验中提取的。

模型设置的理论基础是，如果决定一家餐厅销售额的各种因素的重要性可以根据它们对销售的影响而确定，那么只需几分钟就可以用计算机预测那家餐厅所应达到的销售额。较为明显地影响销售额的几个因素包括：

①预备建造或已在经营的餐厅附近的居民情况以及他们的收入情况；

②该地区竞争对手的数量；

③该地区的交通流量；

④餐厅经理的能力；

⑤已进行的广告宣传；

⑥餐厅建筑物的外观及其类型。

二、CKE 餐厅选址法

CKE 模型是由卡尔·卡彻·恩廷（Carl Karch Ent）设计的。这一模型是通过掌握充分的市场资料，运用多元回归分析法来预测和评估某一餐厅的位置优劣。

1. 需要的有关数据

对于某一餐厅的位置来说，如果要进行评估，必须获得如下有关本区域内的数据：

①附近街道上每天的车辆数；

②本区域内所有餐厅的座位数；

③本区域内蓝领工人所占比例；

④ 10 分钟内即可到达餐厅的公司职员人数；

⑤周围 10 分钟内就可到达的人数；

⑥本区域内人口的平均年龄；

⑦营业区域内连锁餐厅数；

⑧ 10 分钟内可以到达的所有人口数。

2. 需要达到的指标

①本区域内所有餐厅座位数不少于 1 200 个；

② 75% 的人口属于蓝领阶层；

③平均年龄 26 ～ 32 岁；

④ 10 分钟内有 10 000 名职员可以到达这家餐厅。

3. 计算公式

在获得以上数据的基础上，运用下列回归方程计算：

$$y=\beta_0+\beta_1x_1+\beta_2x_2+\beta_3x_3+\beta_4x_4$$

其中：

y——这家餐厅的预计销售额；

x_1——本区域内所有餐厅座位数；

x_2——本区域内蓝领工人所占比例；

x_3——本区域内人口的平均年龄；

x_4——10 分钟内能够到达本餐厅的职员人数；

β_0——经验系数；

β_i——用来衡量 x_i（i=1，2，3，4）四个因素的系数。

三、商圈分析法

商圈是店铺对顾客的吸引力所能达到的范围，即来店顾客所居住的地理范围。商圈分析法是通过分析商圈范围内的顾客情况、餐厅情况以及可能影响餐厅经营的其他情况，以得到正确的店址。

1. 商圈的确定

首先要确定商圈的轴心点。餐厅所在的位置就是商圈的轴心点，应该了解轴心点所在街区的情况、交通状况和具体位置。仅有圆心而无半径，圆是无法画出的。为了由地点定位繁衍出区域定位，必须通过半径标志，准确地画出各层商圈，即以店铺位置为轴心，以习惯性的一定距离为半径，画出商圈。

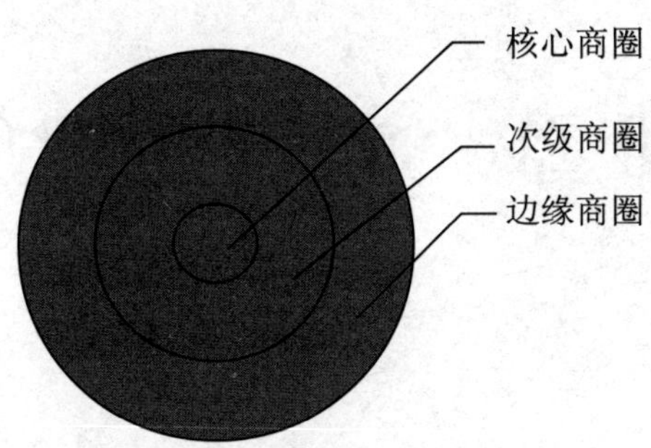

国际上习惯性商圈的半径标准如下表所示：

商圈划分标准表

	交通工具特征	距离半径（米）	时间（分）	时速（公里）
核心商圈	徒步圈	600	10	4
次级商圈	自行车圈	1 300	10	8
边缘商圈	汽车圈	6 000	10	40

对处在不同地区的餐厅来说，商圈的半径距离各有不同，要受当地人口密度、附近竞争餐厅、餐厅供应的菜肴差别、交通方式、餐厅声誉等因素的影响。一般在大城市的市中心，餐厅的商圈半径通常只有两三条街道的距离；但在市郊，商圈半径则可能是10多公里的距离。另外，对于不同地区的餐厅，不同商圈顾客市场的份额不同。一般来说，一家餐厅顾客群中核心圈的顾客占55%～70%，次级商圈的顾客占15%～25%，边缘商圈的顾客则较为少见。

2. 商圈的分析

商圈分析对于餐厅的选址定位具有十分重要的意义。通过对店址的综合评价及详细分析消费、竞争环境，可确定合理的目标市场。商圈分析应考虑的消费者因素有：商圈内的人口规模、家庭户数、收入分配、教育水平、年龄分布及人口流动情况、消费习惯等。这些可以从政府的人口普查、年度统计及商业统计公告等资料中获得。

资料来源：https：//36kr.com/p/5087344.html.

讨论题

1. 对你身边的麦当劳的选址用案例中的三种方法分别进行讨论分析。
2. 如果你想创业，结合创业企业的特征进行选址分析。
3. 有的商圈中不止一家麦当劳，这又是为什么呢？

【**在线测试题**】扫码书背面的二维码，获取答题权限。

第 10 章　新创企业管理

引导案例　**能打败华为的永远是华为自己**

华为公司成立于 1987 年，创立时只有 21 000 元人民币的资本金，3 名员工。2015 年，华为销售额达到了 608 亿美元，拥有 17.6 万名员工，这些员工来自 165 个国家，外籍员工将近 5 万人。在全球经济整体衰退，包括整个行业衰退的大背景下，华为如何实现持续的、有质量的高速成长呢？其背后的核心动力是公司基于人性之上的制度设计、制度创新和制度变革。

华为制度设计的一个核心点是普遍分享。普遍分享的制度设计主要体现在三个方面：一是财富的充分分享；二是权力的充分开放、释放；三是 17.6 万名不同种族、不同年龄的知识劳动者对成就感的共同分享。

华为分享制度实现了财富分享。华为实行劳动者普遍持股的股权制度。截至 2016 年 6 月底，8.45 万名员工共同持有公司股权，没有任何外部财务股东，创始人任正非仅拥有这家公司 1.01% 的股权。这是华为快速成长、健康成长的一个根本性的股权制度设计，也是一个核心点。有人认为正是这样一个普遍分享的股权制度，带来了华为“人人做老板，共同打天下”的现象，但这只说对了问题的一半。

货币资本在企业发展中无疑是承担了风险的，理应得到合理的回报，但是资本应节制自己的短期追求和过度贪婪。传统的股东利益最大化是旧时代的产物。在今天这样一个资本过剩、产品过剩的时代，人，尤其是知识劳动者，包括企业家、各阶层的管理者和全体员工，他们才是企业持续发展、长期发展的根本动力所在。因此，华为的核心价值观有一条，就是以奋斗者为本。核心内涵就是要让劳动者，尤其是知识劳动者参与公司发展成果的分享。过去多年华为劳动者年平均收入之和，包括工资、奖金加福利与股东所得的比例是 3∶1。正是劳动者普遍分享公司发展成果的机制，才充分地调动了华为中国员工的积极性和创造性，同时也充分地激励了华为外籍员工的积极性和创造性。

华为谋求和正在构建的是三个共同体：第一层是全体员工的利益共同体；第二层是在利益共同体之上的命运共同体；第三层是基于命运共同体之上的使命共同体。

未来华为面临的挑战也是巨大的。为什么要讲制度创新、制度变革呢？因为在不同的时空条件下，制度的红利都会呈现出衰减的趋势。普遍分享带来的是 17 万人的群体奋斗，群体奋斗带来的是快速成长，带来的是繁华，但是繁华背后有可能是腐败、惰怠与山头主义，这就是人性悖论与组织悖论。华为今天可以说处于历史上最好的时期，任何外部竞争对手都不构成对华为的毁灭性打击，能够打败华为的永远是华为自己。因此，华为必须持续地进行制度创新、制度优化、制度变革。

任正非过去多年虽然也关注公司的经营、公司的人力资源和财务体系建设，但他关注更多的是公司的文化建设、制度建设。他投入更多的时间去关注组织是否会走向腐败，是否会出现大大小小的山头现象，是否会形成成功之后组织的大而封闭，大而惰怠。惰怠是组织之癌，活力是组织之魂。

今天的华为组织变革进入到了一个新的阶段，这个新阶段的核心特质就是要构建长期的“输血”和“换血”机制，但“输血”和“换血”的变革又要以健康的、渐进的、最小震荡的方式进行。华为以简化管理为核心，针对企业可能出现的“大公司病”进行的新变革是艰难的，但是一定会成功，这和华为强健的文化、一以贯之的价值观有很大的关系。

资料来源：http：//tech.163.com/16/1228/13/C9CJSOHS00097U7S.html#from=relevant.

案例启示

创业不仅是创办一个新企业，而且是组织从 0 到 1 再到无穷大的持续发展过程，正如案例中华为的组织变革。创业管理不仅是对公司的人力、财务、经营等方面进行管理，更多的是持续地进行制度创新、制度优化和制度变革，使企业组织保持活力，与市场变化相契合。华为目前以构建长期“输血”和“换血”机制为核心特质，不断简化管理，针对可能出现的“大公司病”进行变革，正是这种颠覆式创新与渐进式创新的融合，形成了企业的强文化制度。

本章知识结构图

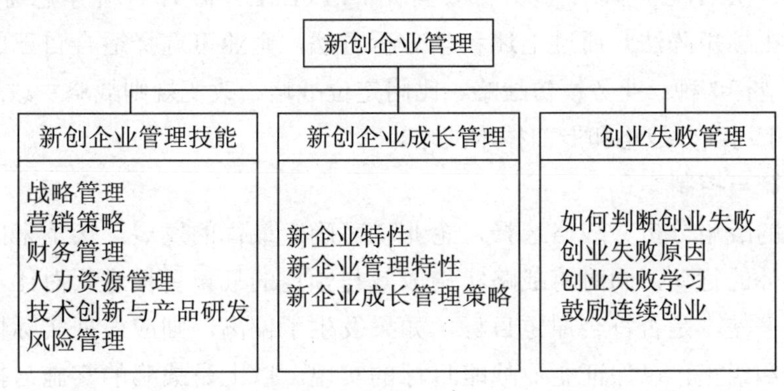

10.1 新创企业管理技能

新创企业（new venture）是指创业者利用商业机会，通过整合资源所创建的一个新的具有法人资格的实体，它能够提供产品或服务，以获利和成长为目标，并能创造价值。新创企业是处于发展早期阶段的企业，《全球创业观察报告》中将新创企业界定为成立时间在 42 个月以内的企业。任何一个大企业都是由新创企业演变而来，如微软公司、苹果公司等现在取得很好发展的企业曾经都是新创企业，都是在不断的发展中逐渐强大，一步一步发展到现在的。一个企业能否走向辉煌，取得优异的成绩，与其在新创企业阶段的管理有着密切的联系。

一般而言，新创企业管理技能主要包括企业战略管理、营销策略、财务管理、人力资源管理、技术创新与产品研发、风险管理。

10.1.1 战略管理

战略管理是指企业为了实现其经营目标，在考虑其内部条件和外部环境后，对企业未来的发展所进行的方向性谋划。新创企业的战略管理过程也许是被非正式地实施或只是由业主或管理者一人实施，但它同样会显著地促进或阻碍企业的发展和繁荣。

新创企业的战略管理包括两个重要阶段：战略分析与选择、战略实施与控制。

1. 战略分析与选择

战略分析是指对企业现在、将来发展和生存的某些关键因素进行分析，对企业建立战略行动的约束条件进行研究，从而了解企业所处的环境和相对竞争地位，预测环境的未来发展趋势，以及对企业造成的影响。这个阶段直接决定了企业选择何种战略，对企业发展的影响是全局性、长期性、系统性的。常用的战略分析方法有：① SWOT 分析法 [竞争优势（strength），竞争劣势（weakness），机会（opportunity）和威胁（threat）]；②内部因素评价法（IFE 矩阵）；③外部要素评价法（EFE 矩阵）；④竞争态势评价法（CPM 矩阵）；⑤波士顿矩阵法。通过上述科学分析方法，企业可选择适合自己的优势战略。常用的战略类型有 7 种：业务模仿战略、比附定位战略、改变规则战略、改进价值战略、低成本战略、市场细分战略和专门技术战略。

2. 战略实施与控制

经过前期的战略分析、战略选择，企业就可确定最优的发展，接下来的重点就是将战略转化为具体的行动，同时将战略实施成效与预定的战略目标进行对比，检测二者是否存在明显的偏差，是否符合原定目标，如果发生了偏离，则应根据实际情况采取有效措施进行控制和纠正，以保证企业战略目标的实现。以上是战略的实施与控制阶段的主要内容。

10.1.2 营销策略

营销策略一般可以分为两大类：一是基于 2000 年之前产生的经典理论，主要包括 4P 策略、4C 策略、4R 策略；二是在互联网时代，基于平台式经济发展产生的创新性营销策略，如口碑营销、社区营销、免费增值模式。

1. “4P” 策略

美国密歇根大学教授杰罗姆・麦卡锡（Jerome Mccarthy）在 20 世纪 60 年代提出“产品（product）、价格（price）、渠道（place）、促销（promotion）” 4 大营销组合策略，即“4P”策略。他认为一次成功和完整的市场营销活动，指的是以适当的价格、适当的渠道和适当的传播促销推广手段将适当的产品和服务投放到特定市场的行为。“4P”理论的提出，是现代市场营销理论最具划时代意义的变革，从此，营销管理成为了公司管理的一个部分。

2. “4C” 策略

“4C”理论由美国营销专家劳特朋（R.F. Lauterborn）教授在 1990 年提出，是以消费者需求为导向，重新设定了市场营销组合的四个基本要素：消费者（customer）、成本（cost）、便利（convenience）和沟通（communication）。该策略强调企业首先应该把追求顾客满意放在第一位，产品必须满足顾客需求，同时降低顾客的购买成本，产品或服务在研发时就要充分考虑客户的购买力，然后要充分注意到顾客购买过程中的便利性，最后还应以消费者为中心实施有效的营销沟通。

3. “4R” 策略

2001 年，美国的唐・E. 舒尔茨（Don E. Schultz），又提出了关系（relationship）、反应（reaction）、关联（relevancy）和报酬（rewards）的“4R”策略。4R 营销理论是以关系营销为核心，注重企业和客户关系的长期互动，重在建立顾客忠诚。该策略既从厂商的利益出发又兼顾消费者的需求，是一个更为实际、有效的营销制胜术。

4. 口碑营销

“口碑”意思是口口相传，既可以是正向口碑，也可以是负向口碑。例如，常常听朋友说某产品质量怎么好，这便是典型的口碑相传。当很多人都在传播类似信息的时候，久而久之就形成了口碑营销（word of mouth marketing）。

口碑营销中一个非常重要的环节就是口碑传播。口碑传播最重要的特征之一就是可信度高，因为在一般情况下，口碑传播都发生在朋友、亲戚、同事、同学等关系较为密切的群体之间，在口碑传播过程之前，他们之间就已经建立了一种长期稳定的关系。例如，微商平台的商家，便是典型的口碑营销，其利用这一高信任度关系特征，将朋友变成了顾客。

5. 社区营销

互联网以社区为基层活动场所。网友大都参加不同社区，参与程度高、互动性强、主题特定、具有心理归属感的网络社区便于企业向用户传达品牌信息。互联网社区基本上表现为关系型社区，也就是说，网络用户在某些方面具有一定的天然性关联，便于在网络上建立共同的网络社区，如高校论坛、车友论坛等。在关系型社区中，由于人与人之间具有相对稳定的同学、邻里等关系，能够使品牌顺利地在同质人群中广泛传播。

6. 免费增值模式

免费增值模式指的是通过向用户提供免费内容或进行价格补贴，来实现向用户销售另一种利润更高的产品，向第三方（如广告商）销售用户数据，最终获取盈利的模式，常见的模式有三种：（1）永久免费，即没有付费的服务；（2）会员，既有永久免费的服务，也有加入会员享受的增值服务；（3）限免，在规定时间内免费，或者某些功能免费。免费增值模式的核心在于吸引新用户和潜在用户尝试某一产品，快速积累用户数量，通过其他方式来获取盈利。当然，这种模式的前期成本较高，如果后期的付费产品或服务不能让顾客接受，容易造成顾客的大量流失。

创业聚焦 10.1 ▶▶

小米背后的社群营销

小米模式的核心是小米的米粉社群，别人先做硬件，小米先做软件；别人先做产品，小米先聚用户。在这两点上，小米与其他企业非常不同，小米在手机发布以前，用了一年的时间做软件（MIUI）。通过软件，小米手机在尚未问世前，就拥有了 50 万用户。

聚集社群有以下三个步骤：

第一步：定位核心人群。小米先从手机论坛上找到了 1 000 个人，然后一个一个把他们拉到小米的论坛里，让他们共同做一件事，就是把自己三星或者摩托罗拉等任意品牌手机的操作系统刷成小米的 MIUI 操作系统。这里有个专业的词语就是“刷机”，类似于给手机“换大脑”，这对于手机来说是非常危险的。因为刷机后，手机容易出现各种问题，如功能无法使用，开机死机，甚至烧坏主板，所以很多人是不愿意的。

最后，小米从这 1 000 个人中找到 100 个愿意把自己的手机操作系统换成 MIUI 操作系统的人，而这 100 个人就是小米的第一批天使用户，他们也成为了 MIUI 的首批测试人员，小米的七个创始人都有这 100 个人的电话。小米手机第一版出来的时候，这 100 个人的名字被印在了开机页面里，在小米三周年的时候，还为这 100 个人专门拍了一部微电影，这 100 个人也成为了小米社群的起点。

第二步：O2O 社群运营。小米手机先做的是论坛，它的社群运营其实是先从论坛开始的。除了线上论坛，小米还有线下同城会。另外，小米还会为用户举办年度庆典——

米粉节。而在这些活动中，小米的合伙人也会亲自参与 O2O 社群运营。

事实上，所有这些活动的直接目的不是为了卖产品，而是为了增加粉丝之间以及粉丝和公司之间的接触点和接触频率。

第三步：参与感游戏。现在有一种创新叫“领先用户创新”，是指不是由产品的设计者，而是由产品最活跃的使用者来推动的创新。今天公司中心型的创新已经落后，应该让用户充分参与产品研发。小米的 MIUI 操作系统至少 10 万人参与，这一人群不仅成了产品测试员，而且也是小米手机销售渠道的重要力量。

10.1.3　财务管理

创业财务管理是指企业为实现良好的经济效益，在组织企业的财务活动、处理财务关系过程中所进行的科学预测、决策、计划、控制、协调、核算、分析和考核等一系列管理工作的全称，其主要特点是对企业生产和再生产过程中的价值运动进行管理，是一项综合性很强的管理工作。财务管理是一项具有特殊性的管理活动，主要包括筹资、投资、运营等方面。

对于新创企业来说，企业运营管理是财务管理的重点。企业运营就是对运作过程的计划、组织、实施和控制，是与产品生产和服务创造密切相关的各项管理工作的总称。简而言之，运营管理就是把人员、设备、资金、材料、信息、时间等有限资源，合理地组织起来，最大限度地发挥它们的作用，以求达到经营性目标。

一般来说，企业在对运营状况进行分析时，可通过以下几种途径来实现。

1. 按照提供的资料进行分析

要进行运营状况分析，首先要提供分析资料，主要包括内部资料和外部资料。内部资料最主要的是企业财务会计报告，财务报告是反映企业财务状况和经营成果的书面文件，包括会计报表（资产负债表、利润表、现金流量表）、附表、会计报表附注等；外部资料是从企业外部获得的资料，包括行业数据、其他竞争对手的数据等。

2. 按照运营目的进行分析

（1）财务效益分析。财务效益，是指企业资产的收益能力。资产收益能力是会计信息使用者关心的重要问题，通过对其分析能够为投资者、债权人、企业经营管理者提供决策信息。财务效益分析指标主要有净资产收益率、资本保值增值率、主营业务利润率、盈余现金保障、成本费用利润率等。

（2）偿债能力分析。偿债能力是指企业用其资产偿还长期债务和短期债务的能力。企业偿债能力的强弱，是企业经济实力和财务状况的重要体现，也是衡量企业能否稳健经营以及财务风险大小的重要尺度。偿债能力分析的主要指标有资产负债率、已获利息倍数、现金流动负债比率、速动比率等。

（3）资产运营状况分析。资产运营状况是指企业资产的周转情况，反映企业对经济资源的利用效率。资产运营状况分析的主要指标有总资产周转率、流动资产周转率、存货周转率、应收账款周转率、不良资产比率等。

（4）发展能力分析。发展能力是指企业扩大规模、壮大实力的潜在能力。发展能力关系企业的持续生存问题，也关系投资者未来收益和债权人长期债权的风险程度。分析企业发展能力的指标有销售增长率、资本积累率、3 年资本平均增长率、3 年销售平均增长率、技术投入比率等。

3. 按照分析的对象进行分析

（1）资产负债表分析。资产负债表是反映企业所拥有的资产、所承担的债务以及投资者或创业者在企业中所拥有的权益的一种财务报表。资产负债表好比一张静态图片，它能反映公司财务状况的好坏，如表 10-1 所示。

表 10-1 资产负债表

编制单位：　　　　　　　　　　　　　　　　　　　　　　单位：万元

资　产	期 末 数	负债和所有者权益	期 末 数
流动资产		**负债**	
现金	5	短期借款	
银行存款	15	应付账款	
应收账款	15	应交税金	1
产成品	14	一年内到期的长期借款	
原料	3	长期借款	40
流动资产合计	52	负债合计	41
固定资产		**所有者权益**	
土地和建筑	40	投入资本	181
机器与设备	144	利润存留	11
在建设备		月度净利	3
固定资产合计	184	所有者权益合计	195
资产合计	236	负债和所有者权益总计	236

资产负债表分析主要从资产项目、负债结构、所有者权益结构方面进行分析。资产项目分析有现金比重、应收账款比重、存货比重、无形资产比重等。负债结构分析有短期偿债能力分析、长期偿债能力分析等。所有者权益结构分析即分析各项权益占所有者权益总额的比重，说明投资者投入资本的保值增值情况及所有者的权益构成。

通过资产负债表，可以看出公司资产的分布情况、负债和所有者权益的构成情况，评价公司资金运营是否顺畅、财务结构是否合理；分析公司资产流动性或变现能力，以及长、短期债务数量及偿债能力，评价公司承担风险的能力；利用该表提供的资料还有助于计算公司的获利能力，评价公司的经营绩效。

（2）利润表分析。利润表分析主要从赢利能力、经营业绩等方面进行，主要分析指标有净资产收益率、总资产报酬率、主营业务利润率、成本费用利润率、销售增长率等。

利润表能够反映企业在某一时期内的经营成果。与资产负债表不同，利润表可以被视为一个动态的画面，它显示了企业的资金来源及在一段时间之内的花费，从这个表中能找出经营管理中的不足，便于企业制订更有效的企业经营计划，从而获得利益。

利润表应该在每个月月末准备。流水账上的所有合计数将转记到利润表的相关列项上。在 12 月月底（或会计的会计年度末）会得到一个有关企业全年收入和花费的清晰账单，如表 10-2 所示。

表 10-2　利润表

编制单位：　　　　　　　　　　　　　　　　　　　　单位：万元

项　　目	本 期 数	年度合计数（略）
1. 营业收入		
现金销售	22	
赊销收入	14	
2. 营业成本		
初期存货	8	
本期购进	24	
可供销售的存货	32	
减：期末存货	18	
3. 营业毛利（1 ～ 2）	22	
4. 经营性支出	18	
5. 利润总额（3 ～ 4）	4	
6. 所得税（5× 税率 25%）	1	
7. 净利润（5 ～ 6）	3	

（3）现金流量表分析。现金流是财务管理中的一个重要概念，是指企业在一定会计期间按照现金收付实现制，通过一定的经济活动（包括经营活动、投资活动、筹资活动和非经常性项目）而产生的现金流入、现金流出及其总量情况的总称，即企业一定时期的现金及现金等价物的流入和流出的数量。

由于现金流量表所涉及的是现金的流入和流出，因此现金流量表的编制需要事先准备好现金支付表和现金来源表。现金支付表用于记录流出企业的现金，它明确了企业支出的各种类型以及各列项目所需的现金计划。现金来源表用于记录流入企业的现金，它能帮助创业者估算将会有多少现金流入企业并明确这些现金的来源。

现金流的变化，在不同时期表现差异较大。图 10-1 的 J 曲线，就显示了新创企业在不同时期现金流变化的一般规律。初创企业开始缺乏信用记录或没有固定资产，难以从银行获得融资，所以资金主要通过风险投资公司获得。

现金流量表分析主要从现金支付能力、资本支出与投资比率、现金流量收益比率等方面进行分析，分析指标主要有现金比率、流动负债现金比率、债务现金比率、股利现金比率、资本购置率、销售现金率等。

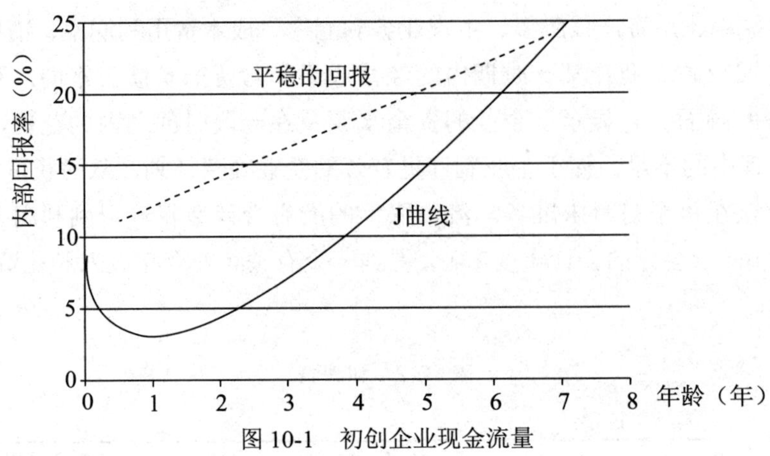

图 10-1 初创企业现金流量

创业聚焦 10.2 ▶▶

互联网平台公司的“烧钱”

有经验的创业者都知道“现金为王”的道理。对创业者而言，最大的幸福莫过于企业出现了正现金流，这意味着企业越过了生存期，步入成长期。很多以互联网为基础的企业，前期需要的现金流巨大，它们需通过“烧钱”获得市场，最后将市场里的人群变成消费者。

一般而言，会采用烧钱率和创业跑道来计算。

烧钱率，是指企业资金损耗的比例（一般用每月流出的现金计算）。

“创业跑道”也称“零现金日”，指的是企业基于目前的烧钱率能坚持运营下去的时间。

创业跑道 =（现金结余 + 融资收入 + 销售收入）÷ 烧钱率

例如，某个企业的现金为（125 000 元）÷ 烧钱率（25 000 元 / 月）=5 个月

2011 年，弗雷德·威尔逊提出一个基本公式，用于计算（他认为应当的）初创公司最大烧钱率。

“一条行之有效的规则是，将团队成员数量乘以 1 万美元，这样就得到每月的烧钱量。这不是你支付给员工的金钱数目，而是包含租金及其他费用在内的聘用一个人的总成本。”

另一条普遍接受的规则是：“每个月支出应少于最近一笔融资的百分之十。”

例如，如果你在最新一轮融资中筹得资金 150 万美元，那每个月的支出应少于 15 万美元。在这种情况下，公司需要认识到，距离下一轮融资的时间间隔（也就是创业跑道长度）只有 10 个月。

10.1.4 人力资源管理

人力资源管理，是指在经济学与人本思想指导下，通过招聘、甄选、培训、报酬等

管理形式对组织内外相关人力资源进行有效运用，满足组织当前及未来发展的需要，保证组织目标实现与成员发展的最大化的一系列活动的总称。人力资源管理主要包括组织设计、员工招聘、员工培训等方面。

1. 组织设计

组织设计主要包括以下五个方面：

一是组织结构。一个组织所具有的结构，表现为组织中所设置的各个层次及岗位，以及各个岗位之间、组织成员之间的信息沟通和相互关系。一般可以用一张组织图来描述。

二是计划、评估和评价的制度。组织所有活动都反映出企业的目标，企业必须清楚地说明这些目标如何达到，以及目标如何评估。

三是奖励。组织成员对组织的忠诚和责任心，以及工作的积极性都与其获得的奖励有关。一般来说，有效的奖励手段包括晋升、股权奖励、表扬、带薪休假等。

四是选拔员工。创业者需要针对组织的各个岗位制定不同的选拔标准，并且在选拔程序上做到公开、公平和公正。

五是培训。脱产或者不脱产的培训都需详细说明。培训的形式既有正式教育，也有技能培训。尤其是随着知识经济的迅速发展，培训对技能提升和技术进步尤为重要。

2. 员工招聘

企业在初创期和高速成长期其员工的流动性更大，这也是创业企业面临的最大问题，即如何保持创业队伍的稳定。创业企业想要招聘到能用又能留下来的员工，必须在观念上有所突破，不能囿于传统惯性招聘思维模式。为此，要做到以下几个方面：

（1）对人才需要有清晰的定位，以够用为原则；

（2）不同层次的人才通过不同的渠道招聘；

（3）招聘的员工要拥有良好的人格和品质，如勤奋，勇于承担等；

（4）工作经历往往比学历更重要。

3. 员工培训

员工培训是人力资源管理的重要一环，是一种重要的人力资本投资形式。通过培训，企业员工可以明确自己的任务、工作职责和目标，提高知识水平与技能，培养并提升与实现企业目标相适应的素质和业务能力，在员工个人素质提高的同时为企业创造最大价值。创业企业进行员工培训需要注意以下几点：

（1）创业者自身进行人力资源培训，才能正确的培训员工；

（2）制订员工逐步发展的培训计划，营造学习型组织氛围；

（3）注重员工人格的培养，对员工进行创业精神培育；

（4）加强员工价值观念和团队合作精神的教育和培训；

（5）注意控制培训成本。

10.1.5 技术创新与产品研发

1. 技术创新管理

创新管理大师熊彼特指出技术创新管理是生产要素与生产条件的新组合，国际经济合作与发展组织（OECD）指出技术创新管理包括新产品与新工艺以及产品与工艺的显著变化。我们一般认为企业技术创新管理主要由产品创新管理和工艺创新管理两部分组成，包括从新产品、新工艺的设想、设计、研究、开发、生产和市场开发、认同与应用到商业化的完整过程。产品创新管理指的是在产品的基础上进行的技术创新，从而为市场提供新的产品或者服务，包括模仿新产品、改良新产品和生产全新产品；工艺创新管理指的是生产同样的产品，但生产产品过程中的技术却不同，包括工艺技术创新、生产机器创新、生产流程创新等。

技术创新从创新力度上可分为渐进式创新和突破式创新两大类。渐进式创新指的是利用现有资源不断改进技术，主要服务现有用户群的创新方式。突破式创新，又名“颠覆式创新”，采用新的技术导致企业原有生产资源沉没或者主要用户发生改变，比如数码相机、智能手机的出现等。对于企业来说，渐进式创新重视内部资源，依靠全员创新，对企业发展和产业格局破坏小，投资风险小，有利于现有企业的长期发展，但企业发展相对缓慢，产业结构调整能力相对弱；颠覆式创新重视外部资源，依靠少数精英创新，具有颠覆产业结构的能力，企业容易出现爆炸式增长，但投入风险大，不确定性强，容易破坏现有产业体系，造成大量企业退出，员工失业。对于新创企业而言，颠覆式创新能够帮助企业在短时期内异军突起，迅速占领市场，但是对于企业的技术、市场机会识别、资源等都有很高的要求。当前，大部分新创企业仍然采取渐进式创新这种方式。

2. 产品创新管理

（1）新产品的类型。①新产品，是指采用新的原理、材料和技术而制成的产品，与现有的产品毫无相同之处。②换代新产品，是指在原有产品基础上性能、结构有重大突破与改进的产品。例如，洗衣机从原来的半自动变为全自动。③改良新产品，是指企业在产品的材料、结构、性能、外形设计、颜色、包装等方面进行某些改进的产品，这是企业最容易开发的新产品。④模仿新产品，是指企业对市场上已经出现但是自己还没生产过的产品进行模仿、改进而生产的产品。

（2）新产品的开发方式。①独立研制。这种方式是企业在应用技术研究成果的基础上，自己研制的具有特色的产品，对企业有较高的技术水平、人力和财力要求。处于初创阶段的企业，最好不要采取独立研究的方式，而要选择开发不太复杂的产品或者开发仿制型、改良型产品。②技术引进，是指利用国内外已有的成熟技术从事的新产品开发。这种方式的企业投资少，但可以较快地掌握产品的制造技术，争取时间把产品制造出来，因此适用于刚开始创业的企业。③科技协作开发方式。这是一种与企业、高等院校或科研机构协作进行新产品开发的方式。这种方式花钱少、见效快，又能促进企业提高开发功能。

10.1.6 风险管理

创业风险是指由于创业环境的不确定性，创业企业的复杂性，创业者、创业团队与创业投资者能力与实力的有限性而导致创业活动偏离预期目标的可能性及其后果。因此，创业中做好风险管理非常重要。

1. 创业风险的类型

（1）技术风险。技术风险是指企业在产品创新过程中，因新技术研发失败、核心技术被新技术替代、现有工艺无法满足产品生产条件等技术因素导致创新失败的可能性，具有技术成功的不确定性、技术前景的不确定性、技术效果的不确定性等特点。

（2）市场风险。市场风险是指市场主体从事经济活动所面临的盈利或亏损的可能性和不确定性。新创企业提供的产品或服务无论是根本性的创新、改进性的创新还是模仿性的创新，对于消费者来说，都是陌生的和没有实际体验过的。因此，经营业绩也会随着市场风险的变化而有较大的变化。

（3）财务风险。财务风险是指因资金不能适时供应等各种难以预料和无法控制的因素，导致企业在一定时期、一定范围内所取得的财务成果与预期目标发生偏差，使企业蒙受经济损失或失去获得更大收益的可能性。

（4）管理风险。管理风险是指创业企业的决策人员和管理人员在经营管理中出现失误而导致公司盈利水平下降，从而产生投资者预期收益下降的风险。一般是管理体系或管理沟通方面的原因导致创业企业存在一定的不稳定性。

2. 全面风险管理

全面风险管理是指企业围绕总体经营目标，通过企业管理的各个环节和经营过程执行风险管理的基本流程。全面风险管理不同于企业个别风险管理，它需要对企业各种风险进行统一、集中的识别、排序和控制，需要建立科学的全面风险管理流程，保证企业全面风险管理工作的有序性和有效性。全面风险管理基本流程的主要工作，具体包括以下五个方面：

（1）收集风险管理初始信息。对与本企业风险和风险管理相关的内外部初始信息进行广泛、持续不断地收集，这些初始信息主要包括企业战略风险、财务风险、市场风险、运营风险和法律风险等方面的历史数据和未来预测。企业对收集的初始信息应进行必要的筛选、提炼、对比、分类、组合，以便进行风险评估。同时，企业应当把收集初始信息的职责分工落实到各有关职能部门和业务单位。

（2）进行风险评估，是指对所收集来的风险管理初始信息、企业各项业务管理及其重要业务流程进行的评估，具体包括风险识别、风险分析和风险评价三个步骤，其目的在于查找和描述企业风险，评价所识别出的各种风险对企业实现目标的影响和风险价值，并给出风险控制的优先次序等。

（3）制定风险管理策略。根据企业内外条件，对所识别出的各种风险，按照所给出的优先次序，围绕企业目标与战略，确定风险偏好、风险承受度和风险管理有效性标准，选择适当的风险承担、风险规避、风险转移、风险转换、风险对冲、风险补偿和风险控制等风险管理工具，确保风险管理所需人力、物力资源的配置。

（4）提出和实施风险管理解决方案。根据所制定的风险管理策略，针对各类风险或各项重大风险，制订风险解决方案，一般包括：提出和确定风险解决的具体目标，所需要的组织领导，所涉及的管理与业务流程，所需要的条件、手段以及各种内控制度，在风险事件发生之前、之中和之后应该采取的具体应对措施以及风险管理工具等。

（5）风险管理的监督与改进。企业在对重大风险、重大事件、重大决策和重要管理与业务流程实施风险管理措施后，应该对上述各项风险管理工作实施情况进行监督，检测方案的有效性和实施效率，并根据检测结果，及时纠正偏差，提升风险管理水平。

10.2 新创企业成长管理

10.2.1 新创企业特性

1. 新创企业具有高成长性

新创企业区别于成熟企业的重要特点之一在于：新创企业处于非常规发展阶段，具有成长潜力，以一种非线性、高增长的态势快速成长；而成熟企业已经进入常规发展阶段，不再具有高成长性。但是，新创企业由于规模较小，在许多方面都处于劣势。例如，因为新创企业的雇员人数较少、资源有限，企业拓展市场容量的能力有限。

2. 新创企业具有高风险性

新创企业的高成长性伴随着很大的不确定性和高风险性。由于技术环境的变化、商业模式的创新、竞争者的制衡策略、企业内部管理的缺陷等，新创企业的业绩波动明显高于成熟企业，呈现出“不稳定”“高失败率”“高风险”“易变”等特点。因此，新创企业的成长呈现出非线性的非常规发展特征，可能爆发式增长，也可能昙花一现，甚至彻底失败。

3. 新创企业具有灵活性和创新性

企业创新的源动力是保持敏锐的观察力和良好的适应力，这也是新创企业快速发展的核心动力。与成熟企业相比，新创企业的机制灵活，以目标为导向，轻分工、强协作，管理者与员工相互融合成为一个整体，反应速度快、灵活且充满活力。这主要是因为新创企业的高层管理者更贴近客户，可以更敏锐地感受到市场的变化并能及时进行调整，以抗衡成熟企业规模经济的固化经营思维。与此同时，新创企业为了适应快速变化的竞争环境，需要保持较强的创新性。新创企业发展过程中会遇到众多挑战，但在企业跨界发展、全球融合的态势下，很多管理上的问题是无经验可循的，只有保持敏锐的嗅觉和创新的热情，敢于创新、善于创新，才能得到更好的发展。

10.2.2　新创企业管理特点

1. 新创企业管理是以生存为首要目标的“生存管理”

新创企业的首要任务是在激烈竞争的市场环境中生存下来，使消费者能够更多地了解和接受自己的产品或服务。在这个阶段，新创企业的主要运营目标是围绕生存进行的，迅速定位目标消费群体，推广自己的产品或服务并积累资金。因此，新创企业的行为应该以结果为导向，夯实生存基础。企业中的大多数人，包括管理者在内，都要积极地参与到一线活动中，如产品或服务营销。在这一阶段，新创企业是以机会为导向的，有机会就要迅速做出反应。

2. 获得社会认同

社会认同能够帮助新创企业快速地在消费者中建立良好的形象，扩大企业的影响力。尤其对于新创企业而言，社会认可度还是投资人考察企业的重要指标。因此，企业注册成立后，除了遵纪守法外，还需要积极承担社会责任，获得社会认同。新创企业获得社会认同主要有以下几种方式：

（1）善待员工，应当以人为本，成就员工，将员工当作企业共同发展的伙伴，提升员工对企业的满意度；

（2）为客户创造更高的价值，努力为客户提供高质量的产品、优质的服务，奉行“顾客至上，诚信为本”的理念；

（3）主动接受社会监督，建立良好的沟通机制，主动接受社会对企业产品、服务质量、安全和环保的监督和建议，积极参与社会公益事业，自觉履行企业社会责任；

（4）自觉保护生态环境，与自然和谐相处。

10.2.3　新创企业成长管理策略

1. 注重整合和管理内外部资源

新创企业在创业的过程中，往往会遇到人力、财力、物力相关资源不足的问题，仅仅依靠自身的力量，发展速度缓慢，所以注重借助别人（包括自己的竞争对手、合作伙伴、社会团体、政府部门、社会团体等）的优势发展壮大自己，是快速成长的有效策略。新创企业成长常采用的外部成长策略包括：①成立合资企业；②建立战略联盟；③收购和兼并；④引入创业投资；⑤ IPO 上市融资。

新创企业的成长是靠资源积累实现的，但若积累的资源没有有效地被企业利用，而是被企业中的个人（不管是创业者、高层管理人员还是普通员工）占有，必将威胁自身的继续成长。这些未被有效利用的资源不仅包括一般的财务资源、客户资源和办公设备资源，还包括人力资源。在企业成长的过程中，当创造和整合的资源越来越多时，创业团队的重点就变为如何管理好整合的资源，从注重“资源的开发”到注重“资源的有效利用”，并使得现有的资源使用价值最大化。例如，IPO虽然可以为企业募集大量资金，提高企业的知名度，增强市场影响力，扩大资本存量市场，使得企业得到迅速的发展壮大，但是，如果企业对这些外部资源不进行整合和充分利用，不能为企业创造价值，那么新创企业最终也会走向失败。

2. 构建企业使命、愿景和核心价值观

（1）企业使命、愿景和核心价值观的重要性。企业的使命、愿景和核心价值观是企业文化的核心内容，是企业生存和发展的内在动力。它们向企业员工和外界传达了企业的性质、目标和精神文化，也为企业的每一项决定和每一步行动提供了指南。

使命是企业的宗旨和存在价值，是企业承担并努力实现的责任，回答了企业为什么而存在，即企业要实现什么的问题，确定了企业的方向，反映了企业的性质。愿景是企业对未来的设想，是企业在整体发展方向上要达到的一个理想状态，回答了企业将成为什么的问题，为企业提供了一个清晰的发展目标和未来图景。价值观是企业及其员工共同认可和崇尚的价值评判标准，是企业及其员工在长期的生产实践中产生并共同遵守的思维模式和职业道德，是企业文化的核心，回答了企业为实现使命和愿景如何采取行动的问题。

（2）构建企业使命、愿景和核心价值观，主要分为五个阶段：

①外部信息收集阶段。收集的信息主要包括两部分，一是企业所处行业的前景、特点，二是企业经营模式、外部条件。

②访谈阶段。与企业管理层进行一对一访谈，访谈内容主要包括：一是对未来企业的看法；二是对未来自己的看法；三是企业的优势是什么，企业需要改进的点在哪；四是企业或者这个行业吸引自身的地方是什么。

③讨论阶段。全体管理层就企业的优势、梦想、使命分组进行讨论，并互相分享，不做对错评判，采取头脑风暴等形式收集各位管理层的思想和观点。

④制定方案初稿。主要是指依据使命、愿景描述框架，即“一群什么样的人用什么方式在什么领域做什么事，要达到一个什么样的理想画面，并遵循什么样的共同行为准则”。

⑤最终方案。对之前提出的使命、愿景和价值观方案进行讨论、修改，最终由企业所有人或者最高领导者确定。

3. 建立新创企业成长需要的人力资源体系

（1）提前做好规划。要根据新创企业未来的人力资源需求进行人力资源方面的建设和管理，以保证企业不同成长阶段人力资源的需要，保持企业成长的人力资源适应性。人力资源规划包括长期、中期和短期。做好人力资源规划：一是要明确企业发展战略和远景；二是要分析企业人力资源的内外部环境；三是做好未来的人力资源需求预测和供给预测；

四是根据未来需求与供给差异做好各种人力资源的招聘计划、培训计划、人员调整计划等工作。

（2）树立企业家格局。企业家要有总体观、全局观、系统观，要具有宏大的格局。绝大部分企业之所以不能长大，是因为它受到企业家英雄主义的限制，其他员工都成为了企业家的附属，企业真正拥有的只是企业家一个人的智慧；少数企业之所以能长大，是因为善用全体员工的力量，企业拥有的是成千上万集体的智慧。企业家在企业成长中要学会用“宏大格局”看待问题，凝聚好企业员工的集体力量。

（3）明确人力资本制度安排。管理大师韩第（Charles Handy）提到人力资本的概念时表示：在知识经济时代，一个企业的生存必须是成功地将人力资本与财务资本紧密地结合在一起。对比中国国有企业和私营企业，私有企业的经营活力更强，主要在于明晰的人力资本制度安排，企业员工知道明确的职业晋升渠道、薪资水平和发展空间，所以对未来可期。因此，应该从职业生涯管理、 个人价值成长管理、薪酬体系设计等方面做好企业的员工激励制度，提升人力资本对企业发展的贡献度。

创业聚焦 10.3 ▶▶

优衣库：人才的力量

优衣库被公认为是最具活力的公司之一，其老板柳井正的大名更是家喻户晓，优衣库的发展、进步、成功也值得我们学习和研究。人才的招聘和培养一直是优衣库最重视的工作之一。对于优衣库来说，长久以来最注重的，就是人才的力量。优衣库的人才培养策略在业内是十分出名的。优衣库创始人柳井正曾经说过：“在优衣库，店长被视为公司的‘最高经营者’，不采取‘店长是公司主角’的管理机制，零售业就很难繁荣。”客户导向下的企业员工培训体系是以客户导向理论为指导的，服务于企业人力资源发展战略目标，能够满足企业和员工个人对培训的需求，是适合现代企业发展的一套员工培训管理体系。优衣库的员工培训管理体系包括四个板块：员工培训需求分析和筛选，员工培训项目的设计与实施，培训效果评价以及培训能力发挥机制构建。在优衣库，新员工要上的最重要一课是理解自己工作的意义。优衣库不讲大话、套话，而是直接告知每位员工，基本工资和奖金完全是来自于顾客的愉快购物，如果不用心服务来满足顾客，店铺就很难有发展，而每个人的将来都与此息息相关。尽管这可能是人人都懂的大实话，但在公司培训中直接讲出来，效果还是有区别的，这让一线店员在领会公司风格的同时，也知道自己工作的意义和价值，增加了员工的存在感。优衣库为新员工和老员工均提供了系统的培养机制，并给每位员工量身定制了发展空间。在优衣库，负责内部培训的部门叫作“优衣库大学”，其将优衣库多年来国际化零售业成功的经验，提炼成系统化的培训体系，以全球化的工作环境和广阔的晋升空间为基础，通过系统培训，旨在让员工快速成长为全球零售行业精英。优衣库在每个休息室都张贴了一张任务评价表，对应每一个级别员工的能力要求。新员工加入优衣库之后，会经历繁复的培训、实施、指导，然后再培训，再现场实施，再向店长反馈的一个螺旋上升过程。店长会在评价表的相应位置画圈，只要员工完成级别要求的70%以上就能参加升职考试，而晋升考核过程，就像学校里的期末考试一样，只要员工成绩及格，就能得到晋升。优衣库不仅会培养员工面向顾客的技能，也会培训员工的感恩之心。例如，优衣库的员工每次培训结束后都会获赠一样礼物：一张刻录了培训中欢笑与泪水的DVD和其他人赠予的一张"感谢卡"。共同经历一番严苛的训练后，员工间会互帮互助从而累积友情，这便创建了一个友好的工作环境。

10.3 创业失败管理

10.3.1 如何判断创业失败

创业是一种高风险活动，多数成功的创业者都有过创业失败（entrepreneurial failure）的经历（Shepherd，2009）。那么，如何判断创业失败呢？

谢泼德（Shepherd）从创业过程的视角，认为创业失败是指企业的收入下降或者成本增加到一定程度，不能吸引新的债务或资产融资，现有的所有者和管理层无法继续运营企业。吉梅诺（Gimeno）等从创业目标的实现结果出发，认为创业者所能接受的最低限度（阈值）决定了创业活动的"继续"或"终止"，若低于这一阈值，则认为创业失败。布鲁诺（Bruno）等从因素角度，认为企业由于法律问题、合伙人争端或在同一业务上的兴趣转变等原因导致企业业务终止，即为创业失败。通过以上文献研读，我们借鉴何（FangHe，2017）的概念，从两个维度来定义创业失败，一是企业是否处于正常运营，二是企业的运营绩效。如图10-2所示，位于第Ⅰ象限的企业，经营绩效良好，但选择了退出，如创始人希望提前退休，自愿关闭企业，这不能算创业失败；第Ⅱ象限，是企业正常运营，且经营绩效良好，这类企业我们称之为成功的创业；第Ⅲ象限，企业虽然在运营，但经营绩效很差，这类企业称之为"低绩效企业"；第Ⅳ象限，企业已经无法正常运营，且经营绩效差，这类企业我们称之为"创业失败"。

	企业继续	企业关闭
高经营绩效	成功的企业（Ⅰ）	自愿退出（Ⅱ）
低经营绩效	低于预期盈利运行的企业（Ⅲ）	失败的企业（Ⅳ）

图 10-2　企业的运营状态

资料来源：Fang He V，Sirén，Charlotta，Singh S，et al.Keep Calm and Carry On：Emotion Regulation in Entrepreneurs' Learning From Failure[J].Entrepreneurship Theory and Practice，2017.

对于多数创业者来说，创业失败是创业过程中难以绕过的一道弯，会对个人、组织甚至社会产生直接的经济损失，给创业者带来心理和生理伤害等消极影响。但从另一方面看，创业失败也是一笔无形的财富，能够促进人反思与学习。通过对曾经经历的失败进行反思，挖掘导致失败的根源，剖析个体行为与失败结果之间的关系及其对工作环境的影响，从中可获取新的创业知识。因此，失败不一定是坏事，如果创业者能从创业案例中总结教训、获得启发，后续创业成功的概率就会大很多。马云在创建阿里巴巴之前，也有过两次创业失败的经历。对于很多普通的成功创业者，经历过失败的事例更为普遍。创业本身就是一个试错的过程，这也决定了创业失败的普遍性。

10.3.2　创业失败原因

企业是资本市场中的复杂经济体，一个企业的失败往往是多方面因素共同作用的结果。这些因素可能包括创业者经验不足、核心管理团队缺陷、市场定位不明确、创业者创业学习能力不足等内部原因；也可能包括没有真正的市场需求、产品推出不合时机、法律问题的困扰、创业环境的影响等外部原因。

1. 内部原因

（1）创业者经验不够。具有丰富经验的创业者和创业团队，对市场、顾客的需求更为敏感，能够更加有效地配置企业内外部资源。知识不等于经验，更不等同于能力。例如，人力资源管理在教材中谈到了如何分权管理，但实践中的分权与集权各有利弊，如何把握两者的均衡，则相当考验创业者。马云在创建海博翻译社的时候，也曾因为缺乏财务管理经验，导致翻译社一直处于亏损状态。

（2）核心管理团队缺陷。核心的管理团队相当于创业企业的大脑中枢系统，决定着整个企业的发展动向。核心团队成员来自不同的领域，拥有不同的知识结构和不同的性格，对于企业发展有着不同的理念，对于酬劳、股权等利益划分也存在不同的看法。创业企业不同于大公司，缺乏制度约束，如果不能将团队成员凝聚在一起，则容易导致成员退出或者成员之间的互相竞争，甚至最终造成整个团队的解散。例如，以母婴用品起家的电商“红孩子”，是由徐沛欣、李阳、杨涛和马建阳一起创办，四人性格互补，具有很强的协作能力，帮助企业获取多轮融资。但是，随着多轮融资的引入，徐沛欣的话语权逐步加大，李阳、徐沛欣则继续专注于母婴用品市场，但两人在引入化妆品、3C 等品类做综合 B2C 战略上产生了分歧，两人的矛盾无法调和，最终李阳离开。随后，杨涛和马建阳也因为内部原因离开，创始团队只剩下徐沛欣，2012 年 9 月，红孩子也宣布被苏宁收购。

（3）市场定位不明确。市场定位是指为使产品在目标消费者心目中相对于竞争产品而言占据清晰、特别和理想的位置而进行的安排。市场定位使得该产品明显区别于竞争对手的产品，让消费者在进行产品选择时首先想到该产品。市场定位不明确，会导致企业资源配置缺乏效率，从而失去企业成长的方向。当前许多创业者并不清楚自己的市场定位，创业活动也是盲目跟风，最终导致了创业失败。例如，今夜酒店在创业初期生搬美国红极一时的 Hotel Tonight 公司模式，在每个城市只做几家精品酒店，以低价刺激顾客。然而，今夜酒店忽视了中美的市场差异，最终陷入创业困境。

（4）创业学习能力不足。创业本质上是一个学习的过程，创业学习对于减少新企业的高度不确定性，促进创业成功具有关键作用。然而，当前许多创业者的创业学习能力不足，尤其是处于成长期的创业企业，过去成功的创业经验反而会使得企业陷入思维定式和路径依赖，阻碍企业发展。大众点评就是一个典型的例子。大众点评过去的主要业务是广告。2010 年，大众点评开始涉足团购等本地生活服务，然而这一过程并不顺利。大众点评通过多年积累拥有了大量的商家信息，过去的模式是希望商家到大众点评上做广告，而现在的模式是希望商家到大众点评卖东西，虽然同样是和商家打交道，两种模式也看似区别不大，但实际在执行上却十分不一样。大众点评在进入团购领域后，还是按照原来经营慢公司的做法，没有第一时间快速拓展城市，而且认为三四线城市用户没有团购的需求，但后来才发现错了。

2. 外部原因

（1）没有真正的市场需求。创业者应该找到用户生活中的“痛点”并且提供解决方案，从而在满足用户需求的基础上实现企业的价值。然而，很多初创企业会因为创业风向标的影响，陷入“伪需求”的陷阱，也就是说，从理论上分析市场前景很广阔，但是实际中愿意付费的消费者很少。尤其是当创业者是根据当时的互联网热点进行创业时，更加容易被人们鼓吹的“风向”带到缺乏付费需求的“荒漠”之中，导致企业盈利困难。

（2）产品推出未能抓住消费者痛点。创业的本质就是抓住市场的痛点，创业者应该将解决消费者的痛点作为创业的起点。但很多产品或服务却未能深刻地把握消费者的痛点。在这方面，最具典型的案例是儿童在线英语教育。VIPKID 创业人敏锐地意识到家长在选择儿童教育产品时，最关注的是教育质量。对于英语教育而言，核心点就是优质的师资，所以米雯娟将自身创业定位为“给你一个如假包换的北美外教”，一下子便抓住了消费者的痛点，取得了巨大成功。《2017 年中国中产阶级家庭教育观念白皮书》也显示，中国家长对课外培训机构最关注的是教学质量与效果，而课程价格只列倒数第二位。

（3）法律问题的困扰。创业的本质是创新，但在创新过程中，很多创意都是游走在法律的边缘。因此，当企业发展壮大到一定程度后，难免会触碰到法律问题。例如，高新技术创业领域中的专利权纠纷，农民在农村承包土地过程中遇到的权益纠纷，都会让一个初创企业陷入破产的边缘。

（4）创业环境的影响。创业环境既包括市场的变化，又包含国家的政策、法律法规的调整。这些环境的变化对创业企业的影响有时是致命的。以政策法规的调整为例，在推进长江上游经济带建设的时候，为了生态保护，国家渔业管理部门推出了长江上游的“全面禁捕”命令。因此，刚刚准备进入渔业养殖的企业遭遇了失败。一般而言，创业氛围不够活跃且创业环境较差的地区，创业失败的可能性也较高。

创业聚焦 10.4 ▶▶

徐红虎：5 次失败之后再出发

徐红虎，暨南大学 2003 级广告系毕业生。10 多年的时间里，他 6 次创业。

2004 年，徐红虎开始做关于电脑桌面的广告投放系统。“当时，他大概控制了包括大学、网吧在内的 6 万余家电脑桌面，说起来这个成绩还算是不错的。”但是，也正是这个成绩，让徐红虎放松了警惕。在做广告投放系统的过程中，徐红虎又发现了比这“更大”的事业。于是，他转战到玩图当中，所涉及的领域从电脑桌面延伸到了网页、手机、T 恤衫、DIY 定制等众多方面。

“产业链拉得太长，资源需求也越来越大，最后只能是望洋兴叹。如果当时只专心做电脑桌面这一方面的开发，对这一领域的掌控也就越来越有把握。”徐红虎将第一次创业的失败总结为对商业模式的认知不足。

徐红虎的第二次创业失败，源于坚持不够。

“2006 年，我发现很多人不会写博客里长篇大论的文章，而 QQ 个性签名却很火。于是，就想做一个既有文字又可配图、跟现在的微博一样性质的‘短博客’。然而，投资方说没价值，老师同学也说没价值。于是在这样一种外界太多不认可的情况下，开始了自我怀疑。”徐红虎最终选择了放弃。

“3 年后，新浪微博横空出世，自己心里难免悔恨，如果自己坚持做下去，极有可能获得成功。”直到现在回想起来，徐红虎都觉得这是一次“尴尬的失败”。

此后，徐红虎又做了几个项目，几乎都以失败告终。

经历了几次失败后，徐红虎渐渐领悟到，自己对于社会资源把控的能力太有限，对于商业模式、互联网运营技术也都不是很清楚。于是，他在总结经验教训的同时，又开始了第五次创业。

第五次创业，徐红虎想要建立一个面向大学生的互联网自行车交易平台。“因为有前几次创业积累下来的经验教训，所以网站的推广运营都比较顺利。”然而，新的问题找上门来：“梅雨季节的广东几乎天天下雨，而我们当时的仓库又是那种租金很低的平房，结果自行车全部生锈了。”

第五次创业失败的经历让徐红虎领悟到，原来创业过程中的每一个节点都是大有学问的，“本以为什么方面都考虑到了，偏偏仓储管理不在我的知识范畴之内”。因为创业失败，徐红虎负债累累。他暗下决心，三年之内不再创业。

随后，经过两三年的成长积累，社会人脉和资源也都积累得不错，几个有梦想的青年再次聚到了一起，“我们发现社会公共服务这个领域还未被大型互联网公司介入，那么这个领域将来必定是一片蓝海，这是个很值得去做的事业”。徐红虎再度迎来创业的春天，在广州市委与南方都市报社共同帮助下开启了新的事业——全国首家公益社交志愿平台。

资料来源：http：//www.cyzone.cn/a/20150407/271887.html.

10.3.3 创业失败学习

1. 什么是创业失败学习

创业失败学习，指的是创业者个体在经历了创业失败之后，以获取能够有效避免重蹈覆辙的知识和技能为目的，通过对曾经的失败经历进行反思，找出导致失败的根源，剖析个体行为与失败结果之间的关系及其对工作环境的影响（Zhao，2011）。简单来说，创业失败学习就是一种创业者通过分析失败原因，进而充实新企业管理的方式（Shepherd，2009）。失败学习有别于一般学习，属于双环学习，一方面要求创业者对于先前经历的创业失败经验进行积累；另一方面也要求创业者对失败经验进行反思、重构等加工处理，从而获取新的知识和技能（谢雅萍等，2017）。

2. 失败学习的分类

关于失败学习，从不同视角出发有不同的划分方法。以下主要根据学习模式和学习内容来划分。

（1）学习模式划分。从学习模式上可将失败学习划分为变革式学习、双环学习和成长式学习三种。变革式学习指的是创业者为实现自身转变，包括心理转变、信念修正和行为模式变化而进行的学习。双环式学习强调对造成失败的原因进行分析，首先，创业者个体将识别、解决问题的学习过程延伸到思维层面，通过深入思考，挖掘导致问题产生的思维深处的原因；其次，进入第二个环节——反思，回溯结果产生之前的过程，梳理自己曾经的行为，分析行为的对与错，剖析导致失败的原因，改变原有认知，重构新的知识和技能体系，在下一次遇到类似情况时，提出更为有效的应对策略。成长式学习是指创业者在经历失败之后，通过学习清楚地认识到自己失败的原因，从而对后续创业更有信心。

（2）学习内容划分。詹森 • 库珀（Jason Cope，1999）从学习内容上将失败学习划分为自我学习、商业学习、网络与关系学习、新企业管理学习四方面。

自我学习主要是指客观地认识自身的优势和劣势，是对创业者自身的学习。创业者是新创企业的主要决策者，也是创业失败的主要负责人，所以创业失败学习需要进行自我学习。自我学习受变革式学习驱动，变革式学习有助于创业者自身的世界观改造、能力提升和意识扩展。客观认识自身，实现自身转变并且科普自我学习是创业失败学习的核心。

商业学习主要是指为掌握有关市场需求、新企业成长、行业发展前景等知识而进行的学习，是对企业外部环境的学习。创业企业的失败有时候是因为与市场的发展不契合，没有把握好市场需求，所以创业失败学习还需要进行商业学习。商业学习受双环学习驱动，反思自己曾经的创业行为，深入剖析导致创业失败的深层次原因。

网络与关系学习主要是指学习如何与客户、供应商、竞争对手、政府人员等建立网络关系并管理关系，是对企业外部关系的学习。网络是企业识别创业机会、获取创业资源的重要渠道，是提高企业绩效，帮助企业创业成功的重要方式。网络与关系学习同时受到变革式学习和双环学习的驱动，一方面创业者需要转变自身的心理、信念和行为模式；另一方面要深入思考，挖掘导致问题产生的深层次原因。

新企业管理学习主要是指学习如何有效运营并控制企业，包括建立薪酬和绩效管理体系等，是对企业自身内部的学习。新企业管理受到成长式学习的驱动，创业者要清楚自身失败的原因，认识到自身在企业运营管理中存在的问题，并针对性地进行学习，找出应对策略，提升后续创业的信心。

3. 创业失败学习的效果

创业失败说明了创业者的努力与期望目标存在差异，而善于从失败中学习的创业者往往更容易获得成功，也有助于企业绩效的提升，主要有以下几方面原因：

（1）提高创业心智。创业失败对于创业者而言不仅仅是财务的巨大亏损，更多的可能是导致创业者自我怀疑，影响创业者的心智。而创业失败学习能够有效帮助创业者面对失败中造成的巨大冲击，通过深刻地学习来改造自身的世界观，从而形成有利于创业的心智（Politis & Gabrielsson，2009），锻炼出更高的创业警觉性。拥有更强的创业心智，能够帮助创业者在后续的创业中更加沉着、冷静，不受情绪的干扰，从而提高企业绩效。

（2）更为理性的创业决策。创业失败后，创业者对自身和企业的认识发生了改变。通过创业失败学习，能够更加客观地去评估自身和企业的信息，对于自身和企业会有更深的认识，从而更加理性地进行创业决策，使企业与外部动态环境的变化更加匹配，提高企业的市场竞争力，从而提升企业绩效。

（3）构建新的知识、技能。失败是成功之母，很多时候，只有经历过失败，才知道什么是失败，为何会失败，如何面对失败。创业者通过失败学习，对之前的创业经验、知识和技能等进行归纳总结，分析失败的原因，并且不断反思、重构、更新，可形成新的知识和技能，从而进一步调整策略，提升企业绩效，提高创业成功率。

10.3.4 鼓励连续创业

创业失败中蕴含的价值需要通过学习转化为下一次的创业行动，所以应鼓励连续创业。在创业实践中，几乎所有创业者都是在连续创业中取得成功的。

1. 政策鼓励

2010 年克里斯托弗·皮萨里德斯（Christopher Pissarides）说过，允许试错的宽容失败文化，燃起了美国的创业，最终让美国成为创业成功的国家。2009 年索尔·辛格（Saul Singer）亦表示一个国家包容失败的文化是培育企业家精神的重要前提。李开复也曾说过："在美国的创业文化中，失败是值得庆祝的。而在中国，创业失败意味着放弃，而不是重新开始，这限制了企业家的经历，阻碍了创新。"美国人对于创业失败呈现乐观态度。欧洲对于创业失败也呈现相对包容的状态，欧洲《创业 2020》方案中明确指出："将失败变为成功，给诚实的破产者第二次机会。"

中国对于创业失败的态度也随着创业活动如火如荼地开展而发生着改变，社会对于创业失败更加包容，各地政府也相继出台政策来补贴创业失败者。2016 年，云南昆明对于大学生创业的鼓励措施中，建立了二次创业的补贴机制。根据昆明发布的《关于进一步做好新形势下就业创业工作的实施意见》，首次创业失败的大学生个人或团队再次创业的，凭工商注销或法院判决破产等相关证明材料，按其企业实际货币投资额的 50%，由市级财政给予一次性最高不超过 3 万元的二次创业补贴。2017 年，陕西省政府出台《关于进一步加强就业创业工作的实施意见》，指出"自主创业失败，可再享受一年社保补贴"。2019 年，江苏常州人力资源和社会保障局印发《常州市"龙城青年大学生创业"三年行动计划（2019—2021）》，指出在常州领取营业执照或民办非企业单位登记证书的创业者，从注册之日起 3 年内，其本人名下企业注销后登记失业并以个人身份缴纳社会保险费 6 个月（不含领取失业保险金时间）及以上的，可按照其纳税总额的 50%、最高不超过 1 万元的标准，申请享受创业失败补贴。目前，全国各地均出台政策，为创业者创业失败"兜底"，大力鼓励连续创业。

2. 个人的正确面对

（1）认识创业失败的价值。经验是新企业知识和信息的重要来源之一。创业者可以从失败经历中积累宝贵的创业经验，让自己更容易看到机会中的价值并加以利用，从而提高新创企业的绩效。通过"行动—反思"的不断运行，从中获取和积累大量的经验，学会谨慎选择创业方向，冷静面对创业过程中的挫折与困难，避免前期创业过程中所犯下的错误，为下一次的成功创业做好铺垫。

企业管理能力的大小主要取决于管理者所具备的资源和知识，而创业失败过程中创业者所积累的创业经验、职能经验、行业经验等能够有效提升创业者的管理能力，对新企业的创建和成长起着至关重要的作用。通过积累和学习，创业者能够积累大量的人脉资源，更客观地评价自己的企业，清晰分析创业失败的原因，提升自己的管理能力。此外，适度的失败经验对团队专业性塑造和提升有积极作用，团队成员经历过"有难同当"后也会表现出更紧密的团队关系，增强团队凝聚力，有利于新企业打造一支更加优秀、专业的团队。

（2）开展失败学习。自从 1999 年麦格纳教授提出"反失败"观点以来，人们对失败逐渐接受。创业失败是学习的一种重要情景，不仅为创业者本人也为旁观者提供了一个很好的学习机会。在某种程度上，创业失败比创业成功更有信息价值。事实表明，创业失败学习有助于创业者下一次创业的成功，失败所获得的丰富信息和知识能够通过学习转化成为新创企业的资源。

（3）做好情绪管理。创业失败会给创业者带来较大的负面情绪，如耻辱感、愤怒、羞愧等。这些负面情绪极大地影响了创业者的自信心，给创业者的后续创业活动带来不利影响，甚至有的创业者会选择放弃创业。因此，创业失败成为事实时，创业者首先需要调整好心态，正确面对失败，积极地从失败中学习，认真总结经验，及时做出反思和调整。

马云在总结自己前期创业失败的经验时曾提出，"要学会调节自己的情绪，欣赏自己创业的产品，投入自己的热情和激情"。个体的情绪状态是可以调节的，通过有效的情绪管理能更好地应对创业过程中的逆境，这对于连续创业成功起着重要的作用。创业者在面对创业失败时要持有"正常化"心态，创业道路上难免会遇上挫折，创业者要以积极的心态面对失败，鼓起勇气从失败中学习，认真总结教训，防止过度消极和自卑。反之，对待创业成功也要学会戒骄戒躁，避免过度自信。合理的情绪管理和控制是连续创业成功的重要因素。

（4）思维训练。创业实践决定着创业思维。创业实践能够一次次锻炼创业者的思维，改善创业者的思维方式。创业过程就是潜在创业者或新生创业者，通过知识的学习和建构形成独特思维方式的过程。每个创业者都有自己思考问题的独特路径和方法，它们能够深刻影响创业者的创业行为。因此，在创业活动中，创业者通过学习和改善各方面的思维方式，有利于更好地决定企业的发展方向和发展路径，走向创业成功之路。

（5）妥协但不能放弃。如果我们要做好一件事情，就是要有志向和意志坚持到底。在设定好自己的目标后，应合理利用自己的时间和精力，提高效率，摆脱碌碌无为的状况。进步和成长的过程总是会有许多的困难与坎坷，不要轻易妥协。做应该做的事情，做好该做的事情。创业要坚持梦想，做法可以改变，但梦想不要轻易改变。

10.4 实训案例

只懂英语的马云如何创业

创业的第一次拉练：海博翻译社

1988 年，马云去杭州电子工业学院教外语，这是他的第一份工作。当时工资大约每月 110 元。不甘寂寞的他找了不少兼职，并利用课余时间为到杭州观光的外国游客担任导游。西湖边的第一个英语角就是马云发起的。

1992 年，马云和朋友一起成立了杭州最早的专业翻译社“海博翻译社”，课余四处活动接翻译业务。当时经营挺艰难，一个月的营业额是 200 多元，可光是房租就要 700 元。第一年实在不行了，马云就背着口袋到义乌、广州去进货，卖礼品、包鲜花，用这些钱养了翻译社 3 年，才开始收支平衡。马云后来说：“我一直的理念，就是真正想赚钱的人必须把钱看轻，如果你脑子里老是钱的话，一定不可能赚钱的。”

一次惊险的美国之旅

到 1995 年，钱没赚多少的马云，却凭超强的活动能力为自己带来了不小的名气。一家和美商合作承包建设项目的中国公司，聘马云作为翻译到美国收账。

接下来的一切就像好莱坞影片中的情节一样：美国商人想赖账，掏出一把枪将马云禁闭在房间中长达两天。马云在惊恐不安中被释放，又丢失了随身行李，只得在拉斯维加斯的赌场挣了 600 美元回国。

马云从美国佬的黑窝里逃了出来，却没有像惊弓之鸟一样立刻返回中国。他从洛杉矶飞到了西雅图，下了飞机之后，马云到了一家已记不清名字的网络公司。进去之后，马云才发现这家公司只有两间很小的办公室。这是马云第一次接触互联网。西班牙《国家报》生动地描述了马云当时的心情：“我甚至害怕触摸电脑的按键。因为当时不知道这玩意儿多少钱？我要是把它弄坏了就要赔了。”

不过，那家公司的人很客气地对马云说：“不要紧，你就用吧。”那个年代 IT 类的硬件，恐怕大多还不为人知。据马云介绍，那时候的浏览器叫“mosec”，美国最大的搜索引擎是“webclou”，而雅虎在那时还很小，非常微不足道。

那家公司里的人跟他说要查什么就可以在上面敲什么，他就在上面敲了“beer”，结果搜索出来德国啤酒、美国啤酒和日本啤酒，但是就是没有中国的。然后他又敲了个“Chinese”，但是搜索结果竟然是“no data”，整个网络他查了好多都没有数据。当时他就想，应该利用互联网帮助中国的公司为世界所熟悉。

创业的第二次拉练：中国黄页

回国后，作为“杭州十大杰出青年教师”之一的马云辞了职，借了 2 000 美元，于

1995 年 4 月开办了“中国黄页”，这是中国第一批网络公司之一。

他当时做的第一个网页就是海博翻译社十分简陋的页面，上面有价钱和联系电话。网页是上午 9 点半做好的，晚上回来了之后就收到了 5 个人的回信，当时马云特别激动。回信的人中有 3 个美国人，这当中有两个是华裔，他们也特别激动，因为这是在网上见到的中国第一个网页。还有两封回信来自日本，想咨询报价情况。马云很高兴，尽管他并不懂网络，但嗅觉灵敏的他有一种发自内心的直觉，他觉得互联网这东西将来肯定有戏，互联网将改变世界！马云意识到这是一口很深的井，这里有一座富矿。不安分的马云随即萌生了一个想法：要做一个网站，把国内的企业资料收集起来放到网上向全世界发布。他立即决定与西雅图的朋友合作，一个全球首创的 B2B 电子商务模式，就这样开始有了创意。

理清思路之后，马云回到洛杉矶和那美国佬讲：我们合作，你在美国负责技术，我回国内去，做一个网页在网站上宣传。没过几天就会有很多人有兴趣，有很多人知道这事儿。当时，马云就已经将这个项目的名字起好了——中国黄页（China Page）。

接下来，马云登上了回国的航班。带着一颗筋疲力尽而又极度狂热的心，开始了他与互联网的第一次约会。

1997 年年底，马云和他的团队在北京开发了外经贸部官方站点、网上中国商品交易市场等一系列政府站点。不过由于许多原因，马云于 1999 年年初决定放弃这些在北京的生意，他拒绝了雅虎、新浪的高薪邀请，决定回到杭州创办一家能为全世界中小企业服务的电子商务站点。

然而，杭州电信看到了中国黄页取得的成绩，也开始进入互联网市场，并且试图一举占领杭州互联网市场，西湖网联应运而生。随着西湖网联越来越强大，而中国黄页却资金匮乏、信息匮乏，马云最终选择了离职北上。马云走时，中国黄页的营业额已经突破了 700 万元，而马云当时所持有的 21% 的股份如果换算成钱，也是一笔不小的收入。但是，马云没有这样做，而是把这些股票全送给了一起创业的员工，算是对他们辛苦工作的一点补偿。而正是由于他的这些义气之举，让他不论走到哪里，不论干什么，都有一群人誓死追随，这也为之后创办阿里巴巴打下了坚实的基础。

第三次创业：阿里巴巴

“从我外婆到我儿子，他们都会读阿里巴巴。”于是，马云从别人手里买下了阿里巴巴这个域名。阿里巴巴的成立大会被安排在马云家里——当然，此时谁也不会想到，几年之后，他们居然能一口吃下有名的雅虎中国。

18 位“创业罗汉”在“不向亲戚朋友借钱”的前提下，筹了 50 万元本钱。这其中包括马云的妻子、当老师时的同事和学生、患难朋友，当然还有被他的人格魅力吸引来的业界精英，如阿里巴巴首席财务官蔡崇信。

马云下了死命令，每个员工必须把房子租在离他家 5 分钟可以到达的路程之内。那时候的工作是不分日夜的，而大家最开心的时候，就是马云亲自为大家下厨，端上一桌好菜。

其后的6年，阿里巴巴的故事尽人皆知——马云6分钟说服投资基金软银，拿到第一笔风险投资。其后，各路投资纷纷进入。其股东不乏国际大财团的身影：高盛、富达、软银，前WTO组织主席彼德·苏德兰也位列董事会成员中。

此外，马云和投资者还在2003年7月推出了淘宝网，2004年推出了网络交易支付工具“支付宝”。截至2016年，支付宝用户数量达到4.5亿，支付宝的交易额为58万亿元。

资料来源：大学生创业网：http：//chuangye.yjbys.com/gushi/anli/547265.html.

讨论题

1. 马云的前两次创业失败带给了他什么？
2. 马云是如何面对创业失败的？
3. 马云的创业经历给了你什么启示？
4. 调研你身边的创业者，多少人有过失败经历，他们是如何走出失败困境的？

【**在线测试题**】扫码书背面的二维码，获取答题权限。

常用参考网站

黑马网：http：//www.iheima.com.

虎嗅网：https：//www.huxiu.com.

36 氪网：https：//www.36kr.com.

优米网：http：//www.youmi.cn.

投融界网：https：//www.trjcn.com.

创业邦网站：https：//www.cyzone.cn.

青年创业网：http：//www.qncye.com.

人人都是产品经理网：http：//www.woshipm.com.

创业频道 - 东方财富网：http：//enterprise.eastmoney.com.

中央电视台《致富经》网站：http：//enterprise.eastmoney.com.

MIT 创业中心：http：//entrepreneurship.mit.edu/.

哈佛技术创业中心：http：//stvp.stanford.edu/.

伯克利创业创新中心：http：//entrepreneurship.berkeley.edu/main/index.html.

沃顿商学院创业项目：http：//wep.warton.upenn.edu/.

参考文献

[1] [美]库洛特克（Kuratko，D.F），[美]霍志茨（Hodgetts，R.M）.创业学理论、流程与实践[M].北京：清华大学出版社，2006.

[2] 奥利维娅•福克斯•卡巴恩，朱达•波拉克.创意天才的蝴蝶思考术[M].杭州：浙江教育出版社，2018.

[3] 彼得•F. 德鲁克.创新与创业精神[M].张炜，译.上海：上海人民出版社，2002.

[4] 丁栋虹.创业管理：企业家的视角[M].北京：机械工业出版社，2012.

[5] 董青春，吴金秋，等.大学生创业教程[M].北京：北京航空航天大学出版社，2010.

[6] 樊一阳，徐玉良.创业学概论[M].北京：清华大学出版社，2011.

[7] 范伟军，周洪兵.小企业如何长大——100家小企业调查思考[M].上海：上海科学技术文献出版社，2005.

[8] 高文兵.大学生创业教育的研究与实践[M].长沙：湖南人民出版社，2012.

[9] 葛玉辉.大学生创业测评[M].北京：清华大学出版社，2010.

[10] 郭天宝.创业财务手册[M].北京：经济科学出版社，2013.

[11] 贺尊.创业学概论[M].北京：中国人民大学出版社，2011.

[12] 姜彦福，张帏.创业管理学[M].北京：清华大学出版社，2005.

[13] 库洛特克，霍志茨.创业学——理论、流程与实践[M].北京：清华大学出版社，2006.

[14] 郎宏文.创业管理[M].北京：科学出版社，2011.

[15] 李家华，郑旭红，张志宏.创业有道——大学生创业指导[M].北京：高等教育出版社，2011.

[16] 李家华.创业基础[M].北京：北京师范大学出版社，2013.

[17] 李时椿，常建坤.创业学：理论、过程与实务[M].北京：中国人民大学出版社，2011.

[18] 李时椿，创业管理[M].北京：清华大学出版社，2008.

[19] 李闻一.大学生创业教育与实践[M].南京：南京大学出版社，2011.

[20] 梁巧转，赵文红.创业管理[M].北京：北京大学出版社，2007.

[21] 刘国新，王光杰.创业风险管理[M].武汉：武汉理工大学出版社，2004.

[22] 刘平.创业管理：理论与实践[M].北京：清华大学出版社，2011.

[23] 刘沁玲，陈文华.创业学[M].北京：北京大学出版社，2012.

[24] 刘志阳 . 创业管理 [M]. 上海：上海财经大学出版社，2012.
[25] 马林 . 全面质量管理基本知识 [M]. 北京：中国经济出版社，2001.
[26] 迈克尔 .A. 希特，R. 杜安•爱尔兰 . 战略管理：竞争与全球化（概念）[M]. 北京：机械工业出版社，2012.
[27] 潘玉香，吴芳 . 企业创办实务教程 [M]. 北京：经济科学出版社，2012.
[28] 瑞安，盖尔 • 稀杜克 . 成功的创业计划：从目标到实施 [M]. 北京：机械工业出版社，2004.
[29] 孙建文，冯勇 . 创业财务管理 [M]. 北京：中国轻工业出版社，2014.
[30] 唐纳德 . F. 库拉特科，杰弗里 . S. 霍恩斯比 . 新创企业管理：创业者路线图 [M]. 北京：机械工业出版社，2009.
[31] 唐纳德，杰弗里 . 新创企业管理 - 创业者的路线图 [M]. 北京：机械工业出版社，2009.
[32] 王垒 . 实用人事测评 [M]. 北京：经济科学出版社，2002.
[33] 吴健安，郭国庆，钟育赣等 . 市场营销学 [M]. 北京：高等教育出版社，2011.
[34] 夏徐迁，王维，周天勇 . 创业企业财务管理 [M]. 北京：中国劳动社会保障出版社，2011.
[35] 杨东华 . 中国青年创业案例精选 [M]. 北京：清华大学出版社，2011.
[36] 应秀芳 . 创办我的企业 [M]. 杭州：浙江大学出版社，2011.
[37] 张炜 . 创业学 [M]. 杭州：浙江大学出版社，2012.
[38] 张耀辉，张树义，朱峰 . 创业学导论 [M]. 北京：机械工业出版社，2011.
[39] 张玉利，陈寒松 . 创业管理 [M]. 北京：机械工业出版社，2017.
[40] 张玉利，杨俊，于晓宇，窦军生 . 创业研究经典文献述评 [M]. 北京：机械工业出版社，2018.
[41] 赵立祥 . 创新型创业管理 [M]. 北京：科学出版社，2011.
[42] 周春生 . 企业风险与危机管理 [M]. 北京：北京大学出版社，2007.

教师服务

感谢您选用清华大学出版社的教材！为了更好地服务教学，我们为授课教师提供本书的教学辅助资源，以及本学科重点教材信息。请您扫码获取。

» 教辅获取

本书教辅资源，授课教师扫码获取

» 样书赠送

创业与创新类重点教材，教师扫码获取样书

清华大学出版社

E-mail: tupfuwu@163.com
电话：010-83470332 / 83470142
地址：北京市海淀区双清路学研大厦 B 座 509

网址：http://www.tup.com.cn/
传真：8610-83470107
邮编：100084

创业基础（第2版）

本书特色

教指委专家、教育部《创业基础》大纲起草专家联合编著，国内影响力最大的创业教材。

教辅材料

教学大纲、课件、教师指导手册

书号：9787302403722
作者：李家华 张玉利 雷家骕
定价：35.00元
出版日期：2015.9.1

任课教师免费申请

创业基础（第2版）

本书特色

“十二五”国家级规划教材，畅销教材，内容丰富，体力新颖，配套资源极其丰富，方便教学。

教辅材料

教学大纲、课件

获奖信息

“十二五”江苏省高等学校重点教材和“十二五”普通高等教育本科国家级规划教材

书号：9787302427612
作者：梅强
定价：39.00元
出版日期：2016.2

任课教师免费申请

创业管理学（第2版）

本书特色

21世纪清华MBA精品教材；经典教材最新改版，更多数字拓展资源。

教辅材料

教学大纲、课件

获奖信息

普通高等教育“十一五”国家级规划教材，北京高等教育精品教材，清华大学985名优教材立项资助，国家级精品课程“创业管理”配套教材

书号：9787302509721
作者：张帏 姜彦福
定价：49.00元
出版日期：2018.9.1

任课教师免费申请

创业管理

本书特色

应用型本科教材，内容生动、体系新颖，教辅齐全。

教辅材料

教学大纲、课件

书号：9787302552222
作者：张艺 容庆
定价：49.80元
出版日期：2020.8.1

任课教师免费申请

创新导论

本书特色

应用型本科教材，内容生动、体系新颖，教辅齐全。

教辅材料

教学大纲、课件

书号：9787302561958
作者：汪建成
定价：49.80元
出版日期：2020.9.1

任课教师免费申请

创业与企业成长（第二版）

本书特色

大连理工大学名师佳作，案例丰富，配套教辅齐全，创业管理课程适用。

教辅材料

教学大纲、课件

获奖信息

辽宁省“十二五”规划教材

书号：9787302508755
作者：王国红
定价：49.00元
出版日期：2018.10.1

任课教师免费申请

创业与资本市场

本书特色

内容精炼实用，教辅配套丰富，方便教学。

教辅材料

教学大纲、课件

书号：9787302534662
作者：尹苗苗 刘玉国 李北伟
定价：44.00 元
出版日期：2019.10.1

任课教师免费申请

高新企业的创办与管理

本书特色

清华大学资深教授几十年教学经验力作，融合许多优秀企业案例，教辅资源丰富。

教辅材料

教学大纲、课件、习题答案、试题库、模拟试卷、案例解析

书号：9787302548393
作者：林功实 顾立基 刘广灵等
定价：49.80 元
出版日期：2020.6.1

任课教师免费申请

创新创业战略规划实训教程

本书特色

畅销教材，实践性强，内容丰富，案例新颖，篇幅适中，结构合理，课件完备，便于教学。

教辅材料

教学大纲、课件、习题答案、试题库、模拟试卷、案例解析

书号：9787302500520
作者：奚国泉
定价：49.80 元
出版日期：2018.6.1

任课教师免费申请